DEENSE WOORDENSCHAT
nieuwe woorden leren

T&P Books woordenlijsten zijn bedoeld om u te helpen vreemde woorden te leren, te onthouden, en te bestuderen. De woordenschat bevat meer dan 7000 veel gebruikte woorden die thematisch geordend zijn.

- De woordenlijst bevat de meest gebruikte woorden
- Aanbevolen als aanvulling bij welke taalcursus dan ook
- Voldoet aan de behoeften van de beginnende en gevorderde student in vreemde talen
- Geschikt voor dagelijks gebruik, bestudering en zelftestactiviteiten
- Maakt het mogelijk om uw woordenschat te evalueren

Bijzondere kenmerken van de woordenschat

- De woorden zijn gerangschikt naar hun betekenis, niet volgens alfabet
- De woorden worden weergegeven in drie kolommen om bestudering en zelftesten te vergemakkelijken
- Woorden in groepen worden verdeeld in kleine blokken om het leerproces te vergemakkelijken
- De woordenschat biedt een handige en eenvoudige beschrijving van elk buitenlands woord

De woordenschat bevat 198 onderwerpen zoals:

Basisconcepten, getallen, kleuren, maanden, seizoenen, meeteenheden, kleding en accessoires, eten & voeding, restaurant, familieleden, verwanten, karakter, gevoelens, emoties, ziekten, stad, dorp, bezienswaardigheden, winkelen, geld, huis, thuis, kantoor, werken op kantoor, import & export, marketing, werk zoeken, sport, onderwijs, computer, internet, gereedschap, natuur, landen, nationaliteiten en meer ...

DEENS

WOORDENSCHAT

NEDERLANDS
DEENS

De meest bruikbare woorden
Om uw woordenschat uit te breiden en
uw taalvaardigheid aan te scherpen

7000 woorden

INHOUDSOPGAVE

Thematische woordenschat Nederlands-Deens - 7000 woorden

Door Andrey Taranov

Woordenlijsten van T&P Books zijn bedoeld om u woorden van een vreemde taal te helpen leren, onthouden, en bestudering. Dit woordenboek is ingedeeld in thema's en behandelt alle belangrijk terreinen van het dagelijkse leven, bedrijven, wetenschap, cultuur, etc.

Het proces van het leren van woorden met behulp van de op thema's gebaseerde aanpak van T&P Books biedt u de volgende voordelen:

- Correct gegroepeerde informatie is bepalend voor succes bij opeenvolgende stadia van het leren van woorden
- De beschikbaarheid van woorden die van dezelfde stam zijn maakt het mogelijk om woordgroepen te onthouden (in plaats van losse woorden)
- Kleine groepen van woorden faciliteren het proces van het aanmaken van associatieve verbindingen, die nodig zijn bij het consolideren van de woordenschat
- Het niveau van talenkennis kan worden ingeschat door het aantal geleerde woorden

T&P Books Publishing
www.tpbooks.com

ISBN: 978-1-78492-307-5

Dit boek is ook beschikbaar in e-boek formaat.
Gelieve www.tpbooks.com te bezoeken of de belangrijkste online boekwinkels.

UITSPRAAKGIDS

Letter	Deens voorbeeld	T&P fonetisch alfabet	Nederlands voorbeeld
Aa	Afrika, kompas	[æ], [ɑ], [ɑ:]	acht, maart
Bb	barberblad	[b]	hebben
Cc	cafe, creme	[k]	kennen, kleur
Cc [1]	koncert	[s]	spreken, kosten
Dd	direktør	[d]	Dank u, honderd
Dd [2]	facade	[ð]	Stemhebbende dentaal, Engels - there
Ee	belgier	[e], [ə]	zeven, zesde
Ee [3]	elevator	[ɛ]	elf, zwembad
Ff	familie	[f]	feestdag, informeren
Gg	mango	[g]	goal, tango
Hh	høne, knurhår	[h]	het, herhalen
Ii	kolibri	[i], [i:]	bidden, lila
Jj	legetøj	[j]	New York, januari
Kk	leksikon	[k]	kennen, kleur
Ll	leopard	[l]	delen, luchter
Mm	marmor	[m]	morgen, etmaal
Nn	natur, navn	[n]	nemen, zonder
ng	omfang	[ŋ]	optelling, jongeman
nk	punktum	[ŋ]	optelling, jongeman
Oo	fortov	[o], [ɔ]	overeenkomst, bot
Pp	planteolie	[p]	parallel, koper
Qq	sequoia	[k]	kennen, kleur
Rr	seriøs	[ʁ]	gutturale R
Ss	selskab	[s]	spreken, kosten
Tt	strøm, trappe	[t]	tomaat, taart
Uu	blæksprutte	[u:]	fuut, uur
Vv	børnehave	[ʋ]	als in Noord-Nederlands - water
Ww	whisky	[w]	twee, willen
Xx	Luxembourg	[ks]	links, maximaal
Yy	lykke	[y], [ø]	neus, beu
Zz	Venezuela	[s]	spreken, kosten
Ææ	ærter	[ɛ], [ɛ:]	zwemmen, existeren
Øø	grønsager	[ø], [œ]	neus, beu
Åå	åbent, afgå	[ɔ], [o:]	zachte [o] als in bord

Opmerkingen

[1] voor **e, i**
[2] na een beklemtoonde klinker
[3] aan het begin van woorden

AFKORTINGEN
gebruikt in de woordenschat

Nederlandse afkortingen

abn	-	als bijvoeglijk naamwoord
bijv.	-	bijvoorbeeld
bn	-	bijvoeglijk naamwoord
bw	-	bijwoord
enk.	-	enkelvoud
enz.	-	enzovoort
form.	-	formele taal
inform.	-	informele taal
mann.	-	mannelijk
mil.	-	militair
mv.	-	meervoud
on.ww.	-	onovergankelijk werkwoord
ontelb.	-	ontelbaar
ov.	-	over
ov.ww.	-	overgankelijk werkwoord
telb.	-	telbaar
vn	-	voornaamwoord
vrouw.	-	vrouwelijk
vw	-	voegwoord
vz	-	voorzetsel
wisk.	-	wiskunde
ww	-	werkwoord

Nederlandse artikelen

de	-	gemeenschappelijk geslacht
de/het	-	gemeenschappelijk geslacht, onzijdig
het	-	onzijdig

Deense afkortingen

f	-	gemeenschappelijk geslacht
f pl	-	gemeenschappelijke geslacht meervoud
i	-	onzijdig
i pl	-	onzijdig meervoud
i, f	-	gemeenschappelijk geslacht, onzijdig

ngn. - iemand
pl - meervoud

BASISBEGRIPPEN

Basisbegrippen Deel 1

1. Voornaamwoorden

ik	jeg	['jɑj]
jij, je	du	[du]
hij	han	['han]
zij, ze	hun	['hun]
het	den, det	['dən], [de]
wij, we	vi	['vi]
jullie	I	[i]
zij, ze	de	['di]

2. Begroetingen. Begroetingen. Afscheid

Hallo! Dag!	Hej!	['hɑj]
Hallo!	Hallo! Goddag!	[ha'lo], [go'dæˀ]
Goedemorgen!	Godmorgen!	[go'mɒːɒn]
Goedemiddag!	Goddag!	[go'dæˀ]
Goedenavond!	Godaften!	[go'ɑftən]
gedag zeggen (groeten)	at hilse	[ʌ 'hilsə]
Hoi!	Hej!	['hɑj]
groeten (het)	hilsen (f)	['hilsən]
verwelkomen (ww)	at hilse	[ʌ 'hilsə]
Hoe gaat het met u?	Hvordan har De det?	[vɒ'dan ha di de]
Hoe is het?	Hvordan går det?	[vɒ'dan gɒ: de]
Is er nog nieuws?	Hvad nyt?	['vað 'nyt]
Tot ziens! (form.)	Farvel!	[fa'vɛl]
Doei!	Hej hej!	['hɑj 'hɑj]
Tot snel! Tot ziens!	Hej så længe!	['hɑj sʌ 'lɛŋə]
Vaarwel!	Farvel!	[fa'vɛl]
afscheid nemen (ww)	at sige farvel	[ʌ 'si: fa'vɛl]
Tot kijk!	Hej hej!	['hɑj 'hɑj]
Dank u!	Tak!	['tɑk]
Dank u wel!	Mange tak!	['mɑŋə 'tɑk]
Graag gedaan	Velbekomme	['vɛlbe'kʌmˀə]
Geen dank!	Det var så lidt!	[de vaˀ sʌ let]
Geen moeite.	Det var så lidt!	[de vaˀ sʌ let]
Excuseer me, ... (inform.)	Undskyld, ...	['ɔnˌskylˀ, ...]
Excuseer me, ... (form.)	Undskyld mig, ...	['ɔnˌskylˀ mɑj, ...]

excuseren (verontschuldigen)	at undskylde	[ʌ 'ɔnˌskylˀə]
zich verontschuldigen	at undskylde sig	[ʌ 'ɔnˌskylˀə sɑj]
Mijn excuses.	Om forladelse	[ʌm fʌ'læˀðəlsə]
Het spijt me!	Undskyld mig!	['ɔnˌskylˀ mɑj]
vergeven (ww)	at tilgive	[ʌ 'telˌgiˀ]
Maakt niet uit!	Det gør ikke noget	[de 'gœɡ 'ekə 'nɔːəð]
alsjeblieft	værsgo	['væɡ'sgoˀ]
Vergeet het niet!	Husk!	['husk]
Natuurlijk!	Selvfølgelig!	[sɛl'føljəli]
Natuurlijk niet!	Naturligvis ikke!	[na'tuɡˀli'viˀs 'ekə]
Akkoord!	OK! Jeg er enig!	[ɔw'kɛj], ['jɑj 'æɡ 'eːni]
Zo is het genoeg!	Så er det nok!	['sʌ æɡ de 'nʌk]

3. Kardinale getallen. Deel 1

nul	nul	['nɔl]
een	en	['en]
twee	to	['toˀ]
drie	tre	['tʁɛˀ]
vier	fire	['fiˀʌ]
vijf	fem	['fɛmˀ]
zes	seks	['sɛks]
zeven	syv	['sywˀ]
acht	otte	['ɔːtə]
negen	ni	['niˀ]
tien	ti	['tiˀ]
elf	elleve	['ɛlvə]
twaalf	tolv	['tʌlˀ]
dertien	tretten	['tʁatən]
veertien	fjorten	['fjoɡtən]
vijftien	femten	['fɛmtən]
zestien	seksten	['sɑjstən]
zeventien	sytten	['søtən]
achttien	atten	['atən]
negentien	nitten	['netən]
twintig	tyve	['tyːvə]
eenentwintig	enogtyve	['eːnʌˌtyːvə]
tweeëntwintig	toogtyve	['toːʌˌtyːvə]
drieëntwintig	treogtyve	['tʁɛːʌˌtyːvə]
dertig	tredive	['tʁaðvə]
eenendertig	enogtredive	['eːnʌˌtʁaðvə]
tweeëndertig	toogtredive	['toːʌˌtʁaðvə]
drieëndertig	treogtredive	['tʁɛːʌˌtʁaðvə]
veertig	fyrre	['fœɡʌ]
eenenveertig	enogfyrre	['eːnʌˌfœɡʌ]
tweeënveertig	toogfyrre	['toːʌˌfœɡʌ]
drieënveertig	treogfyrre	['tʁɛːʌˌfœɡʌ]

vijftig	**halvtreds**	[hal'tʁɛs]
eenenvijftig	**enoghalvtreds**	['eːnʌ hal̩tʁɛs]
tweeënvijftig	**tooghalvtreds**	['toːʌ hal̩tʁɛs]
drieënvijftig	**treoghalvtreds**	['tʁɛːʌ hal̩tʁɛs]
zestig	**tres**	['tʁɛs]
eenenzestig	**enogtres**	['eːnʌˌtʁɛs]
tweeënzestig	**toogtres**	['toːʌˌtʁɛs]
drieënzestig	**treogtres**	['tʁɛːʌˌtʁɛs]
zeventig	**halvfjerds**	[hal'fjæɐ̯s]
eenenzeventig	**enoghalvfjerds**	['eːnʌ hal'fjæɐ̯s]
tweeënzeventig	**tooghalvfjerds**	['toːʌ hal'fjæɐ̯s]
drieënzeventig	**treoghalvfjerds**	['tʁɛːʌ hal'fjæɐ̯s]
tachtig	**firs**	['fiɐ̯ˀs]
eenentachtig	**enogfirs**	['eːnʌˌfiɐ̯ˀs]
tweeëntachtig	**toogfirs**	['toːʌˌfiɐ̯ˀs]
drieëntachtig	**treogfirs**	['tʁɛːʌˌfiɐ̯ˀs]
negentig	**halvfems**	[hal'fɛmˀs]
eenennegentig	**enoghalvfems**	['eːnʌ hal̩fɛmˀs]
tweeënnegentig	**tooghalvfems**	['toːʌ hal̩fɛmˀs]
drieënnegentig	**treoghalvfems**	['tʁɛːʌ hal̩fɛmˀs]

4. Kardinale getallen. Deel 2

honderd	**hundrede**	['hunʌðə]
tweehonderd	**tohundrede**	['towˌhunʌðə]
driehonderd	**trehundrede**	['tʁɛˌhunʌðə]
vierhonderd	**firehundrede**	['fiɐ̯ˌhunʌðə]
vijfhonderd	**femhundrede**	['fɛmˌhunʌðə]
zeshonderd	**sekshundrede**	['sɛksˌhunʌðə]
zevenhonderd	**syvhundrede**	['sywˌhunʌðə]
achthonderd	**ottehundrede**	['ɔːtəˌhunʌðə]
negenhonderd	**nihundrede**	['niˌhunʌðə]
duizend	**tusind**	['tuˀsən]
tweeduizend	**totusind**	['toˌtuˀsən]
drieduizend	**tretusind**	['tʁɛˌtuˀsən]
tienduizend	**titusind**	['tiˌtuˀsən]
honderdduizend	**hundredetusind**	['hunʌðəˌtuˀsən]
miljoen (het)	**million** (f)	[mili'oˀn]
miljard (het)	**milliard** (f)	[mili'ɑˀd]

5. Getallen. Breuken

breukgetal (het)	**brøk** (f)	['bʁœˀk]
half	**en halv**	[en 'halˀ]
een derde	**en tredjedel**	[en 'tʁɛðjəˌdeˀl]
kwart	**en fjerdedel**	[en 'fjɛːʌˌdeˀl]

een achtste	en ottendedel	[ən 'ʌtənə‚deˀl]
een tiende	en tiendedel	[ən 'tiənə‚deˀl]
twee derde	to tredjedele	['to: 'tʁɛðjə‚de:lə]
driekwart	tre fjerdedele	['tʁɛ: 'fjɛ:ʌ‚deˀlə]

6. Getallen. Eenvoudige berekeningen

aftrekking (de)	subtraktion (f)	[subtʁɑk'ɡoˀn]
aftrekken (ww)	at subtrahere	[ʌ subtʁɑ'heˀʌ]
deling (de)	division (f)	[divi'ɡoˀn]
delen (ww)	at dividere	[ʌ divi'deˀʌ]

optelling (de)	addition (f)	[adi'ɡoˀn]
erbij optellen (bij elkaar voegen)	at addere	[ʌ a'deˀʌ]
optellen (ww)	at addere	[ʌ a'deˀʌ]
vermenigvuldiging (de)	multiplikation (f)	[multiplika'ɡoˀn]
vermenigvuldigen (ww)	at multiplicere	[ʌ multipli'seˀʌ]

7. Getallen. Diversen

cijfer (het)	ciffer (i)	['sifʌ]
nummer (het)	tal (i)	['tal]
telwoord (het)	talord (i)	['tal‚oˀg̨]
minteken (het)	minus (i)	['mi:nus]
plusteken (het)	plus (i)	['plus]
formule (de)	formel (f)	['fɔˀməl]

berekening (de)	beregning (f)	[be'ʁɑjˀnɛŋ]
tellen (ww)	at tælle	[ʌ 'tɛlə]
bijrekenen (ww)	at tælle op	[ʌ 'tɛlə 'ʌp]
vergelijken (ww)	at sammenligne	[ʌ 'samən‚liˀnə]

Hoeveel? (ontelb.)	Hvor meget?	[vɒˀ 'maɑð]
Hoeveel? (telb.)	Hvor mange?	[vɒˀ 'maŋə]
som (de), totaal (het)	sum (f)	['sɔmˀ]
uitkomst (de)	resultat (i)	[ʁɛsul'tæˀt]
rest (de)	rest (f)	['ʁast]

enkele (bijv. ~ minuten)	nogle få ...	['no:lə fɔˀ ...]
weinig (bw)	lidt ...	['let ...]
weinig (telb.)	få, ikke mange	['fɔˀ], ['ekə 'maŋə]
een beetje (ontelb.)	lidt	['let]
restant (het)	øvrig (i)	['øwʁi]

| anderhalf | halvanden | [hal'anən] |
| dozijn (het) | dusin (i) | [du'siˀn] |

middendoor (bw)	i to halvdele	[i 'to: 'halde:lə]
even (bw)	jævnt	['jɛwˀnt]
helft (de)	halvdel (f)	['haldeˀl]
keer (de)	gang (f)	['ɡaŋˀ]

8. De belangrijkste werkwoorden. Deel 1

aanbevelen (ww)	at anbefale	[ʌ 'anbeˌfæˀlə]
aandringen (ww)	at insistere	[ʌ ensi'steˀʌ]
aankomen (per auto, enz.)	at ankomme	[ʌ 'anˌkʌmˀə]
aanraken (ww)	at røre	[ʌ 'ʁœːʌ]
adviseren (ww)	at råde	[ʌ 'ʁɔːðə]
afdalen (on.ww.)	at gå ned	[ʌ gɔˀ 'neðˀ]
afslaan (naar rechts ~)	at svinge	[ʌ 'sveŋə]
antwoorden (ww)	at svare	[ʌ 'svɑːɑ]
bang zijn (ww)	at frygte	[ʌ 'fʁœgtə]
bedreigen (bijv. met een pistool)	at true	[ʌ 'tʁuːə]
bedriegen (ww)	at snyde	[ʌ 'snyːðə]
beëindigen (ww)	at slutte	[ʌ 'slutə]
beginnen (ww)	at begynde	[ʌ be'gønˀə]
begrijpen (ww)	at forstå	[ʌ fʌ'stɔˀ]
beheren (managen)	at styre, at lede	[ʌ 'styːʌ], [ʌ 'leːðə]
beledigen (met scheldwoorden)	at fornærme	[ʌ fʌ'næɐ̯ˀmə]
beloven (ww)	at love	[ʌ 'lɔːvə]
bereiden (koken)	at lave	[ʌ 'læːvə]
bespreken (spreken over)	at diskutere	[ʌ disku'teˀʌ]
bestellen (eten ~)	at bestille	[ʌ be'stelˀə]
bestraffen (een stout kind ~)	at straffe	[ʌ 'stʁɑfə]
betalen (ww)	at betale	[ʌ be'tæˀlə]
betekenen (beduiden)	at betyde	[ʌ be'tyˀðə]
betreuren (ww)	at beklage	[ʌ be'klæˀjə]
bevallen (prettig vinden)	at kunne lide	[ʌ 'kunə 'liːðə]
bevelen (mil.)	at beordre	[ʌ be'ɒˀdʁʌ]
bevrijden (stad, enz.)	at befri	[ʌ be'fʁiˀ]
bewaren (ww)	at beholde	[ʌ be'hʌlˀə]
bezitten (ww)	at besidde, at eje	[ʌ be'sið'ə], [ʌ 'ɑjə]
bidden (praten met God)	at bede	[ʌ 'beˀðə]
binnengaan (een kamer ~)	at komme ind	[ʌ 'kʌmə ˌenˀ]
breken (ww)	at bryde	[ʌ 'bʁyːðə]
controleren (ww)	at kontrollere	[ʌ kʌntʁo'leˀʌ]
creëren (ww)	at oprette, at skabe	[ʌ 'ʌbˌʁatə], [ʌ 'skæːbə]
deelnemen (ww)	at deltage	[ʌ 'delˌtæˀ]
denken (ww)	at tænke	[ʌ 'tɛŋkə]
doden (ww)	at dræbe, at myrde	[ʌ 'dʁɛːbə], [ʌ 'myɐ̯də]
doen (ww)	at gøre	[ʌ 'gœːʌ]
dorst hebben (ww)	at være tørstig	[ʌ 'vɛːʌ 'tœɐ̯sti]

9. De belangrijkste werkwoorden. Deel 2

een hint geven	at give et vink	[ʌ 'giˀ et 'veŋˀk]
eisen (met klem vragen)	at kræve	[ʌ 'kʁɛːvə]

excuseren (vergeven)	at tilgive	[ʌ 'tel,gi']
existeren (bestaan)	at eksistere	[ʌ ɛksi'ste'ʌ]
gaan (te voet)	at gå	[ʌ 'gɔ']

gaan zitten (ww)	at sætte sig	[ʌ 'sɛtə sɑj]
gaan zwemmen	at bade	[ʌ 'bæ'ðə]
geven (ww)	at give	[ʌ 'gi']
glimlachen (ww)	at smile	[ʌ 'smi:lə]
goed raden (ww)	at gætte	[ʌ 'gɛtə]

| grappen maken (ww) | at spøge | [ʌ 'spø:jə] |
| graven (ww) | at grave | [ʌ 'gʁɑ:və] |

hebben (ww)	at have	[ʌ 'hæ:və]
helpen (ww)	at hjælpe	[ʌ 'jɛlpə]
herhalen (opnieuw zeggen)	at gentage	[ʌ 'gɛn,tæ']
honger hebben (ww)	at være sulten	[ʌ 'vɛ:ʌ 'sultən]

hopen (ww)	at håbe	[ʌ 'hɔ:bə]
horen	at høre	[ʌ 'hø:ʌ]
(waarnemen met het oor)		
huilen (wenen)	at græde	[ʌ 'gʁɑ:ðə]
huren (huis, kamer)	at leje	[ʌ 'lɑjə]
informeren (informatie geven)	at informere	[ʌ enfɒ'me'ʌ]

instemmen (akkoord gaan)	at samtykke	[ʌ 'sɑm,tykə]
jagen (ww)	at jage	[ʌ 'jæ:jə]
kennen (kennis hebben	at kende	[ʌ 'kɛnə]
van iemand)		
kiezen (ww)	at vælge	[ʌ 'vɛljə]
klagen (ww)	at klage	[ʌ 'klæ:jə]

kosten (ww)	at koste	[ʌ 'kʌstə]
kunnen (ww)	at kunne	[ʌ 'kunə]
lachen (ww)	at le, at grine	[ʌ 'le'], [ʌ 'gʁi:nə]
laten vallen (ww)	at tabe	[ʌ 'tæ:bə]
lezen (ww)	at læse	[ʌ 'lɛ:sə]

liefhebben (ww)	at elske	[ʌ 'ɛlskə]
lunchen (ww)	at spise frokost	[ʌ 'spi:sə 'fʁɔkʌst]
nemen (ww)	at tage	[ʌ 'tæ']
nodig zijn (ww)	at være behøvet	[ʌ 'vɛ:ʌ be'hø'vəð]

10. De belangrijkste werkwoorden. Deel 3

onderschatten (ww)	at undervurdere	[ʌ 'ɔnʌvuɡ'de'ʌ]
ondertekenen (ww)	at underskrive	[ʌ 'ɔnʌskʁi'və]
ontbijten (ww)	at spise morgenmad	[ʌ 'spi:sə 'mɒ:ɒn,mɑð]
openen (ww)	at åbne	[ʌ 'ɔ:bnə]
ophouden (ww)	at stoppe, at slutte	[ʌ 'stʌpə], [ʌ 'slutə]
opmerken (zien)	at bemærke	[ʌ be'mæɡkə]

| opscheppen (ww) | at prale | [ʌ 'pʁɑ:lə] |
| opschrijven (ww) | at skrive ned | [ʌ 'skʁi:və 'neð'] |

plannen (ww)	at planlægge	[ʌ 'plæːnˌlɛgə]
prefereren (verkiezen)	at foretrække	[ʌ fɔːˈtʁakə]
proberen (trachten)	at prøve	[ʌ 'pʁœːwə]
redden (ww)	at redde	[ʌ 'ʁɛðə]

rekenen op …	at regne med …	[ʌ 'ʁajnə mɛ …]
rennen (ww)	at løbe	[ʌ 'løːbə]
reserveren	at reservere	[ʌ ʁɛsæɡ'veˀʌ]
(een hotelkamer ~)		
roepen (om hulp)	at tilkalde	[ʌ 'telˌkalˀə]
schieten (ww)	at skyde	[ʌ 'skyːðə]
schreeuwen (ww)	at skrige	[ʌ 'skʁiːə]

schrijven (ww)	at skrive	[ʌ 'skʁiːvə]
souperen (ww)	at spise aftensmad	[ʌ 'spiːsə 'aftənsˌmað]
spelen (kinderen)	at lege	[ʌ 'lajə]
spreken (ww)	at tale	[ʌ 'tæːlə]
stelen (ww)	at stjæle	[ʌ 'stjɛːlə]
stoppen (pauzeren)	at standse	[ʌ 'stansə]

studeren (Nederlands ~)	at studere	[ʌ stu'deˀʌ]
sturen (zenden)	at sende	[ʌ 'sɛnə]
tellen (optellen)	at tælle	[ʌ 'tɛlə]
toebehoren …	at tilhøre …	[ʌ 'telˌhøˀʌ …]
toestaan (ww)	at tillade	[ʌ 'teˌlæˀðə]
tonen (ww)	at vise	[ʌ 'viːsə]

twijfelen (onzeker zijn)	at tvivle	[ʌ 'tviwlə]
uitgaan (ww)	at gå ud	[ʌ 'gɔˀ uðˀ]
uitnodigen (ww)	at indbyde, at invitere	[ʌ 'enˌbyˀðə], [ʌ envi'teˀʌ]
uitspreken (ww)	at udtale	[ʌ 'uðˌtæːlə]
uitvaren tegen (ww)	at skælde	[ʌ 'skɛlə]

11. De belangrijkste werkwoorden. Deel 4

vallen (ww)	at falde	[ʌ 'falə]
vangen (ww)	at fange	[ʌ 'faŋə]
veranderen (anders maken)	at ændre	[ʌ 'ɛndʁʌ]
verbaasd zijn (ww)	at blive forundret	[ʌ 'bliːə fʌ'ɔnˀdʁʌð]
verbergen (ww)	at gemme	[ʌ 'gɛmə]

verdedigen (je land ~)	at forsvare	[ʌ fʌ'svaˀɑ]
verenigen (ww)	at forene	[ʌ fʌ'enə]
vergelijken (ww)	at sammenligne	[ʌ 'samənˌliˀnə]
vergeten (ww)	at glemme	[ʌ 'glɛmə]
vergeven (ww)	at tilgive	[ʌ 'telˌgiˀ]

verklaren (uitleggen)	at forklare	[ʌ fʌ'klɑˀɑ]
verkopen (per stuk ~)	at sælge	[ʌ 'sɛljə]
vermelden (praten over)	at omtale, at nævne	[ʌ 'ʌmˌtæːlə], [ʌ 'nɛwnə]
versieren (decoreren)	at pryde	[ʌ 'pʁyːðə]
vertalen (ww)	at oversætte	[ʌ 'ɒwʌˌsɛtə]
vertrouwen (ww)	at stole på	[ʌ 'stoːlə pɔˀ]
vervolgen (ww)	at fortsætte	[ʌ 'fɔːtˌsɛtə]

verwarren (met elkaar ~)	at forveksle	[ʌ fʌ'vɛkslə]
verzoeken (ww)	at bede	[ʌ 'be'ðə]
verzuimen (school, enz.)	at forsømme	[ʌ fʌ'sœm'ə]
vinden (ww)	at finde	[ʌ 'fenə]
vliegen (ww)	at flyve	[ʌ 'fly:və]
volgen (ww)	at følge efter ...	[ʌ 'føljə 'ɛftʌ ...]
voorstellen (ww)	at foreslå	[ʌ 'fɔːɒ̩slɔ']
voorzien (verwachten)	at forudse	[ʌ 'fɒuð̩se']
vragen (ww)	at spørge	[ʌ 'spœɐ̯ʌ]
waarnemen (ww)	at observere	[ʌ ʌbsæɐ̯'ve'ʌ]
waarschuwen (ww)	at advare	[ʌ 'að̩va'a]
wachten (ww)	at vente	[ʌ 'vɛntə]
weerspreken (ww)	at indvende	[ʌ 'en'̩vɛn'ə]
weigeren (ww)	at vægre sig	[ʌ 'vɛːjɐʌ saj]
werken (ww)	at arbejde	[ʌ 'ɑː̩baj'də]
weten (ww)	at vide	[ʌ 'vi:ðə]
willen (verlangen)	at ville	[ʌ 'vilə]
zeggen (ww)	at sige	[ʌ 'si:]
zich haasten (ww)	at skynde sig	[ʌ 'skønə saj]
zich interesseren voor ...	at interessere sig	[ʌ entɐe'se'ʌ saj]
zich vergissen (ww)	at tage fejl	[ʌ 'tæ' faj'l]
zich verontschuldigen	at undskylde sig	[ʌ 'ɔn̩skyl'ə saj]
zien (ww)	at se	[ʌ 'se']
zoeken (ww)	at søge ...	[ʌ 'sø:ə ...]
zwemmen (ww)	at svømme	[ʌ 'svœmə]
zwijgen (ww)	at tie	[ʌ 'ti:ə]

12. Kleuren

kleur (de)	farve (f)	['fɑ:və]
tint (de)	nuance (f)	[ny'ɑŋsə]
kleurnuance (de)	farvetone (f)	['fɑːvə̩to:nə]
regenboog (de)	regnbue (f)	['ɐajn̩bu:ə]
wit (bn)	hvid	['við']
zwart (bn)	sort	['soɐ̯t]
grijs (bn)	grå	['gɐɔ']
groen (bn)	grøn	['gɐœn']
geel (bn)	gul	['gu'l]
rood (bn)	rød	['ɐœð']
blauw (bn)	blå	['blɔ']
lichtblauw (bn)	lyseblå	['lysə̩blɔ']
roze (bn)	rosa	['ɐo:sa]
oranje (bn)	orange	[o'ɐɑŋɢə]
violet (bn)	violblå	[vi'ol̩blɔ']
bruin (bn)	brun	['bɐu'n]
goud (bn)	guld-	['gul-]

zilverkleurig (bn)	sølv-	['søl-]
beige (bn)	beige	['bɛːɕ]
roomkleurig (bn)	cremefarvet	['kʁɛːmˌfaˀvəð]
turkoois (bn)	turkis	[tyɐ̯'kiˀs]
kersrood (bn)	kirsebærrød	['kiɐ̯səbæɐ̯ˌʁœðˀ]
lila (bn)	lila	['lela]
karmijnrood (bn)	hindbærrød	['henbæɐ̯ˌʁœðˀ]

licht (bn)	lys	['lyˀs]
donker (bn)	mørk	['mœɐ̯k]
fel (bn)	klar	['klɑˀ]

kleur-, kleurig (bn)	farve-	['faːvə-]
kleuren- (abn)	farve	['faːvə]
zwart-wit (bn)	sort-hvid	['soɐ̯t'viðˀ]
eenkleurig (bn)	ensfarvet	['ensˌfaˀvəð]
veelkleurig (bn)	mangefarvet	['maŋəˌfaːvəð]

13. Vragen

Wie?	Hvem?	['vɛmˀ]
Wat?	Hvad?	['vað]
Waar?	Hvor?	['voˀ]
Waarheen?	Hvorhen?	['voˀˌhɛn]
Waar ... vandaan?	Hvorfra?	['voˀˌfʁɑˀ]
Wanneer?	Hvornår?	[voˀ'noˀ]
Waarom?	Hvorfor?	['vɔfʌ]
Waarom?	Hvorfor?	['vɔfʌ]

Waarvoor dan ook?	For hvad?	[fʌ 'vað]
Hoe?	Hvordan?	[voˀ'dan]
Wat voor ...?	Hvilken?	['velkən]
Welk?	Hvilken?	['velkən]

Aan wie?	Til hvem?	[tel 'vɛmˀ]
Over wie?	Om hvem?	[ʌm 'vɛmˀ]
Waarover?	Om hvad?	[ʌm 'vað]
Met wie?	Med hvem?	[mɛ 'vɛmˀ]

| Hoeveel? (ontelb.) | Hvor meget? | [voˀ 'maɑð] |
| Van wie? (mann.) | Hvis? | ['ves] |

14. Functiewoorden. Bijwoorden. Deel 1

Waar?	Hvor?	['voˀ]
hier (bw)	her	['hɛˀɐ̯]
daar (bw)	der	['dɛˀɐ̯]

ergens (bw)	et sted	[et 'stɛð]
nergens (bw)	ingen steder	['eŋən ˌstɛːðʌ]
bij ... (in de buurt)	ved	[ve]
bij het raam	ved vinduet	[ve 'venduəð]

Waarheen?	**Hvorhen?**	['vɒˀˌhɛn]
hierheen (bw)	**herhen**	['hɛˀɡ̊ˌhɛn]
daarheen (bw)	**derhen**	['dɛˀɡ̊ˌhɛn]
hiervandaan (bw)	**herfra**	['hɛˀɡ̊ˌfʁɑˀ]
daarvandaan (bw)	**derfra**	['dɛˀɡ̊ˌfʁɑˀ]
dichtbij (bw)	**nær**	['nɛˀɡ̊]
ver (bw)	**langt**	['laŋˀt]
in de buurt (van ...)	**nær**	['nɛˀɡ̊]
vlakbij (bw)	**i nærheden**	[i 'nɛɡ̊ˌheð'ən]
niet ver (bw)	**ikke langt**	['ekə 'laŋˀt]
linker (bn)	**venstre**	['vɛnstʁʌ]
links (bw)	**til venstre**	[te 'vɛnstʁʌ]
linksaf, naar links (bw)	**til venstre**	[te 'vɛnstʁʌ]
rechter (bn)	**højre**	['hʌjʁʌ]
rechts (bw)	**til højre**	[te 'hʌjʁʌ]
rechtsaf, naar rechts (bw)	**til højre**	[te 'hʌjʁʌ]
vooraan (bw)	**foran**	['fɔ:'anˀ]
voorste (bn)	**for-, ante-**	[fʌ-], [antə'-]
vooruit (bw)	**fremad**	['fʁamˀˌað]
achter (bw)	**bagved**	['bæˀjˌve]
van achteren (bw)	**bagpå**	['bæˀjˌpɔˀ]
achteruit (naar achteren)	**tilbage**	[te'bæːjə]
midden (het)	**midte** (f)	['metə]
in het midden (bw)	**i midten**	[i 'metən]
opzij (bw)	**fra siden**	[fʁɑ 'siðən]
overal (bw)	**overalt**	[ɒwʌ'alˀt]
omheen (bw)	**rundtomkring**	['ʁɔnˀdʌmˌkʁɛŋˀ]
binnenuit (bw)	**indefra**	['enəˌfʁɑˀ]
naar ergens (bw)	**et sted**	[et 'stɛð]
rechtdoor (bw)	**ligeud**	['liːə'uðˀ]
terug (bijv. ~ komen)	**tilbage**	[te'bæːjə]
ergens vandaan (bw)	**et eller andet sted fra**	[ed 'ɛlʌ 'anəð stɛð fʁɑˀ]
ergens vandaan (en dit geld moet ~ komen)	**fra et sted**	[fʁɑ ed 'stɛð]
ten eerste (bw)	**for det første**	[fʌ de 'fœɡ̊stə]
ten tweede (bw)	**for det andet**	[fʌ de 'anəð]
ten derde (bw)	**for det tredje**	[fʌ de 'tʁɛðjə]
plotseling (bw)	**pludseligt**	['plusəlit]
in het begin (bw)	**i begyndelsen**	[i be'gønˀəlsən]
voor de eerste keer (bw)	**for første gang**	[fʌ 'fœɡ̊stə gaŋˀ]
lang voor ... (bw)	**længe før ...**	['lɛŋə føˀɡ̊ ...]
opnieuw (bw)	**på ny**	[pɔ 'nyˀ]
voor eeuwig (bw)	**for evigt**	[fʌ 'eːvið]
nooit (bw)	**aldrig**	['aldʁi]

weer (bw)	igen	[i'gɛn]
nu (bw)	nu	['nu]
vaak (bw)	ofte	['ʌftə]
toen (bw)	da, dengang	['da], ['dɛn'ˌgɑŋ']
urgent (bw)	omgående	['ʌmˌgɔ'ənə]
meestal (bw)	vanligvis	['væ:nliˌvi's]

trouwens, ... (tussen haakjes)	for resten ...	[fʌ 'ʁastən ...]
mogelijk (bw)	muligt, muligvis	['mu:lit], ['mu:liˌvi's]
waarschijnlijk (bw)	sandsynligvis	[san'sy'nliˌvi's]
misschien (bw)	måske	[mɔ'ske']
trouwens (bw)	desuden, ...	[des'u:ðən, ...]
daarom ...	derfor ...	['dɛ'g̊fʌ ...]
in weerwil van ...	på trods af ...	[pɔ 'tʁʌs æ' ...]
dankzij ...	takket være ...	['tɑkəð ˌvɛ'ʌ ...]

wat (vn)	hvad	['vað]
dat (vw)	at	[at]
iets (vn)	noget	['nɔ:əð]
iets	noget	['nɔ:əð]
niets (vn)	ingenting	['eŋən'teŋ']

wie (~ is daar?)	hvem	['vɛm']
iemand (een onbekende)	nogen	['noən]
iemand (een bepaald persoon)	nogen	['noən]

niemand (vn)	ingen	['eŋən]
nergens (bw)	ingen steder	['eŋən ˌstɛ:ðʌ]
niemands (bn)	ingens	['eŋəns]
iemands (bn)	nogens	['noəns]

zo (Ik ben ~ blij)	så	['sʌ]
ook (evenals)	også	['ʌsə]
alsook (eveneens)	også	['ʌsə]

15. Functiewoorden. Bijwoorden. Deel 2

Waarom?	Hvorfor?	['vɔfʌ]
om een bepaalde reden	af en eller anden grund	[a en 'ɛlʌ 'anən 'gʁɔn']
omdat ...	fordi ...	[fʌ'di' ...]
voor een bepaald doel	af en eller anden grund	[a en 'ɛlʌ 'anən 'gʁɔn']

en (vw)	og	[ʌ]
of (vw)	eller	[ɛlʌ]
maar (vw)	men	['mɛn]
voor (vz)	for, til	[fʌ], [tel]

te (~ veel mensen)	for, alt for	[fʌ], ['al't fʌ]
alleen (bw)	bare, kun	['ba:a], ['kɔn]
precies (bw)	præcis	[pʁɛ'si's]
ongeveer (~ 10 kg)	cirka	['si̥ɐka]
omstreeks (bw)	omtrent	[ʌm'tʁan't]

bij benadering (bn)	omtrentlig	[ʌm'tʁan'tli]
bijna (bw)	næsten	['nɛstən]
rest (de)	rest (f)	['ʁast]

de andere (tweede)	den anden	[dən 'anən]
ander (bn)	andre	['andʁʌ]
elk (bn)	hver	['vɛ'ɐ̯]
om het even welk	hvilken som helst	['velkən sʌm 'hɛl'st]
veel (grote hoeveelheid)	megen, meget	['majən], ['maɑð]
veel mensen	mange	['maŋə]
iedereen (alle personen)	alle	['alə]

in ruil voor ...	til gengæld for ...	[tel 'gɛnˌgɛl' fʌ ...]
in ruil (bw)	i stedet for	[i 'stɛðə fʌ]
met de hand (bw)	i hånden	[i 'hʌnən]
onwaarschijnlijk (bw)	næppe	['nɛpə]

waarschijnlijk (bw)	sandsynligvis	[san'sy'nliˌvi's]
met opzet (bw)	med vilje, forsætlig	[mɛ 'viljə], [fʌ'sɛtli]
toevallig (bw)	tilfældigt	[te'fɛl'dit]

zeer (bw)	meget	['maɑð]
bijvoorbeeld (bw)	for eksempel	[fʌ ɛk'sɛm'pəl]
tussen (~ twee steden)	imellem	[i'mɛl'əm]
tussen (te midden van)	blandt	['blant]
zoveel (bw)	så meget	['sʌ 'maɑð]
vooral (bw)	særligt	['sæɐ̯lit]

25

Basisbegrippen Deel 2

16. Dagen van de week

maandag (de)	**mandag** (f)	['man²da]
dinsdag (de)	**tirsdag** (f)	['tiɐ̯²sda]
woensdag (de)	**onsdag** (f)	['ɔn²sda]
donderdag (de)	**torsdag** (f)	['tɒ²sda]
vrijdag (de)	**fredag** (f)	['fʁɛ²da]
zaterdag (de)	**lørdag** (f)	['lœɐ̯da]
zondag (de)	**søndag** (f)	['sœn²da]

vandaag (bw)	**i dag**	[i 'dæ²]
morgen (bw)	**i morgen**	[i 'mɒːɒn]
overmorgen (bw)	**i overmorgen**	[i 'ɒwʌˌmɒːɒn]
gisteren (bw)	**i går**	[i 'gɒ²]
eergisteren (bw)	**i forgårs**	[i 'fɒːˌgɒ²s]

dag (de)	**dag** (f)	['dæ²]
werkdag (de)	**arbejdsdag** (f)	['ɑːbɑjdsˌdæ²]
feestdag (de)	**festdag** (f)	['fɛstˌdæ²]
verlofdag (de)	**fridag** (f)	['fʁidæ²]
weekend (het)	**weekend** (f)	['wiːˌkɛnd]

de hele dag (bw)	**hele dagen**	['heːlə 'dæ²ən]
de volgende dag (bw)	**næste dag**	['nɛstə dæ²]
twee dagen geleden	**for to dage siden**	[fʌ to² 'dæ²ə 'siðən]
aan de vooravond (bw)	**dagen før**	['dæ²ən fʌ]
dag-, dagelijks (bn)	**daglig**	['dɑwli]
elke dag (bw)	**hver dag**	['vɛɐ̯ 'dæ²]

week (de)	**uge** (f)	['uːə]
vorige week (bw)	**sidste uge**	[i 'sistə 'uːə]
volgende week (bw)	**i næste uge**	[i 'nɛstə 'uːə]
wekelijks (bn)	**ugentlig**	['uːəntli]
elke week (bw)	**hver uge**	['vɛɐ̯ 'uːə]
twee keer per week	**to gange om ugen**	['to² 'gaŋə ɒm 'uːən]
elke dinsdag	**hver tirsdag**	['vɛɐ̯ ˌtiɐ̯²sda]

17. Uren. Dag en nacht

morgen (de)	**morgen** (f)	['mɒːɒn]
's morgens (bw)	**om morgenen**	[ʌm 'mɒːɒnən]
middag (de)	**middag** (f)	['meda]
's middags (bw)	**om eftermiddagen**	[ʌm 'ɛftʌmeˌdæ²ən]

avond (de)	**aften** (f)	['ɑftən]
's avonds (bw)	**om aftenen**	[ʌm 'ɑftənən]

nacht (de)	nat (f)	['nat]
's nachts (bw)	om natten	[ʌm 'natən]
middernacht (de)	midnat (f)	['mið̩nat]

seconde (de)	sekund (i)	[se'kɔnˀd]
minuut (de)	minut (i)	[me'nut]
uur (het)	time (f)	['tiːmə]
halfuur (het)	en halv time	[en 'halˀ 'tiːmə]
kwartier (het)	kvart (f)	['kvɑːt]
vijftien minuten	femten minutter	['fɛmtən me'nutʌ]
etmaal (het)	døgn (i)	['dʌjˀn]

zonsopgang (de)	solopgang (f)	['soːl 'ʌp̩gɑŋˀ]
dageraad (de)	daggry (i)	['dɑwˌgʁyː]
vroege morgen (de)	tidlig morgen (f)	['tiðli 'mɒːɒn]
zonsondergang (de)	solnedgang (f)	['soːl 'neðˌgɑŋˀ]

's morgens vroeg (bw)	tidligt om morgenen	['tiðlit ʌm 'mɒːɒnən]
vanmorgen (bw)	i morges	[i 'mɒːɒs]
morgenochtend (bw)	i morgen tidlig	[i 'mɒːɒn 'tiðli]
vanmiddag (bw)	i eftermiddag	[i 'ɛftʌmeˌdæ]
's middags (bw)	om eftermiddagen	[ʌm 'ɛftʌmeˌdæˀən]
morgenmiddag (bw)	i morgen eftermiddag	[i 'mɒːɒn 'ɛftʌmeˌdæˀ]
vanavond (bw)	i aften	[i 'ɑftən]
morgenavond (bw)	i morgen aften	[i 'mɒːɒn 'ɑftən]

klokslag drie uur	klokken tre præcis	['klʌkən tʁɛ pʁɛ'siˀs]
ongeveer vier uur	ved fire tiden	[ve 'fiˀʌ 'tiðən]
tegen twaalf uur	ved 12-tiden	[ve 'tʌl 'tiðən]

over twintig minuten	om 20 minutter	[ʌm 'tyːvə me'nutʌ]
over een uur	om en time	[ʌm en 'tiːmə]
op tijd (bw)	i tide	[i 'tiːðə]

kwart voor ...	kvart i ...	['kvɑːt i ...]
binnen een uur	inden for en time	['enən'fʌ en 'tiːmə]
elk kwartier	hvert 15 minut	['vɛˀɐ̯t 'fɛmtən me'nut]
de klok rond	døgnet rundt	['dʌjnəð 'ʁɔnˀt]

18. Maanden. Seizoenen

januari (de)	januar (f)	['jɑnuˌɑˀ]
februari (de)	februar (f)	['febʁuˌɑˀ]
maart (de)	marts (f)	['mɑːts]
april (de)	april (f)	[a'pʁiˀl]
mei (de)	maj (f)	['mɑjˀ]
juni (de)	juni (f)	['juˀni]

juli (de)	juli (f)	['juˀli]
augustus (de)	august (f)	[ɑw'gɔst]
september (de)	september (f)	[sep'tɛmˀbʌ]
oktober (de)	oktober (f)	[ok'toˀbʌ]
november (de)	november (f)	[no'vɛmˀbʌ]
december (de)	december (f)	[de'sɛmˀbʌ]

lente (de)	**forår** (i)	['fɒːˌɒˀ]
in de lente (bw)	**om foråret**	[ʌm 'fɒːˌɒˀð]
lente- (abn)	**forårs-**	['fɒːɒs-]
zomer (de)	**sommer** (f)	['sʌmʌ]
in de zomer (bw)	**om sommeren**	[ʌm 'sʌmʌən]
zomer-, zomers (bn)	**sommer-**	['sʌmʌ-]
herfst (de)	**efterår** (i)	['ɛftʌˌɒˀ]
in de herfst (bw)	**om efteråret**	[ʌm 'ɛftʌˌɒˀð]
herfst- (abn)	**efterårs-**	['ɛftʌˌɒs-]
winter (de)	**vinter** (f)	['venˀtʌ]
in de winter (bw)	**om vinteren**	[ʌm 'venˀtʌən]
winter- (abn)	**vinter-**	['ventʌ-]
maand (de)	**måned** (f)	['mɔːnəð]
deze maand (bw)	**i denne måned**	[i 'dɛnə 'mɔːnəð]
volgende maand (bw)	**næste måned**	['nɛstə 'mɔːnəð]
vorige maand (bw)	**sidste måned**	['sistə 'mɔːnəð]
een maand geleden (bw)	**for en måned siden**	[fʌ en 'mɔːnəð 'siðən]
over een maand (bw)	**om en måned**	[ʌm en 'mɔːnəð]
over twee maanden (bw)	**om 2 måneder**	[ʌm to 'mɔːnəðʌ]
de hele maand (bw)	**en hel måned**	[en 'heːl 'mɔːnəð]
een volle maand (bw)	**hele måneden**	['heːlə 'mɔːnəðən]
maand-, maandelijks (bn)	**månedlig**	['mɔːnəðli]
maandelijks (bw)	**månedligt**	['mɔːnəðlit]
elke maand (bw)	**hver måned**	['vɛɡ 'mɔːnəð]
twee keer per maand	**to gange om måneden**	['toː 'ɡɑŋə ɒm 'mɔːnəðən]
jaar (het)	**år** (i)	['ɒˀ]
dit jaar (bw)	**i år**	[i 'ɒˀ]
volgend jaar (bw)	**næste år**	['nɛstə ɒˀ]
vorig jaar (bw)	**i fjor**	[i 'fjoˀɡ]
een jaar geleden (bw)	**for et år siden**	[fʌ ed ɒˀ 'siðən]
over een jaar	**om et år**	[ʌm et 'ɒˀ]
over twee jaar	**om 2 år**	[ʌm to 'ɒˀ]
het hele jaar	**hele året**	['heːlə 'ɒːɒð]
een vol jaar	**hele året**	['heːlə 'ɒːɒð]
elk jaar	**hvert år**	['vɛˀɡt ɒˀ]
jaar-, jaarlijks (bn)	**årlig**	['ɒːli]
jaarlijks (bw)	**årligt**	['ɒːlit]
4 keer per jaar	**fire gange om året**	['fiˀʌ 'ɡɑŋə ɒm 'ɒːɒð]
datum (de)	**dato** (f)	['dæːto]
datum (de)	**dato** (f)	['dæːto]
kalender (de)	**kalender** (f)	[ka'lɛnˀʌ]
een half jaar	**et halvt år**	[et halˀt 'ɒˀ]
zes maanden	**halvår** (i)	['halvˌɒˀ]
seizoen (bijv. lente, zomer)	**årstid** (f)	['ɒːsˌtiðˀ]
eeuw (de)	**århundrede** (i)	[ɒ'hunɡʌðə]

19. Tijd. Diversen

tijd (de)	tid (f)	['tið']
ogenblik (het)	øjeblik (i)	['ʌjəˌblek]
moment (het)	øjeblik (i)	['ʌjəˌblek]
ogenblikkelijk (bn)	øjeblikkelig	['ʌjəˌblekəli]
tijdsbestek (het)	tidsafsnit (i)	['tiðsˌskʁɛft]
leven (het)	liv (i)	['liw']
eeuwigheid (de)	evighed (f)	['e:viˌheð']

epoche (de), tijdperk (het)	epoke (f)	[e'po:kə]
era (de), tijdperk (het)	æra (f)	['ɛ:ʁa]
cyclus (de)	cyklus (f)	['syklus]
periode (de)	periode (f)	[pæɐ̯i'o:ðə]
termijn (vastgestelde periode)	sigt (f)	['segt]

toekomst (de)	fremtid (f)	['fʁamˌtið']
toekomstig (bn)	fremtidig	['fʁamˌtið'i]
de volgende keer	næste gang	['nɛstə gaŋ']
verleden (het)	fortid (f)	['fɔːtið']
vorig (bn)	forrige, forleden	['fɔːiə], [fʌ'leð'ən]
de vorige keer	sidste gang	['sistə ˌgaŋ']

later (bw)	senere	['se'nʌʌ]
na (~ het diner)	efter	['ɛftʌ]
tegenwoordig (bw)	for nærværende	[fʌ 'nɛɐ̯ˌvɛ'ʌnə]
nu (bw)	nu	['nu]
onmiddellijk (bw)	umiddelbart	['uˌmið'əlˌba'ð]
snel (bw)	snart	['sna't]
bij voorbaat (bw)	på forhånd	[pɔ 'fɔːˌhʌn']

lang geleden (bw)	for lang tid siden	[fʌ laŋ' tið 'siðən]
kort geleden (bw)	nylig, nyligt	['ny:li], ['ny:lið]
noodlot (het)	skæbne (f)	['skɛ:bnə]
herinneringen (mv.)	erindring (f)	[e'ʁɛn'dʁɛŋ]
archief (het)	arkiv (i)	[a'kiw']

tijdens ... (ten tijde van)	under ...	['ɔnʌ ...]
lang (bw)	længe	['lɛŋə]
niet lang (bw)	ikke længe	['ekə 'lɛŋə]
vroeg (bijv. ~ in de ochtend)	tidligt	['tiðlit]
laat (bw)	sent	['se'n]

voor altijd (bw)	for altid	[fʌ 'al'tið]
beginnen (ww)	at begynde	[ʌ be'gøn'ə]
uitstellen (ww)	at udsætte	[ʌ 'uðˌsɛtə]

tegelijkertijd (bw)	samtidigt	['samˌtið'it]
voortdurend (bw)	altid, stadig	['al'tið], ['sdæ:ði]
constant (bijv. ~ lawaai)	konstant	[kʌn'stan't]
tijdelijk (bn)	midlertidig, temporær	['mið'lʌˌtið'i], [tɛmbo'ʁɛ'ɐ̯]

soms (bw)	af og til	['æ' ʌ 'tel]
zelden (bw)	sjælden, sjældent	['ɕɛlən], ['ɕɛlənt]
vaak (bw)	ofte	['ʌftə]

20. Tegenovergestelden

rijk (bn)	**rig**	['ʁiˀ]
arm (bn)	**fattig**	['fati]
ziek (bn)	**syg**	['syˀ]
gezond (bn)	**frisk**	['fʁɛsk]
groot (bn)	**stor**	['stoˀɡ]
klein (bn)	**lille**	['lilə]
snel (bw)	**hurtigt**	['hoɡtit]
langzaam (bw)	**langsomt**	['lɑŋˌsʌmt]
snel (bn)	**hurtig**	['hoɡti]
langzaam (bn)	**langsom**	['lɑŋˌsʌmˀ]
vrolijk (bn)	**glad**	['glað]
treurig (bn)	**sørgmodig**	[sœɡw'moˀði]
samen (bw)	**sammen**	['sɑmˀən]
apart (bw)	**separat**	[sepɑ'ʁɑˀt]
hardop (~ lezen)	**højt**	['hɒjˀt]
stil (~ lezen)	**for sig selv**	[fʌ sɑj 'sɛlˀv]
hoog (bn)	**høj**	['hʌjˀ]
laag (bn)	**lav**	['læˀv]
diep (bn)	**dyb**	['dyˀb]
ondiep (bn)	**lille**	['lilə]
ja	**ja**	[ja], ['jæɡ]
nee	**nej**	['nɑjˀ]
ver (bn)	**fjern**	['fjæɡˀn]
dicht (bn)	**nær**	['nɛˀɡ]
ver (bw)	**langt**	['lɑŋˀt]
dichtbij (bw)	**i nærheden**	[i 'nɛɡˌheðˀən]
lang (bn)	**lang**	['lɑŋˀ]
kort (bn)	**kort**	['kɒːt]
vriendelijk (goedhartig)	**god**	['goðˀ]
kwaad (bn)	**ond**	['ɔnˀ]
gehuwd (mann.)	**gift**	['gift]
ongehuwd (mann.)	**ugift**	['uˌgift]
verbieden (ww)	**at forbyde**	[ʌ fʌ'byˀðə]
toestaan (ww)	**at tillade**	[ʌ 'teˌlæˀðə]
einde (het)	**slut** (f)	['slut]
begin (het)	**begyndelse** (f)	[be'gønˀəlsə]

| linker (bn) | venstre | ['vɛnstʁʌ] |
| rechter (bn) | højre | ['hʌjʁʌ] |

| eerste (bn) | første | ['fœɐ̯stə] |
| laatste (bn) | sidste | ['sistə] |

| misdaad (de) | forbrydelse (f) | [fʌ'bʁyð'əlsə] |
| bestraffing (de) | straf (f) | ['stʁaf] |

| bevelen (ww) | at beordre | [ʌ be'ɒ'dʁʌ] |
| gehoorzamen (ww) | at underordne sig | [ʌ 'ɔnʌˌɒ'dnə sɑj] |

| recht (bn) | ret | ['ʁat] |
| krom (bn) | krum | ['kʁɔm'] |

| paradijs (het) | paradis (i) | ['pɑːɑˌdi's] |
| hel (de) | helvede (i) | ['hɛlvəðə] |

| geboren worden (ww) | at fødes | [ʌ 'fø:ðəs] |
| sterven (ww) | at dø | [ʌ 'dø'] |

| sterk (bn) | stærk | ['stæɐ̯k] |
| zwak (bn) | svag | ['svæ'j] |

| oud (bn) | gammel | ['gɑməl] |
| jong (bn) | ung | ['ɔŋ'] |

| oud (bn) | gammel | ['gɑməl] |
| nieuw (bn) | ny | ['ny'] |

| hard (bn) | hård | ['hɒ'] |
| zacht (bn) | blød | ['blø'ð] |

| warm (bn) | varm | ['vɑ'm] |
| koud (bn) | kold | ['kʌl'] |

| dik (bn) | tyk | ['tyk] |
| dun (bn) | tynd | ['tøn'] |

| smal (bn) | smal | ['smal'] |
| breed (bn) | bred | ['bʁɛð'] |

| goed (bn) | god | ['goð'] |
| slecht (bn) | dårlig | ['dɒːli] |

| moedig (bn) | tapper | ['tɑpʌ] |
| laf (bn) | fej, krysteragtig | ['fɑj'], ['kʁystʌˌagdi] |

21. Lijnen en vormen

vierkant (het)	kvadrat (i)	[kva'dʁɑ't]
vierkant (bn)	kvadratisk	[kva'dʁɑ'tisk]
cirkel (de)	cirkel (f)	['siɐ̯kəl]
rond (bn)	rund	['ʁɔn']

| driehoek (de) | trekant (f) | ['tʁɛˌkanˀt] |
| driehoekig (bn) | trekantet | ['tʁɛˌkanˀtəð] |

ovaal (het)	oval (f)	[o'væˀl]
ovaal (bn)	oval	[o'væˀl]
rechthoek (de)	rektangel (i)	['ʁakˌtaŋˀəl]
rechthoekig (bn)	retvinklet	['ʁatˌveŋˀkləð]

piramide (de)	pyramide (f)	[pyʊ'miːðə]
ruit (de)	rombe (f)	['ʁʌmbə]
trapezium (het)	trapez (i, f)	[tʁa'pɛts]
kubus (de)	terning (f)	['tæɡneŋ]
prisma (het)	prisme (i, f)	['pʁismə]

omtrek (de)	omkreds (f)	['ʌmˌkʁɛˀs]
bol, sfeer (de)	sfære (f)	['sfɛːʌ]
bal (de)	kugle (f)	['kuːlə]

diameter (de)	diameter (f)	['diaˌmeˀtʌ]
straal (de)	radius (f)	['ʁa'djus]
omtrek (~ van een cirkel)	perimeter (i, f)	[peɡi'meˀtʌ]
middelpunt (het)	midtpunkt, centrum (i)	['medˌpɔŋˀt], ['sɛntʁɔm]

horizontaal (bn)	horisontal	[hɔisʌn'tæˀl]
verticaal (bn)	lodret, lod-	['lʌðˌʁat], ['lʌð-]
parallel (de)	parallel (f)	[paa'lɛlˀ]
parallel (bn)	parallel	[paa'lɛlˀ]

lijn (de)	linje (f)	['linjə]
streep (de)	streg (f)	['stʁajˀ]
rechte lijn (de)	lige linje (f)	['liːə 'linjə]
kromme (de)	kurve (f)	['kuɡwə]
dun (bn)	tynd	['tønˀ]
omlijning (de)	kontur (f)	[kɔn'tuɡˀ]

snijpunt (het)	skæringspunkt (i)	['skɛˀɡensˌpɔŋˀt]
rechte hoek (de)	ret vinkel (f)	['ʁat 'veŋˀkəl]
segment (het)	segment (i)	[seg'mɛnˀt]
sector (de)	sektor (f)	['sɛktʌ]
zijde (de)	side (f)	['siːðə]
hoek (de)	vinkel (f)	['veŋˀkəl]

22. Meeteenheden

gewicht (het)	vægt (f)	['vɛgt]
lengte (de)	længde (f)	['lɛŋˀdə]
breedte (de)	bredde (f)	['bʁɛˀdə]
hoogte (de)	højde (f)	['hʌjˀdə]
diepte (de)	dybde (f)	['dybdə]
volume (het)	rumfang (i)	['ʁɔmˌfaŋˀ]
oppervlakte (de)	areal (i)	[ˌɑːe'æˀl]

| gram (het) | gram (i) | ['gʁamˀ] |
| milligram (het) | milligram (i) | ['miliˌgʁamˀ] |

kilogram (het)	kilogram (i)	['kilo͜gʁɑmˀ]
ton (duizend kilo)	ton (i. f)	['tʌnˀ]
pond (het)	pund (i)	['punˀ]
ons (het)	ounce (f)	['ɑwns]

meter (de)	meter (f)	['meˀtʌ]
millimeter (de)	millimeter (f)	['mili͜meˀtʌ]
centimeter (de)	centimeter (f)	['sɛnti͜meˀtʌ]
kilometer (de)	kilometer (f)	['kilo͜meˀtʌ]
mijl (de)	mil (f)	['miˀl]

duim (de)	tomme (f)	['tʌmə]
voet (de)	fod (f)	['foˀð]
yard (de)	yard (f)	['jɑːd]

vierkante meter (de)	kvadratmeter (f)	[kva'dʁɑˀt͜meˀtʌ]
hectare (de)	hektar (f)	[hɛk'tɑˀ]

liter (de)	liter (f)	['litʌ]
graad (de)	grad (f)	['gʁɑˀð]
volt (de)	volt (f)	['vʌlˀt]
ampère (de)	ampere (f)	[ɑm'pɛːɐ̯]
paardenkracht (de)	hestekraft (f)	['hɛstə͜kʁɑft]

hoeveelheid (de)	mængde (f)	['mɛŋˀdə]
een beetje ...	lidt ...	['let ...]
helft (de)	halvdel (f)	['haldeˀl]
dozijn (het)	dusin (i)	[du'siˀn]
stuk (het)	stykke (i)	['støkə]

afmeting (de)	størrelse (f)	['stœɐ̯ʌlsə]
schaal (bijv. ~ van 1 op 50)	målestok (f)	['mɔːlə͜stʌk]

minimaal (bn)	minimal	[mini'mæˀl]
minste (bn)	mindst	['menˀst]
medium (bn)	middel	['miðˀəl]
maximaal (bn)	maksimal	[mɑksi'mæˀl]
grootste (bn)	størst	['stœɐ̯st]

23. Containers

glazen pot (de)	glaskrukke (f)	['glas͜kʁɔkə]
blik (conserven~)	dåse (f)	['dɔːsə]
emmer (de)	spand (f)	['spanˀ]
ton (bijv. regenton)	tønde (f)	['tønə]

ronde waterbak (de)	balje (f)	['baljə]
tank (bijv. watertank-70-ltr)	tank (f)	['taŋˀk]
heupfles (de)	lommelærke (f)	['lʌmə͜læɐ̯kə]
jerrycan (de)	dunk (f)	['dɔŋˀk]
tank (bijv. ketelwagen)	tank (f)	['taŋˀk]

beker (de)	krus (i)	['kʁuˀs]
kopje (het)	kop (f)	['kʌp]

schoteltje (het)	**underkop** (f)	[ˈɔnʌˌkʌp]
glas (het)	**glas** (i)	[ˈglas]
wijnglas (het)	**vinglas** (i)	[ˈviːnˌglas]
steelpan (de)	**gryde** (f)	[ˈgʁyːðə]

fles (de)	**flaske** (f)	[ˈflaskə]
flessenhals (de)	**flaskehals** (f)	[ˈflaskəˌhalˀs]

karaf (de)	**karaffel** (f)	[kɑˈʁɑfəl]
kruik (de)	**kande** (f)	[ˈkanə]
vat (het)	**beholder** (f)	[beˈhʌlˀʌ]
pot (de)	**potte** (f)	[ˈpʌtə]
vaas (de)	**vase** (f)	[ˈvæːsə]

flacon (de)	**flakon** (f)	[flaˈkʌŋ]
flesje (het)	**flaske** (f)	[ˈflaskə]
tube (bijv. ~ tandpasta)	**tube** (f)	[ˈtuːbə]

zak (bijv. ~ aardappelen)	**sæk** (f)	[ˈsɛk]
tasje (het)	**pose** (f)	[ˈpoːsə]
pakje (~ sigaretten, enz.)	**pakke** (f)	[ˈpakə]

doos (de)	**æske** (f)	[ˈɛskə]
kist (de)	**kasse** (f)	[ˈkasə]
mand (de)	**kurv** (f)	[ˈkuʁˀw]

24. Materialen

materiaal (het)	**materiale** (i)	[matʁiˈæːlə]
hout (het)	**træ** (i)	[ˈtʁɛˀ]
houten (bn)	**af træ, træ-**	[a ˈtʁɛ], [ˈtʁɛ-]

glas (het)	**glas** (i)	[ˈglas]
glazen (bn)	**af glas, glas-**	[a ˈglas], [ˈglas-]

steen (de)	**sten** (f)	[ˈsteˀn]
stenen (bn)	**af sten, sten-**	[a ˈsten], [ˈsten-]

plastic (het)	**plastic** (i, f)	[ˈplastik]
plastic (bn)	**plastic-**	[ˈplastik-]

rubber (het)	**gummi** (i, f)	[ˈgomi]
rubber-, rubberen (bn)	**gummi-**	[ˈgomi-]

stof (de)	**tøj, stof** (i)	[ˈtʌj], [ˈstʌf]
van stof (bn)	**i stof, stof-**	[i ˈstʌf], [ˈstʌf-]

papier (het)	**papir** (i)	[paˈpiɐˀ]
papieren (bn)	**papir-**	[paˈpiɐ-]

karton (het)	**pap, karton** (i, f)	[ˈpap], [kɑˈtʌŋ]
kartonnen (bn)	**pap-, karton-**	[ˈpap-], [kɑˈtʌŋ-]
polyethyleen (het)	**polyætylen** (i, f)	[ˈpolyɛtyˌleˀn]
cellofaan (het)	**cellofan** (i)	[sɛloˈfæˀn]

multiplex (het)	krydsfiner (f)	['kʁys fi'ne'g̊]
porselein (het)	porcelæn (i)	[pɒsə'lɛ'n]
porseleinen (bn)	af porcelæn	[a pɒsə'lɛ'n]
klei (de)	ler (i)	['le'g̊]
klei-, van klei (bn)	af ler, ler-	[a 'le'g̊], ['leg̊-]
keramiek (de)	keramik (f)	[keɑ'mik]
keramieken (bn)	keramik-	[keɑ'mik-]

25. Metalen

metaal (het)	metal (i)	[me'tal]
metalen (bn)	af metal, metal-	[a me'tal], [me'tal-]
legering (de)	legering (f)	[le'ge'g̊en]

goud (het)	guld (i)	['gul]
gouden (bn)	af guld, guld-	[a 'gul], ['gul-]
zilver (het)	sølv (i)	['søl]
zilveren (bn)	af sølv, sølv-	[a 'søl], ['søl-]

IJzer (het)	jern (i)	['jæg̊'n]
IJzeren (bn)	af jern, jern-	[a 'jæg̊'n], ['jæg̊n-]
staal (het)	stål (i)	['stɔ'l]
stalen (bn)	af stål, stål-	[a 'stɔ'l], ['stɔl-]
koper (het)	kobber (i)	['kɒw'ʌ]
koperen (bn)	af kobber, kobber-	[a 'kɒw'ʌ], ['kɒwʌ-]

aluminium (het)	aluminium (i)	[alu'mi'njɔm]
aluminium (bn)	af aluminium	[a alu'mi'njɔm]
brons (het)	bronze (f)	['bʁʌŋsə]
bronzen (bn)	af bronze, bronze-	[a 'bʁʌŋsə], ['bʁʌŋsə-]

messing (het)	messing (i, f)	['mɛsen]
nikkel (het)	nikkel (i)	['nekəl]
platina (het)	platin (i)	[pla'ti'n]
kwik (het)	kviksølv (i)	['kvik‚søl]
tin (het)	tin (i)	['ten]
lood (het)	bly (i)	['bly']
zink (het)	zink (i, f)	['seŋ'k]

MENS

Mens. Het lichaam

26. Mensen. Basisbegrippen

mens (de)	menneske (i)	['mɛnəskə]
man (de)	mand (f)	['manˀ]
vrouw (de)	kvinde (f)	['kvenə]
kind (het)	barn (i)	['bɑ'n]
meisje (het)	pige (f)	['pi:ə]
jongen (de)	dreng (f)	['dʁaŋˀ]
tiener, adolescent (de)	teenager (f)	['ti:n,ɛjtɕʌ]
oude man (de)	gammel mand (f)	['gɑməl 'manˀ]
oude vrouw (de)	gammel dame (f)	['gɑməl 'dæ:mə]

27. Menselijke anatomie

organisme (het)	organisme (f)	[ɒga'nismə]
hart (het)	hjerte (i)	['jæɐ̯tə]
bloed (het)	blod (i)	['blo'ð]
slagader (de)	arterie (f)	[ɑ'te'ɐ̯iə]
ader (de)	vene (f)	['ve:nə]
hersenen (mv.)	hjerne (f)	['jæɐ̯nə]
zenuw (de)	nerve (f)	['næɐ̯və]
zenuwen (mv.)	nerver (f pl)	['næɐ̯vʌ]
wervel (de)	ryghvirvel (f)	['ʁɒɐ̯ɡ,viɐ̯'wəl]
ruggengraat (de)	rygrad (f)	['ʁɒɐ̯ɡ,ʁɑ'ð]
maag (de)	mavesæk (f)	['mæ:və,sɛk]
darmen (mv.)	tarmer (f pl)	['tɑˀmʌ]
darm (de)	tarm (f)	['tɑˀm]
lever (de)	lever (f)	['lew'ʌ]
nier (de)	nyre (f)	['ny:ʌ]
been (deel van het skelet)	ben (i)	['be'n]
skelet (het)	skelet (i)	[ske'lɛt]
rib (de)	ribben (i)	['ʁi,be'n]
schedel (de)	hovedskal (f)	['ho:əð,skal']
spier (de)	muskel (f)	['muskəl]
biceps (de)	biceps (f)	['bi,sɛps]
triceps (de)	triceps (f)	['tʁi:sɛps]
pees (de)	sene (f)	['se:nə]
gewricht (het)	led (i)	['leð]

longen (mv.)	lunger (f pl)	['lɔŋʌ]
geslachtsorganen (mv.)	kønsdele, genitalier (pl)	['kœnˌsde:lə], [geni'tæˀljʌ]
huid (de)	hud (f)	['huðˀ]

28. Hoofd

hoofd (het)	hoved (i)	['ho:əð]
gezicht (het)	ansigt (i)	['ansegt]
neus (de)	næse (f)	['nɛ:sə]
mond (de)	mund (f)	['mɔnˀ]

oog (het)	øje (i)	['ʌjə]
ogen (mv.)	øjne (i pl)	['ʌjnə]
pupil (de)	pupil (f)	[pu'pilˀ]
wenkbrauw (de)	øjenbryn (i)	['ʌjənˌbʁyˀn]
wimper (de)	øjenvippe (f)	['ʌjənˌvepə]
ooglid (het)	øjenlåg (i)	['ʌjənˌlɔˀw]

tong (de)	tunge (f)	['tɔŋə]
tand (de)	tand (f)	['tanˀ]
lippen (mv.)	læber (f pl)	['lɛ:bʌ]
jukbeenderen (mv.)	kindben (i pl)	['kenˌbeˀn]
tandvlees (het)	tandkød (i)	['tanˌkøð]
gehemelte (het)	gane (f)	['gæ:nə]

neusgaten (mv.)	næsebor (i pl)	['nɛ:səˌboˀɡ̊]
kin (de)	hage (f)	['hæ:jə]
kaak (de)	kæbe (f)	['kɛ:bə]
wang (de)	kind (f)	['kenˀ]

voorhoofd (het)	pande (f)	['panə]
slaap (de)	tinding (f)	['teneŋ]
oor (het)	øre (i)	['ø:ʌ]
achterhoofd (het)	nakke (f)	['nɑkə]
hals (de)	hals (f)	['halˀs]
keel (de)	strube, hals (f)	['stʁu:bə], ['halˀs]

haren (mv.)	hår (i pl)	['hɒˀ]
kapsel (het)	frisure (f)	[fʁi'syˀʌ]
haarsnit (de)	klipning (f)	['klepneŋ]
pruik (de)	paryk (f)	[pɑ'ʁœk]

snor (de)	moustache (f)	[mu'stæ:ɕ]
baard (de)	skæg (i)	['skɛˀg]
dragen (een baard, enz.)	at have	[ʌ 'hæ:və]
vlecht (de)	fletning (f)	['flɛtneŋ]
bakkebaarden (mv.)	bakkenbart (f)	['bɑkənˌbɑˀt]

ros (roodachtig, rossig)	rødhåret	['ʁœðˌhɒˀɒð]
grijs (~ haar)	grå	['gʁɔˀ]
kaal (bn)	skaldet	['skaləð]
kale plek (de)	skaldet plet (f)	['skaləðˌplɛt]
paardenstaart (de)	hestehale (f)	['hɛstəˌhæ:lə]
pony (de)	pandehår (i)	['panəˌhɒˀ]

29. Menselijk lichaam

hand (de)	**hånd** (f)	['hʌnˀ]
arm (de)	**arm** (f)	['ɑˀm]

vinger (de)	**finger** (f)	['feŋˀʌ]
teen (de)	**tå** (f)	['tɔˀ]
duim (de)	**tommel** (f)	['tʌməl]
pink (de)	**lillefinger** (f)	['lilə,feŋˀʌ]
nagel (de)	**negl** (f)	['nɑjˀl]

vuist (de)	**knytnæve** (f)	['knyt,nɛ:və]
handpalm (de)	**håndflade** (f)	['hʌn,flæ:ðə]
pols (de)	**håndled** (i)	['hʌn,leð]
voorarm (de)	**underarm** (f)	['ɔnʌ,ɑ:m]
elleboog (de)	**albue** (f)	['al,bu:ə]
schouder (de)	**skulder** (f)	['skulʌ]

been (rechter ~)	**ben** (i)	['beˀn]
voet (de)	**fod** (f)	['foˀð]
knie (de)	**knæ** (i)	['knɛˀ]
kuit (de)	**læg** (f)	['lɛˀg]
heup (de)	**hofte** (f)	['hʌftə]
hiel (de)	**hæl** (f)	['hɛˀl]

lichaam (het)	**krop** (f)	['kʁʌp]
buik (de)	**mave** (f)	['mæ:və]
borst (de)	**bryst** (i)	['bʁœst]
borst (de)	**bryst** (i)	['bʁœst]
zijde (de)	**side** (f)	['si:ðə]
rug (de)	**ryg** (f)	['ʁœg]
lage rug (de)	**lænderyg** (f)	['lɛnə,ʁœg]
taille (de)	**midje, talje** (f)	['miðjə], ['taljə]

navel (de)	**navle** (f)	['nɑwlə]
billen (mv.)	**baller, balder** (f pl)	['balʌ]
achterwerk (het)	**bag** (f)	['bæˀj]

huidvlek (de)	**skønhedsplet** (f)	['skœnheðs,plɛt]
moedervlek (de)	**modermærke** (i)	['mo:ðʌ'mæʁ̞kə]
tatoeage (de)	**tatovering** (f)	[tato've'ʁ̞eŋ]
litteken (het)	**ar** (i)	['ɑˀ]

Kleding en accessoires

30. Bovenkleding. Jassen

kleren (mv.), kleding (de)	tøj (i), klæder (i pl)	['tʌj], ['klɛ:ðʌ]
bovenkleding (de)	overtøj (i)	['ɒwʌ,tʌj]
winterkleding (de)	vintertøj (i)	['ventʌ,tʌj]
jas (de)	frakke (f)	['fʁɑkə]
bontjas (de)	pels (f), pelskåbe (f)	['pɛl's], ['pɛls,kɔ:bə]
bontjasje (het)	pelsjakke (f)	['pɛls,jɑkə]
donzen jas (de)	dynejakke (f)	['dy:nə,jɑkə]
jasje (bijv. een leren ~)	jakke (f)	['jɑkə]
regenjas (de)	regnfrakke (f)	['ʁɑjn,fʁɑkə]
waterdicht (bn)	vandtæt	['van,tɛt]

31. Heren & dames kleding

overhemd (het)	skjorte (f)	['skjoʁtə]
broek (de)	bukser (pl)	['bɔksʌ]
jeans (de)	jeans (pl)	['dji:ns]
colbert (de)	jakke (f)	['jɑkə]
kostuum (het)	jakkesæt (i)	['jɑkə,sɛt]
jurk (de)	kjole (f)	['kjo:lə]
rok (de)	nederdel (f)	['neðʌ,deʔl]
blouse (de)	bluse (f)	['blu:sə]
wollen vest (de)	strikket trøje (f)	['stʁɛkəð 'tʁʌjə]
blazer (kort jasje)	blazer (f)	['blɛjsʌ]
T-shirt (het)	t-shirt (f)	['ti:,ɕœ:t]
shorts (mv.)	shorts (pl)	['ɕɒ:ts]
trainingspak (het)	træningsdragt (f)	['tʁɛ:neŋs,dʁɑgt]
badjas (de)	badekåbe (f)	['bæ:ðə,kɔ:bə]
pyjama (de)	pyjamas (f)	[py'jæ:mɑs]
sweater (de)	sweater (f)	['swɛtʌ]
pullover (de)	pullover (f)	[pul'ɔwʌ]
gilet (het)	vest (f)	['vɛst]
rokkostuum (het)	kjolesæt (i)	['kjo:lə,sɛt]
smoking (de)	smoking (f)	['smo:keŋ]
uniform (het)	uniform (f)	[uni'fɒ'm]
werkkleding (de)	arbejdstøj (i)	['ɑ:bɑjds,tʌj]
overall (de)	kedeldragt, overall (f)	['keðəl,dʁɑgt], ['ɒwɒ,ɒ:l]
doktersjas (de)	kittel (f)	['kitəl]

32. Kleding. Ondergoed

ondergoed (het)	**undertøj** (i)	['ɔnʌˌtʌj]
herenslip (de)	**boxershorts** (pl)	['bʌgsʌˌɕɒːts]
slipjes (mv.)	**trusser** (pl)	['tʁusʌ]
onderhemd (het)	**undertrøje** (f)	['ɔnʌˌtʁʌjə]
sokken (mv.)	**sokker** (f pl)	['sʌkʌ]
nachthemd (het)	**natkjole** (f)	['natˌkjoːlə]
beha (de)	**bh** (f), **brystholder** (f)	[be'hɔ'], ['bʁœstˌhʌl'ʌ]
kniekousen (mv.)	**knæstrømper** (f pl)	['knɛˌstʁœmpʌ]
panty (de)	**strømpebukser** (pl)	['stʁœmbəˌbɔksʌ]
nylonkousen (mv.)	**strømper** (f pl)	['stʁœmpʌ]
badpak (het)	**badedragt** (f)	['bæːðəˌdʁɑgt]

33. Hoofddeksels

hoed (de)	**hue** (f)	['huːə]
deukhoed (de)	**hat** (f)	['hat]
honkbalpet (de)	**baseballkasket** (f)	['bɛjsˌbɒːl ka'skɛt]
kleppet (de)	**kasket** (f)	[ka'skɛt]
baret (de)	**baskerhue** (f)	['bɑːskʌˌhuːə]
kap (de)	**hætte** (f)	['hɛtə]
panamahoed (de)	**panamahat** (f)	['pan'amaˌhat]
gebreide muts (de)	**strikhue** (f)	['stʁɛkˌhuə]
hoofddoek (de)	**tørklæde** (i)	['tœɐ̯ˌklɛːðə]
dameshoed (de)	**hat** (f)	['hat]
veiligheidshelm (de)	**hjelm** (f)	['jɛl'm]
veldmuts (de)	**skråhue** (f)	['skʁʌˌhuːə]
helm, valhelm (de)	**hjelm** (f)	['jɛl'm]
bolhoed (de)	**bowlerhat** (f)	['bowlʌˌhat]
hoge hoed (de)	**høj hat** (f)	['hʌj 'hat]

34. Schoeisel

schoeisel (het)	**sko** (f)	['sko']
schoenen (mv.)	**støvler** (f pl)	['stœwlʌ]
vrouwenschoenen (mv.)	**damesko** (f pl)	['dæːməˌskoː]
laarzen (mv.)	**støvler** (f pl)	['stœwlʌ]
pantoffels (mv.)	**hjemmesko** (f pl)	['jɛməˌsko']
sportschoenen (mv.)	**tennissko, kondisko** (f pl)	['tɛnisˌsko'], ['kʌndiˌsko']
sneakers (mv.)	**kanvas sko** (f pl)	['kanvas ˌsko']
sandalen (mv.)	**sandaler** (f pl)	[san'dæ'lʌ]
schoenlapper (de)	**skomager** (f)	['skoˌmæ'jʌ]
hiel (de)	**hæl** (f)	['hɛ'l]

paar (een ~ schoenen)	par (i)	['pɑ]
veter (de)	snøre (f)	['snœːʌ]
rijgen (schoenen ~)	at snøre	[ʌ 'snœːʌ]
schoenlepel (de)	skohorn (i)	['sko,hoɐˀn]
schoensmeer (de/het)	skocreme (f)	['sko,kʁɛˀm]

35. Textiel. Weefsel

katoen (de/het)	bomuld (i, f)	['bʌ,mulˀ]
katoenen (bn)	i bomuld	[i 'bʌ,mulˀ]
vlas (het)	hør (f)	['hœɐ̯]
vlas-, van vlas (bn)	i hør, hør-	[i 'hœɐ̯], ['hœɐ̯-]

zijde (de)	silke (f)	['selkə]
zijden (bn)	i silke, silke-	[i 'selkə], ['selkə-]
wol (de)	uld (f)	['ulˀ]
wollen (bn)	i uld, uld-	[i 'ulˀ], ['ul-]

fluweel (het)	fløjl (i, f)	['flʌjˀl]
suède (de)	ruskind (i)	['ʁu,sken]
ribfluweel (het)	jernbanefløjl (i, f)	['jæɐ̯nbænə,flʌjˀl]

nylon (de/het)	nylon (i, f)	['najlʌn]
nylon-, van nylon (bn)	nylon-	['najlʌn-]
polyester (het)	polyester (i, f)	[poly'ɛstʌ]
polyester- (abn)	polyester-	[poly'ɛstʌ-]

leer (het)	læder, skind (i)	['lɛðˀʌ], ['skenˀ]
leren (van leer gemaak)	i læder, læder-	[i 'lɛˀðʌ], ['lɛðʌ-]
bont (het)	pels (f)	['pɛlˀs]
bont- (abn)	pels-	['pɛls-]

36. Persoonlijke accessoires

handschoenen (mv.)	handsker (f pl)	['hanskʌ]
wanten (mv.)	vanter (f pl)	['van'tʌ]
sjaal (fleece ~)	halstørklæde (i)	['hals 'tœɐ̯,klɛːðə]

bril (de)	briller (pl)	['bʁɛlʌ]
brilmontuur (het)	brillestel (i)	['bʁɛlə,stɛlˀ]
paraplu (de)	paraply (f)	[pɑɑ'plyˀ]
wandelstok (de)	stok (f)	['stʌk]
haarborstel (de)	hårbørste (f)	['hɒ,bœɐ̯stə]
waaier (de)	vifte (f)	['veftə]

das (de)	slips (i)	['sleps]
strikje (het)	butterfly (f)	['bʌtʌ,flaj]
bretels (mv.)	seler (f pl)	['seːlʌ]
zakdoek (de)	lommetørklæde (i)	['lʌmə,tœɐ̯klɛːðə]

| kam (de) | kam (f) | ['kɑmˀ] |
| haarspeldje (het) | hårspænde (i) | ['hɒː,spɛnə] |

| schuifspeldje (het) | hårnål (f) | ['hɒːˌnɔʔl] |
| gesp (de) | spænde (i) | ['spɛnə] |

| broekriem (de) | bælte (i) | ['bɛltə] |
| draagriem (de) | rem (f) | ['ʁamˀ] |

handtas (de)	taske (f)	['taskə]
damestas (de)	dametaske (f)	['dæːmeˌtaskə]
rugzak (de)	rygsæk (f)	['ʁœgˌsɛk]

37. Kleding. Diversen

mode (de)	mode (f)	['moːðə]
de mode (bn)	moderigtig	['moːðəˌʁɛgti]
kledingstilist (de)	modedesigner (f)	['moːðə de'sajnʌ]

kraag (de)	krave (f)	['kʁɑːvə]
zak (de)	lomme (f)	['lʌmə]
zak- (abn)	lomme-	['lʌmə-]
mouw (de)	ærme (i)	['æɐmə]
lusje (het)	strop (f)	['stʁʌp]
gulp (de)	gylp (f)	['gylˀp]

rits (de)	lynlås (f)	['lynˌlɔˀs]
sluiting (de)	hægte, lukning (f)	['hɛgtə], ['lɔknen]
knoop (de)	knap (f)	['knɑp]
knoopsgat (het)	knaphul (i)	['knɑpˌhɔl]
losraken (bijv. knopen)	at falde af	[ʌ 'falə 'æˀ]

naaien (kleren, enz.)	at sy	[ʌ syˀ]
borduren (ww)	at brodere	[ʌ bʁo'deˀʌ]
borduursel (het)	broderi (i)	[bʁodʌ'ʁiˀ]
naald (de)	synål (f)	['syˌnɔʔl]
draad (de)	tråd (f)	['tʁɔˀð]
naad (de)	søm (f)	['sœmˀ]

vies worden (ww)	at smudse sig til	[ʌ 'smusə sɑ 'tel]
vlek (de)	plet (f)	['plɛt]
gekreukt raken (ov. kleren)	at blive krøllet	[ʌ 'bliːə 'kʁœləð]
scheuren (ov.ww.)	at rive	[ʌ 'ʁiːvə]
mot (de)	møl (i)	['møl]

38. Persoonlijke verzorging. Schoonheidsmiddelen

tandpasta (de)	tandpasta (f)	['tanˌpasta]
tandenborstel (de)	tandbørste (f)	['tanˌbœɐstə]
tanden poetsen (ww)	at børste tænder	[ʌ 'bœɐstə 'tɛnʌ]

scheermes (het)	skraber (f)	['skʁɑːbʌ]
scheerschuim (het)	barbercreme (f)	[bɑ'beˀgˌkʁɛˀm]
zich scheren (ww)	at barbere sig	[ʌ bɑ'beˀʌ saj]
zeep (de)	sæbe (f)	['sɛːbə]

shampoo (de)	shampoo (f)	['ɕæːmˌpuː]
schaar (de)	saks (f)	['saks]
nagelvijl (de)	neglefil (f)	['najləˌfiʔl]
nagelknipper (de)	neglesaks (f)	['najləˌsaks]
pincet (het)	pincet (f)	[pen'sɛt]

cosmetica (de)	kosmetik (f)	[kʌsmə'tik]
masker (het)	ansigtsmaske (f)	['ansegʦ 'maskə]
manicure (de)	manicure (f)	[mani'kyːʌ]
manicure doen	at få manicure	[ʌ 'fɔʔ mani'kyːʌ]
pedicure (de)	pedicure (f)	[pedi'kyːʌ]

cosmetica tasje (het)	kosmetiktaske (f)	[kʌsmə'tikˌtaskə]
poeder (de/het)	pudder (i)	['puðˀʌ]
poederdoos (de)	pudderdåse (f)	['puðʌˌdɔːsə]
rouge (de)	rouge (f)	['ʁuːɕ]

parfum (de/het)	parfume (f)	[pɑ'fyːmə]
eau de toilet (de)	eau de toilette (f)	[ˌodətoa'lɛt]
lotion (de)	lotion (f)	['lowɕən]
eau de cologne (de)	eau de cologne (f)	[odəko'lʌnjə]

oogschaduw (de)	øjenskygge (f)	['ʌjənˌskygə]
oogpotlood (het)	eyeliner (f)	['aːjˌlajnʌ]
mascara (de)	mascara (f)	[ma'skɑːa]

lippenstift (de)	læbestift (f)	['lɛːbəˌsteft]
nagellak (de)	neglelak (f)	['najləˌlak]
haarlak (de)	hårspray (f)	['hɔːˌspʁɛj]
deodorant (de)	deodorant (f)	[deodo'ʁanˀt]

crème (de)	creme (f)	['kʁɛʔm]
gezichtscrème (de)	ansigtscreme (f)	['ansegʦ 'kʁɛʔm]
handcrème (de)	håndcreme (f)	['hʌnˌkʁɛʔm]
antirimpelcrème (de)	antirynke creme (f)	[antə'ʁœŋkə 'kʁɛʔm]
dagcrème (de)	dagcreme (f)	['dawˌkʁɛʔm]
nachtcrème (de)	natcreme (f)	['natˌkʁɛʔm]
dag- (abn)	dag-	['daw-]
nacht- (abn)	nat-	['nat-]

tampon (de)	tampon (f)	[tam'pʌŋ]
toiletpapier (het)	toiletpapir (i)	[toa'lɛt pa'piɐ̯ʔ]
föhn (de)	hårtørrer (f)	['hɔːˌtœɐ̯ʌ]

39. Juwelen

sieraden (mv.)	smykker (i pl)	['smøkʌ]
edel (bijv. ~ stenen)	ædel-	['ɛʔðəl-]
keurmerk (het)	stempel (i)	['stɛmˀpəl]

ring (de)	ring (f)	['ʁɛŋ]
trouwring (de)	vielsesring (f)	['viʔəlsəsˌʁɛŋʔ]
armband (de)	armbånd (i)	['aːmˌbʌnʔ]
oorringen (mv.)	øreringe (f pl)	['øːʌˌʁɛŋə]

halssnoer (het)	halskæde (f)	['hals,kɛ:ðə]
kroon (de)	krone (f)	['kʁo:nə]
kralen snoer (het)	perlekæde (f)	['pæɐ̯lə,kɛ:ðə]

diamant (de)	diamant (f)	[dia'manˀt]
smaragd (de)	smaragd (f)	[smɑ'ʁɑwˀd]
robijn (de)	rubin (f)	[ʁu'biˀn]
saffier (de)	safir (f)	[sa'fiɐ̯ˀ]
parel (de)	perler (f pl)	['pæɐ̯lʌ]
barnsteen (de)	rav (i)	['ʁɑw]

40. Horloges. Klokken

polshorloge (het)	armbåndsur (i)	['ɑ:mbʌns,uɐ̯ˀ]
wijzerplaat (de)	urskive (f)	['uɐ̯,ski:və]
wijzer (de)	viser (f)	['vi:sʌ]
metalen horlogeband (de)	armbånd (i)	['ɑ:m,bʌnˀ]
horlogebandje (het)	urrem (f)	['uɐ̯,ʁam]

batterij (de)	batteri (i)	[batʌ'ʁiˀ]
leeg zijn (ww)	at blive afladet	[ʌ 'bli:ə 'ɑw,læˀðəð]
batterij vervangen	at skifte et batteri	[ʌ 'skiftə et batʌ'ʁiˀ]
voorlopen (ww)	at gå for hurtigt	[ʌ gɔˀ fʌ 'hoɐ̯tit]
achterlopen (ww)	at gå for langsomt	[ʌ gɔˀ fʌ 'laŋ,sʌmt]

wandklok (de)	vægur (i)	['vɛ:g,uɐ̯ˀ]
zandloper (de)	timeglas (i)	['ti:mə,glas]
zonnewijzer (de)	solur (i)	['so:l,uɐ̯ˀ]
wekker (de)	vækkeur (i)	['vɛkə,uɐ̯ˀ]
horlogemaker (de)	urmager (f)	['uɐ̯,mæˀjʌ]
repareren (ww)	at reparere	[ʌ ʁepə'ʁɛˀʌ]

Voedsel. Voeding

41. Voedsel

vlees (het)	kød (i)	['køð]
kip (de)	høne (f)	['hœ:nə]
kuiken (het)	kylling (f)	['kyleŋ]
eend (de)	and (f)	['anˀ]
gans (de)	gås (f)	['gɔˀs]
wild (het)	vildt (i)	['vilˀt]
kalkoen (de)	kalkun (f)	[kal'kuˀn]
varkensvlees (het)	flæsk (i)	['flɛsk]
kalfsvlees (het)	kalvekød (i)	['kalvəˌkøð]
schapenvlees (het)	lammekød (i)	['lamǝˌkøð]
rundvlees (het)	oksekød (i)	['ʌksəˌkøð]
konijnenvlees (het)	kanin (f)	[ka'niˀn]
worst (de)	pølse (f)	['pølsə]
saucijs (de)	wienerpølse (f)	['viˀnʌˌpølsə]
spek (het)	bacon (i, f)	['bɛjkʌn]
ham (de)	skinke (f)	['skeŋkə]
gerookte achterham (de)	skinke (f)	['skeŋkə]
paté, pastei (de)	pate, paté (f)	[pa'te]
lever (de)	lever (f)	['lewˀʌ]
gehakt (het)	kødfars (f)	['køðˌfaˀs]
tong (de)	tunge (f)	['tɔŋə]
ei (het)	æg (i)	['ɛˀg]
eieren (mv.)	æg (i pl)	['ɛˀg]
eiwit (het)	hvide (f)	['vi:ðə]
eigeel (het)	blomme (f)	['blʌmə]
vis (de)	fisk (f)	['fesk]
zeevruchten (mv.)	fisk og skaldyr	[fesk 'ɒw 'skaldyɐˀ]
schaaldieren (mv.)	krebsdyr (i pl)	['kʁabsˌdyɐˀ]
kaviaar (de)	kaviar (f)	['kaviˌɑˀ]
krab (de)	krabbe (f)	['kʁɑbə]
garnaal (de)	reje (f)	['ʁɑjə]
oester (de)	østers (f)	['østʌs]
langoest (de)	languster (f)	[laŋ'gustʌ]
octopus (de)	blæksprutte (f)	['blɛkˌspʁutə]
inktvis (de)	blæksprutte (f)	['blɛkˌspʁutə]
steur (de)	stør (f)	['støˀɐ̯]
zalm (de)	laks (f)	['laks]
heilbot (de)	helleflynder (f)	['hɛləˌflønʌ]
kabeljauw (de)	torsk (f)	['tɒ:sk]

makreel (de)	**makrel** (f)	[ma'kʁalˀ]
tonijn (de)	**tunfisk** (f)	['tu:nˌfesk]
paling (de)	**ål** (f)	['ɔˀl]
forel (de)	**ørred** (f)	['œ̞ʁʌð]
sardine (de)	**sardin** (f)	[sa'diˀn]
snoek (de)	**gedde** (f)	['geðə]
haring (de)	**sild** (f)	['silˀ]
brood (het)	**brød** (i)	['bʁœðˀ]
kaas (de)	**ost** (f)	['ɔst]
suiker (de)	**sukker** (i)	['sɔkʌ]
zout (het)	**salt** (i)	['salˀt]
rijst (de)	**ris** (f)	['ʁiˀs]
pasta (de)	**pasta** (f)	['pasta]
noedels (mv.)	**nudler** (f pl)	['nuðˀlʌ]
boter (de)	**smør** (i)	['smœ̞ʁ]
plantaardige olie (de)	**vegetabilsk olie** (f)	[vegəta'biˀlsk 'oljə]
zonnebloemolie (de)	**solsikkeolie** (f)	['so:lˌsekə ˌoljə]
margarine (de)	**margarine** (f)	[mɑgɑ'ʁi:nə]
olijven (mv.)	**oliven** (f pl)	[o'liˀvən]
olijfolie (de)	**olivenolie** (f)	[o'liˀvənˌoljə]
melk (de)	**mælk** (f)	['mɛlˀk]
gecondenseerde melk (de)	**kondenseret mælk** (f)	[kʌndən'seˀʌð mɛlˀk]
yoghurt (de)	**yoghurt** (f)	['joˌguɐˀt]
zure room (de)	**cremefraiche, syrnet fløde** (f)	[kʁɛ:m'fʁɛ:ɕ], ['sy̞ɐnəð 'fløːðə]
room (de)	**fløde** (f)	['fløːðə]
mayonaise (de)	**mayonnaise** (f)	[majo'nɛ:s]
crème (de)	**creme** (f)	['kʁɛˀm]
graan (het)	**gryn** (i)	['gʁyˀn]
meel (het), bloem (de)	**mel** (i)	['meˀl]
conserven (mv.)	**konserves** (f)	[kɔn'sæ̞ɐvəs]
maïsvlokken (mv.)	**cornflakes** (pl)	['koɐnˌflɛks]
honing (de)	**honning** (f)	['hʌnen]
jam (de)	**syltetøj** (i)	['syltəˌtʌj]
kauwgom (de)	**tyggegummi** (i)	['tygəˌgomi]

42. Drankjes

water (het)	**vand** (i)	['vanˀ]
drinkwater (het)	**drikkevand** (i)	['dʁɛkəˌvanˀ]
mineraalwater (het)	**mineralvand** (i)	[minə'ʁalˌvanˀ]
zonder gas	**uden brus**	['uðən 'bʁuˀs]
koolzuurhoudend (bn)	**med kulsyre**	[mɛ 'bʁuˀs]
bruisend (bn)	**med brus**	[mɛ 'bʁuˀs]

| IJs (het) | is (f) | ['i²s] |
| met ijs | med is | [mɛ 'i²s] |

alcohol vrij (bn)	alkoholfri	['alkohʌlˌfʁiˀ]
alcohol vrije drank (de)	alkoholfri drik (f)	['alkohʌlˌfʁiˀ 'dʁɛk]
frisdrank (de)	læskedrik (f)	['lɛskəˌdʁɛk]
limonade (de)	limonade (f)	[limo'næːðə]

alcoholische dranken (mv.)	alkoholiske drikke (f pl)	[alko'hoˀliskə 'dʁɛkə]
wijn (de)	vin (f)	['viˀn]
witte wijn (de)	hvidvin (f)	['viðˌviˀn]
rode wijn (de)	rødvin (f)	['ʁœðˌviˀn]

likeur (de)	likør (f)	[li'køˀɡ]
champagne (de)	champagne (f)	[ɕam'panjə]
vermout (de)	vermouth (f)	['væɡmut]

whisky (de)	whisky (f)	['wiski]
wodka (de)	vodka (f)	['vʌdka]
gin (de)	gin (f)	['djen]
cognac (de)	cognac, konjak (f)	['kʌnˀjag]
rum (de)	rom (f)	['ʁʌmˀ]

koffie (de)	kaffe (f)	['kafə]
zwarte koffie (de)	sort kaffe (f)	['soɡt 'kafə]
koffie (de) met melk	kaffe (f) med mælk	['kafə mɛ 'mɛlˀk]
cappuccino (de)	cappuccino (f)	[kapu'tjiːno]
oploskoffie (de)	pulverkaffe (f)	['pɔlvʌˌkafə]

melk (de)	mælk (f)	['mɛlˀk]
cocktail (de)	cocktail (f)	['kʌkˌtɛjl]
milkshake (de)	milkshake (f)	['milkˌɕɛjk]

sap (het)	juice (f)	['dʒuːs]
tomatensap (het)	tomatjuice (f)	[to'mæːtˌdʒuːs]
sinaasappelsap (het)	appelsinjuice (f)	[apəl'siˀn 'dʒuːs]
vers geperst sap (het)	friskpresset juice (f)	['fʁɛskˌpʁaseð 'dʒuːs]

bier (het)	øl (i)	['øl]
licht bier (het)	lyst øl (i)	['lyst ˌøl]
donker bier (het)	mørkt øl (i)	['mœɡkt ˌøl]

thee (de)	te (f)	['teˀ]
zwarte thee (de)	sort te (f)	['soɡt ˌteˀ]
groene thee (de)	grøn te (f)	['gʁœnˀ ˌteˀ]

43. Groenten

| groenten (mv.) | grøntsager (pl) | ['gʁœntˌsæˀjʌ] |
| verse kruiden (mv.) | grønt (i) | ['gʁœnˀt] |

tomaat (de)	tomat (f)	[to'mæˀt]
augurk (de)	agurk (f)	[a'guɡk]
wortel (de)	gulerod (f)	['guləˌʁoˀð]

aardappel (de)	kartoffel (f)	[ka'tʌfəl]
ui (de)	løg (i)	['lʌjˀ]
knoflook (de)	hvidløg (i)	['við,lʌjˀ]

kool (de)	kål (f)	['kɔˀl]
bloemkool (de)	blomkål (f)	['blʌm,kɔˀl]
spruitkool (de)	rosenkål (f)	['ʁoːsən,kɔˀl]
broccoli (de)	broccoli (f)	['bʁʌkoli]

rode biet (de)	rødbede (f)	[ʁœðˀbe:ðə]
aubergine (de)	aubergine (f)	[obæɡ'çi:n]
courgette (de)	squash, zucchini (f)	['sgwʌɕ], [su'ki:ni]
pompoen (de)	græskar (i)	['gʁaska]
raap (de)	majroe (f)	['maj,ʁoːə]

peterselie (de)	persille (f)	[pæɡ'selə]
dille (de)	dild (f)	['dilˀ]
sla (de)	salat (f)	[sa'læˀt]
selderij (de)	selleri (f)	['selʌ,ʁiˀ]
asperge (de)	asparges (f)	[a'spaˀs]
spinazie (de)	spinat (f)	[spi'næˀt]

erwt (de)	ærter (f pl)	['æɡˀtʌ]
bonen (mv.)	bønner (f pl)	['bœnʌ]
maïs (de)	majs (f)	['majˀs]
boon (de)	bønne (f)	['bœnə]

peper (de)	peber (i, f)	['pewʌ]
radijs (de)	radiser (f pl)	[ʁa'disə]
artisjok (de)	artiskok (f)	[,a:ti'skʌk]

44. Vruchten. Noten

vrucht (de)	frugt (f)	['fʁɔgt]
appel (de)	æble (i)	['ɛˀblə]
peer (de)	pære (f)	['pɛˀʌ]
citroen (de)	citron (f)	[si'tʁoˀn]
sinaasappel (de)	appelsin (f)	[apəl'siˀn]
aardbei (de)	jordbær (i)	['joɡ,bæɡ]

mandarijn (de)	mandarin (f)	[manda'ʁiˀn]
pruim (de)	blomme (f)	['blʌmə]
perzik (de)	fersken (f)	['fæɡskən]
abrikoos (de)	abrikos (f)	[abʁi'koˀs]
framboos (de)	hindbær (i)	['hen,bæɡ]
ananas (de)	ananas (f)	['ananas]

banaan (de)	banan (f)	[ba'næˀn]
watermeloen (de)	vandmelon (f)	['van me'loˀn]
druif (de)	drue (f)	['dʁuːə]
zure kers (de)	kirsebær (i)	['kiɡsə,bæɡ]
zoete kers (de)	morel (f)	[mo'ʁalˀ]
meloen (de)	melon (f)	[me'loˀn]
grapefruit (de)	grapefrugt (f)	['gʁɛjp,fʁɔgt]

avocado (de)	avokado (f)	[avo'kæ:do]
papaja (de)	papaja (f)	[pa'paja]
mango (de)	mango (f)	['mɑŋgo]
granaatappel (de)	granatæble (i)	[gʁɑ'næ'tˌɛ:blə]

rode bes (de)	ribs (i, f)	['ʁɛbs]
zwarte bes (de)	solbær (i)	['so:lˌbæɡ]
kruisbes (de)	stikkelsbær (i)	['stekəlsˌbæɡ]
bosbes (de)	blåbær (i)	['blɔʼˌbæɡ]
braambes (de)	brombær (i)	['bʁɔmˌbæɡ]

rozijn (de)	rosin (f)	[ʁo'siʼn]
vijg (de)	figen (f)	['fi:ən]
dadel (de)	daddel (f)	['daðʼəl]

pinda (de)	jordnød (f)	['joɡˌnøðʼ]
amandel (de)	mandel (f)	['manʼəl]
walnoot (de)	valnød (f)	['valˌnøðʼ]
hazelnoot (de)	hasselnød (f)	['hasəlˌnøðʼ]
kokosnoot (de)	kokosnød (f)	['ko:kosˌnøðʼ]
pistaches (mv.)	pistacier (f pl)	[pi'stæ:ɕʌ]

45. Brood. Snoep

suikerbakkerij (de)	konditorvarer (f pl)	[kʌn'ditʌˌvɑ:ɑ]
brood (het)	brød (i)	['bʁœðʼ]
koekje (het)	småkager (f pl)	['smʌˌkæ:jʌ]

chocolade (de)	chokolade (f)	[ɕoko'læ:ðə]
chocolade- (abn)	chokolade-	[ɕoko'læ:ðə-]
snoepje (het)	konfekt, karamel (f)	[kɔn'fɛkt], [kaa'mɛlʼ]
cakeje (het)	kage (f)	['kæ:jə]
taart (bijv. verjaardags~)	lagkage (f)	['lawˌkæ:jə]

| pastei (de) | pie (f) | ['pɑ:j] |
| vulling (de) | fyld (i, f) | ['fylʼ] |

confituur (de)	syltetøj (i)	['syltəˌtʌj]
marmelade (de)	marmelade (f)	[mɑmə'læ:ðə]
wafel (de)	vaffel (f)	['vafəl]
IJsje (het)	is (f)	['iʼs]
pudding (de)	budding (f)	['buðeŋ]

46. Bereide gerechten

gerecht (het)	ret (f)	['ʁat]
keuken (bijv. Franse ~)	køkken (i)	['køkən]
recept (het)	opskrift (f)	['ʌpˌskʁɛft]
portie (de)	portion (f)	[pɒ'ɕoʼn]

| salade (de) | salat (f) | [sa'læ't] |
| soep (de) | suppe (f) | ['sɔpə] |

bouillon (de)	bouillon (f)	[bul'jʌn]
boterham (de)	smørrebrød (i)	['smœɐ̯ʌˌbʁœð']
spiegelei (het)	spejlæg (i)	['spɑjlˌɛ'g]

| hamburger (de) | hamburger (f) | ['hæːmˌbœːgʌ] |
| biefstuk (de) | bøf (f) | ['bøf] |

garnering (de)	tilbehør (i)	['telbeˌhø'ɐ̯]
spaghetti (de)	spaghetti (f)	[spa'gɛti]
aardappelpuree (de)	kartoffelmos (f)	[kɑ'tʌfəlˌmɔs]
pizza (de)	pizza (f)	['pidsa]
pap (de)	grød (f)	['gʁœð']
omelet (de)	omelet (f)	[omə'lɛt]

gekookt (in water)	kogt	['kʌgt]
gerookt (bn)	røget	['ʁʌjəð]
gebakken (bn)	stegt	['stɛgt]
gedroogd (bn)	tørret	['tœɐ̯ʌð]
diepvries (bn)	frossen	['fʁɔsən]
gemarineerd (bn)	syltet	['syltəð]

zoet (bn)	sød	['søð']
gezouten (bn)	saltet	['saltəð]
koud (bn)	kold	['kʌl']
heet (bn)	hed, varm	['heð'], ['vɑ'm]
bitter (bn)	bitter	['betʌ]
lekker (bn)	lækker	['lɛkʌ]

koken (in kokend water)	at koge	[ʌ 'kɔːwə]
bereiden (avondmaaltijd ~)	at lave	[ʌ 'læːvə]
bakken (ww)	at stege	[ʌ 'stɑjə]
opwarmen (ww)	at varme op	[ʌ 'vɑːmə ʌp]

zouten (ww)	at salte	[ʌ 'saltə]
peperen (ww)	at pebre	[ʌ 'pewʁʌ]
raspen (ww)	at rive	[ʌ 'ʁiːvə]
schil (de)	skal, skræl (f)	['skal'], ['skʁal']
schillen (ww)	at skrælle	[ʌ 'skʁalə]

47. Kruiden

zout (het)	salt (i)	['sal'ᵗt]
gezouten (bn)	saltet	['saltəð]
zouten (ww)	at salte	[ʌ 'saltə]

zwarte peper (de)	sort peber (i, f)	['soɐ̯t 'pewʌ]
rode peper (de)	rød peber (i, f)	['ʁœð 'pewʌ]
mosterd (de)	sennep (f)	['senʌp]
mierikswortel (de)	peberrod (f)	['pewʌˌʁo'ð]

condiment (het)	krydderi (i)	[kʁydʌ'ʁi']
specerij , kruiderij (de)	krydderi (i)	[kʁydʌ'ʁi']
saus (de)	sovs, sauce (f)	['sɒw's]
azijn (de)	eddike (f)	['ɛðikə]

anijs (de)	anis (f)	['anis]
basilicum (de)	basilikum (f)	[ba'sil'ikɔm]
kruidnagel (de)	nellike (f)	['nel'ekə]
gember (de)	ingefær (f)	['eŋəˌfæɡ]
koriander (de)	koriander (f)	[kɒi'an'dʌ]
kaneel (de/het)	kanel (i, f)	[ka'ne'l]

sesamzaad (het)	sesam (f)	['se:sɑm]
laurierblad (het)	laurbærblad (i)	['lɑwʌbæɡˌblɑð]
paprika (de)	paprika (f)	['pɑpʁika]
komijn (de)	kommen (f)	['kʌmən]
saffraan (de)	safran (i, f)	[sa'fʁɑ'n]

48. Maaltijden

eten (het)	mad (f)	['mɑð]
eten (ww)	at spise	[ʌ 'spi:sə]

ontbijt (het)	morgenmad (f)	['mɒːɒnˌmɑð]
ontbijten (ww)	at spise morgenmad	[ʌ 'spi:sə 'mɒːɒnˌmɑð]
lunch (de)	frokost (f)	['fʁɔkʌst]
lunchen (ww)	at spise frokost	[ʌ 'spi:sə 'fʁɔkʌst]
avondeten (het)	aftensmad (f)	['ɑftənsˌmɑð]
souperen (ww)	at spise aftensmad	[ʌ 'spi:sə 'ɑftənsˌmɑð]

eetlust (de)	appetit (f)	[ɑpə'tit]
Eet smakelijk!	Velbekomme!	['vɛlbə'kʌm'ə]

openen (een fles ~)	at åbne	[ʌ 'ɔ:bnə]
morsen (koffie, enz.)	at spilde	[ʌ 'spilə]
zijn gemorst	at spildes ud	[ʌ 'spiləs uð']

koken (water kookt bij 100°C)	at koge	[ʌ 'kɔ:wə]
koken (Hoe om water te ~)	at koge	[ʌ 'kɔ:wə]
gekookt (~ water)	kogt	['kʌgt]
afkoelen (koeler maken)	at afkøle	[ʌ 'awˌkø'lə]
afkoelen (koeler worden)	at afkøles	[ʌ 'awˌkø'ləs]

smaak (de)	smag (f)	['smæ'j]
nasmaak (de)	bismag (f)	['bismæ'j]

volgen een dieet	at være på diæt	[ʌ 'vɛ:ʌ pɔ' di'ɛ't]
dieet (het)	diæt (f)	[di'ɛ't]
vitamine (de)	vitamin (i)	[vita'mi'n]
calorie (de)	kalorie (f)	[ka'loɡ'jə]
vegetariër (de)	vegetar, vegetarianer (f)	[vegə'ta'], [vegətai'æ'nʌ]
vegetarisch (bn)	vegetarisk	[vegə'ta'isk]

vetten (mv.)	fedt (i)	['fet]
eiwitten (mv.)	proteiner (i pl)	[pʁotə'i'nʌ]
koolhydraten (mv.)	kulhydrater (i pl)	['kɔlhyˌdʁa'dʌ]
snede (de)	skive (f)	['ski:və]
stuk (bijv. een ~ taart)	stykke (i)	['støkə]
kruimel (de)	krumme (f)	['kʁɒmə]

49. Tafelschikking

lepel (de)	**ske** (f)	['ske']
mes (het)	**kniv** (f)	['kniw']
vork (de)	**gaffel** (f)	['gɑfəl]
kopje (het)	**kop** (f)	['kʌp]
bord (het)	**tallerken** (f)	[ta'læɐ̯kən]
schoteltje (het)	**underkop** (f)	['ɔnʌˌkʌp]
servet (het)	**serviet** (f)	[sæɐ̯vi'ɛt]
tandenstoker (de)	**tandstikker** (f)	['tanˌstekʌ]

50. Restaurant

restaurant (het)	**restaurant** (f)	[ʁɛsto'ʁɑŋ]
koffiehuis (het)	**cafe, kaffebar** (f)	[ka'fe'], ['kɑfəˌbɑ']
bar (de)	**bar** (f)	['bɑ']
tearoom (de)	**tesalon** (f)	['te'sa'lʌŋ]
kelner, ober (de)	**tjener** (f)	['tjɛːnʌ]
serveerster (de)	**servitrice** (f)	[sæɐ̯vi'tʁiːsə]
barman (de)	**bartender** (f)	['bɑːˌtɛndʌ]
menu (het)	**menu** (f)	[me'ny]
wijnkaart (de)	**vinkort** (i)	['viːnˌkɒːt]
een tafel reserveren	**at bestille et bord**	[ʌ be'stel'ə ed 'bo'ɐ̯]
gerecht (het)	**ret** (f)	['ʁat]
bestellen (eten ~)	**at bestille**	[ʌ be'stel'ə]
een bestelling maken	**at bestille**	[ʌ be'stel'ə]
aperitief (de/het)	**aperitif** (f)	[apeɐ̯i'tif]
voorgerecht (het)	**forret** (f)	['fɔːʁat]
dessert (het)	**dessert** (f)	[de'sɛɐ̯'t]
rekening (de)	**regning** (f)	['ʁɑjneŋ]
de rekening betalen	**at betale regningen**	[ʌ be'tæ'lə 'ʁɑjneŋən]
wisselgeld teruggeven	**at give tilbage**	[ʌ 'gi' te'bæːjə]
fooi (de)	**drikkepenge** (pl)	['dʁɛkəˌpɛŋə]

Familie, verwanten en vrienden

51. Persoonlijke informatie. Formulieren

naam (de)	navn (i)	['nɑwʔn]
achternaam (de)	efternavn (i)	['ɛftʌˌnɑwʔn]
geboortedatum (de)	fødselsdato (f)	['føsəlsˌdæ:to]
geboorteplaats (de)	fødested (i)	['fø:ðəˌstɛð]
nationaliteit (de)	nationalitet (f)	[naɕonali'teʔt]
woonplaats (de)	bopæl (i)	['boˌpɛʔl]
land (het)	land (i)	['lanʔ]
beroep (het)	fag (i), profession (f)	['fæʔj], [pʁofe'ɕoʔn]
geslacht (ov. het vrouwelijk ~)	køn (i)	['kœnʔ]
lengte (de)	højde (f)	['hʌjʔdə]
gewicht (het)	vægt (f)	['vɛgt]

52. Familieleden. Verwanten

moeder (de)	mor (f), moder (f)	['moɐ̯], ['mo:ðʌ]
vader (de)	far (f), fader (f)	['fɑ:], ['fæ:ðʌ]
zoon (de)	søn (f)	['sœn]
dochter (de)	datter (f)	['datʌ]
jongste dochter (de)	yngste datter (f)	['øŋʔstə 'datʌ]
jongste zoon (de)	yngste søn (f)	['øŋʔstə 'sœn]
oudste dochter (de)	ældste datter (f)	['ɛlʔstə 'datʌ]
oudste zoon (de)	ældste søn (f)	['ɛlʔstə sœn]
broer (de)	bror (f)	['bʁoɐ̯]
oudere broer (de)	storebror (f)	['stoɐ̯ˌbʁoɐ̯]
jongere broer (de)	lillebror (f)	['liləˌbʁoɐ̯]
zuster (de)	søster (f)	['søstʌ]
oudere zuster (de)	storesøster (f)	['stoɐ̯ˌsøstʌ]
jongere zuster (de)	lillesøster (f)	['liləˌsøstʌ]
neef (zoon van oom, tante)	fætter (f)	['fɛtʌ]
nicht (dochter van oom, tante)	kusine (f)	[ku'si:nə]
mama (de)	mor (f)	['moɐ̯]
papa (de)	papa, far (f)	['papa], ['fɑ:]
ouders (mv.)	forældre (pl)	[fʌ'ɛlʔdʁʌ]
kind (het)	barn (i)	['bɑʔn]
kinderen (mv.)	børn (pl)	['bœɐ̯ʔn]
oma (de)	bedstemor (f)	['bɛstəˌmoɐ̯]
opa (de)	bedstefar (f)	['bɛstəˌfɑ:]

kleinzoon (de)	**barnebarn** (i)	['bɑ:nəˌbaʔn]
kleindochter (de)	**barnebarn** (i)	['bɑ:nəˌbaʔn]
kleinkinderen (mv.)	**børnebørn** (pl)	['bœɐ̯nəˌbœɐ̯ʔn]
oom (de)	**onkel** (f)	['ɔŋʔkəl]
tante (de)	**tante** (f)	['tantə]
neef (zoon van broer, zus)	**nevø** (f)	[ne'vø]
nicht (dochter van broer ,zus)	**niece** (f)	[ni'ɛ:sə]
schoonmoeder (de)	**svigermor** (f)	['sviʔʌˌmoɐ̯]
schoonvader (de)	**svigerfar** (f)	['sviʔʌˌfɑ:]
schoonzoon (de)	**svigersøn** (f)	['sviʔʌˌsœn]
stiefmoeder (de)	**stedmor** (f)	['stɛðˌmoɐ̯]
stiefvader (de)	**stedfar** (f)	['stɛðˌfɑ:]
zuigeling (de)	**spædbarn** (i)	['spɛðˌbaʔn]
wiegenkind (het)	**spædbarn** (i)	['spɛðˌbaʔn]
kleuter (de)	**lille barn** (i)	['lilə 'baʔn]
vrouw (de)	**kone** (f)	['ko:nə]
man (de)	**mand** (f)	['manʔ]
echtgenoot (de)	**ægtemand** (f)	['ɛgtəˌmanʔ]
echtgenote (de)	**hustru** (f)	['hustʁu]
gehuwd (mann.)	**gift**	['gift]
gehuwd (vrouw.)	**gift**	['gift]
ongehuwd (mann.)	**ugift**	['uˌgift]
vrijgezel (de)	**ungkarl** (f)	['ɔŋˌkæʔl]
gescheiden (bn)	**fraskilt**	['fʁɑˌskelʔt]
weduwe (de)	**enke** (f)	['ɛŋkə]
weduwnaar (de)	**enkemand** (f)	['ɛŋkəˌmanʔ]
familielid (het)	**slægtning** (f)	['slɛgtneŋ]
dichte familielid (het)	**nær slægtning** (f)	['nɛʔg̊ 'slɛgtneŋ]
verre familielid (het)	**fjern slægtning** (f)	['fjæɐ̯ʔn 'slɛgtneŋ]
familieleden (mv.)	**slægtninge** (pl)	['slɛgtneŋə]
wees (de), weeskind (het)	**forældreløst barn** (i)	[fʌ'ɛlʔdʁʌløːst baʔn]
voogd (de)	**formynder** (f)	['fɔːˌmønʔʌ]
adopteren (een jongen te ~)	**at adoptere**	[ʌ adʌp'teʔʌ]
adopteren (een meisje te ~)	**at adoptere**	[ʌ adʌp'teʔʌ]

53. Vrienden. Collega's

vriend (de)	**ven** (f)	['vɛn]
vriendin (de)	**veninde** (f)	[vɛn'enə]
vriendschap (de)	**venskab** (i)	['vɛnˌskæʔb]
bevriend zijn (ww)	**at være venner**	[ʌ 'vɛ:ʌ 'vɛnʌ]
makker (de)	**ven** (f)	['vɛn]
vriendin (de)	**veninde** (f)	[vɛn'enə]
partner (de)	**partner** (f)	['pɑ:tnʌ]
chef (de)	**chef** (f)	['ɕɛʔf]
baas (de)	**overordnet** (f)	['ɒwʌˌɒʔdnəð]

eigenaar (de)	ejer (f)	['ajʌ]
ondergeschikte (de)	underordnet (f)	['ɔnʌˌpˀdnəð]
collega (de)	kollega (f)	[ko'le:ga]

kennis (de)	bekendt (f)	[be'kɛnˀt]
medereiziger (de)	medrejsende (f)	['mɛðˌʁajˀsənə]
klasgenoot (de)	klassekammerat (f)	['klasə kamə'ʁɑ:t]

buurman (de)	nabo (f)	['næ:bo]
buurvrouw (de)	nabo (f)	['næ:bo]
buren (mv.)	naboer (pl)	['næ:boˀʌ]

54. Man. Vrouw

vrouw (de)	kvinde (f)	['kvenə]
meisje (het)	pige (f)	['pi:ə]
bruid (de)	brud (f)	['bʁuð]

mooi(e) (vrouw, meisje)	smuk	['smɔk]
groot, grote (vrouw, meisje)	høj	['hʌjˀ]
slank(e) (vrouw, meisje)	slank	['slɑŋˀk]
korte, kleine (vrouw, meisje)	ikke ret høj	['ekə ʁat hʌjˀ]

blondine (de)	blondine (f)	[blʌn'di:nə]
brunette (de)	brunette (f)	[bʁu'nɛtə]

dames- (abn)	dame-	['dæ:mə-]
maagd (de)	jomfru (f)	['jʌmfʁu]
zwanger (bn)	gravid	[gʁa'við]

man (de)	mand (f)	['manˀ]
blonde man (de)	blond mand (f)	['blʌnˀ 'manˀ]
bruinharige man (de)	mørkhåret mand (f)	['mœ̞kˌhɒˀɒð manˀ]
groot (bn)	høj	['hʌjˀ]
klein (bn)	ikke ret høj	['ekə ʁat hʌjˀ]

onbeleefd (bn)	grov, uhøflig	['gʁɒwˀ], [u'høfli]
gedrongen (bn)	undersætsig	['ɔnʌˌsɛtsi]
robuust (bn)	robust	[ʁo'bust]
sterk (bn)	stærk	['stæ̞k]
sterkte (de)	kraft, styrke (f)	['kʁaft], ['skyᵊkə]

mollig (bn)	tyk	['tyk]
getaand (bn)	mørkhudet	['mœ̞kˌhu'ðət]
slank (bn)	slank	['slɑŋˀk]
elegant (bn)	elegant	[elə'ganˀt]

55. Leeftijd

leeftijd (de)	alder (f)	['alˀʌ]
jeugd (de)	ungdom (f)	['ɔŋˌdʌmˀ]
jong (bn)	ung	['ɔŋˀ]

jonger (bn)	yngre	['øŋʁʌ]
ouder (bn)	ældre	['ɛldʁʌ]

jongen (de)	ung mand, yngling (f)	['ɔŋ manˀ], ['øŋleŋ]
tiener, adolescent (de)	teenager (f)	['ti:nˌɛjtɕʌ]
kerel (de)	fyr (f)	['fyɐ̯ˀ]

oude man (de)	gammel mand (f)	['gaməl 'manˀ]
oude vrouw (de)	gammel dame (f)	['gaməl 'dæ:mə]

volwassen (bn)	voksen	['vʌksən]
van middelbare leeftijd (bn)	midaldrende	['miðˌalˀʁʌnə]
bejaard (bn)	ældre	['ɛldʁʌ]
oud (bn)	gammel	['gaməl]

pensioen (het)	pension (f)	[paŋ'ɕoˀn]
met pensioen gaan	at gå på pension	[ʌ gɔˀ pɔ paŋ'ɕoˀn]
gepensioneerde (de)	pensionist (f)	[paŋɕo'nist]

56. Kinderen

kind (het)	barn (i)	['baˀn]
kinderen (mv.)	børn (pl)	['bœɐ̯ˀn]
tweeling (de)	tvillinger (f pl)	['tvileŋʌ]

wieg (de)	vugge (f)	['vɔgə]
rammelaar (de)	rangle (f)	['ʁaŋlə]
luier (de)	ble (f)	['bleˀ]

speen (de)	sut (f)	['sut]
kinderwagen (de)	barnevogn (f)	['baːnəˌvɒwˀn]
kleuterschool (de)	børnehave (f)	['bœɐ̯nəˌhæ:və]
babysitter (de)	barnepige (f)	['baːnəˌpi:ə]

kindertijd (de)	barndom (f)	['baːnˌdʌmˀ]
pop (de)	dukke (f)	['dɔkə]
speelgoed (het)	legetøj (i)	['lajəˌtʌj]
bouwspeelgoed (het)	byggelegetøj (i)	['bygə lajəˌtʌj]

welopgevoed (bn)	velopdragen	['vɛlʌpˌdʁaˀwən]
onopgevoed (bn)	uopdragen	[uʌp'dʁaˀwən]
verwend (bn)	forkælet	[fʌ'kɛˀləð]

stout zijn (ww)	at være uartig	[ʌ 'vɛːʌ u'aˀdi]
stout (bn)	uartig	[u'aˀdi]
stoutheid (de)	uartighed (f)	[u'aˀdiˌheðˀ]
stouterd (de)	uartigt barn (i)	[u'aˀdit 'baˀn]

gehoorzaam (bn)	lydig	['ly:ði]
ongehoorzaam (bn)	ulydig	[u'lyˀði]

braaf (bn)	føjelig	['fʌjəli]
slim (verstandig)	klog	['klɔˀw]
wonderkind (het)	vidunderbarn (i)	['viðɔnʌˌbaˀn]

57. Gehuwde paren. Gezinsleven

kussen (een kus geven)	at kysse	[ʌ 'køsə]
elkaar kussen (ww)	at kysses	[ʌ 'køsəs]
gezin (het)	familie (f)	[fa'mil'jə]
gezins- (abn)	familie-	[fa'miljə-]
paar (het)	par (i)	['pɑ]
huwelijk (het)	ægteskab (i)	['ɛgtə‚sgæ'b]
thuis (het)	hjemmets arne (f)	['jɛməðs 'ɑːnə]
dynastie (de)	dynasti (i)	[dynas'ti']

date (de)	stævnemøde (i)	['stɛwnə‚møːðə]
zoen (de)	kys (i)	['køs]

liefde (de)	kærlighed (f)	['kæɐ̯li‚heð']
liefhebben (ww)	at elske	[ʌ 'ɛlskə]
geliefde (bn)	elskede	['ɛlskəðə]

tederheid (de)	ømhed (f)	['œm‚heð']
teder (bn)	øm	['œm']
trouw (de)	troskab (f)	['tʁo‚skæ'b]
trouw (bn)	trofast	['tʁofast]
zorg (bijv. bejaarden~)	omsorg (f)	['ʌm‚sɒ'w]
zorgzaam (bn)	omsorgsfuld	['ʌm‚sɒwsful']

jonggehuwden (mv.)	nygifte (pl)	['ny‚giftə]
wittebroodsweken (mv.)	hvedebrødsdage (pl)	['ve:ðəbʁœðs‚dæːə]
trouwen (vrouw)	at gifte sig	[ʌ 'giftə saj]
trouwen (man)	at gifte sig	[ʌ 'giftə saj]

bruiloft (de)	bryllup (i)	['bʁœlʌp]
gouden bruiloft (de)	guldbryllup (i)	['gul‚bʁœlʌp]
verjaardag (de)	årsdag (f)	['ɒ's‚dæ']

minnaar (de)	elsker (f)	['ɛlskʌ]
minnares (de)	elskerinde (f)	[ɛlskʌ'enə]

overspel (het)	utroskab (f)	['utʁo‚skæ'b]
overspel plegen (ww)	at være utro	[ʌ 'vɛːʌ 'u‚tʁo']
jaloers (bn)	jaloux	[ɕa'lu]
jaloers zijn (echtgenoot, enz.)	at være jaloux	[ʌ 'vɛːʌ ɕa'lu]
echtscheiding (de)	skilsmisse (f)	['skel's‚misə]
scheiden (ww)	at blive skilt	[ʌ 'bliːə 'ɛkol't]

ruzie hebben (ww)	at skændes	[ʌ 'skɛnəs]
vrede sluiten (ww)	at forsone sig	[ʌ fʌ'soːnə saj]
samen (bw)	sammen	['sam'ən]
seks (de)	sex (f)	['sɛgs]

geluk (het)	lykke (f)	['løkə]
gelukkig (bn)	lykkelig	['løkəli]
ongeluk (het)	ulykke (f)	['u‚løkə]
ongelukkig (bn)	ulykkelig	[u'løkəli]

Karakter. Gevoelens. Emoties

58. Gevoelens. Emoties

gevoel (het)	**følelse** (f)	['føːləlsə]
gevoelens (mv.)	**følelser** (f pl)	['føːləlsʌ]
voelen (ww)	**at føle, at mærke**	[ʌ 'føːlə], [ʌ 'mæɐ̯kə]

honger (de)	**sult** (f)	['sulˀt]
honger hebben (ww)	**at være sulten**	[ʌ 'vɛːʌ 'sultən]
dorst (de)	**tørst** (f)	['tœɐ̯st]
dorst hebben	**at være tørstig**	[ʌ 'vɛːʌ 'tœɐ̯sti]
slaperigheid (de)	**søvnighed** (f)	['sœwniˌheðˀ]
willen slapen	**at være søvnig**	[ʌ 'vɛːʌ 'sœwni]

moeheid (de)	**træthed** (f)	['tʁatˌheðˀ]
moe (bn)	**træt**	['tʁat]
vermoeid raken (ww)	**at blive træt**	[ʌ 'bliːə 'tʁat]

stemming (de)	**humør** (i)	[hu'mø̞ˀɐ̯]
verveling (de)	**kedsomhed** (f)	['keðsʌmˌheðˀ]
zich vervelen (ww)	**at kede sig**	[ʌ 'keːðə saj]
afzondering (de)	**afsondrethed** (f)	['awˌsʌnˀdʁʌðˌheðˀ]
zich afzonderen (ww)	**at isolere sig**	[ʌ iso'leˀʌ saj]

bezorgd maken (ww)	**at bekymre**	[ʌ be'kømˀʁʌ]
zich bezorgd maken	**at bekymre sig**	[ʌ be'kømˀʁʌ saj]
zorg (bijv. geld~en)	**bekymring** (f)	[be'kømˀʁɛŋ]
ongerustheid (de)	**uro** (f)	['uˌʁoˀ]
ongerust (bn)	**bekymret**	[be'kømˀʁʌð]
zenuwachtig zijn (ww)	**at være nervøs**	[ʌ 'vɛːʌ næɐ̯'vøˀs]
in paniek raken	**at gå i panik**	[ʌ gɔˀ i pa'nik]

hoop (de)	**håb** (i)	['hɔˀb]
hopen (ww)	**at håbe**	[ʌ 'hɔːbə]

zekerheid (de)	**sikkerhed** (f)	['sekʌˌheðˀ]
zeker (bn)	**sikker**	['sekʌ]
onzekerheid (de)	**usikkerhed** (f)	['uˌsekʌheðˀ]
onzeker (bn)	**usikker**	['uˌsekʌ]

dronken (bn)	**fuld**	['fulˀ]
nuchter (bn)	**ædru**	['ɛːˌdʁuˀ]
zwak (bn)	**svag**	['svæˀj]
gelukkig (bn)	**lykkelig**	['løkəli]
doen schrikken (ww)	**at skræmme**	[ʌ 'skʁamə]
toorn (de)	**raseri** (i)	[ˌʁɑːsʌ'ʁiˀ]
woede (de)	**arrigskab** (f)	['ɑˀiˌsgæˀb]
depressie (de)	**depression** (f)	[depʁɛ'çoˀn]
ongemak (het)	**ubehag** (i)	['ubeˌhæˀj]

gemak, comfort (het)	komfort (f)	[kʌm'foː], [kʌm'foːt]
spijt hebben (ww)	at beklage	[ʌ be'klæˀjə]
spijt (de)	beklagelse (f)	[be'klæˀjəlsə]
pech (de)	uheld (i)	['uˌhɛlˀ]
bedroefdheid (de)	sorg (f)	['sɒˀw]

schaamte (de)	skam (f)	['skɑmˀ]
pret (de), plezier (het)	glæde (f)	['glɛːðə]
enthousiasme (het)	entusiasme (f)	[ɑntuˈɕasmə]
enthousiasteling (de)	entusiast (f)	[ɑntuˈɕast]
enthousiasme vertonen	at vise entusiasme	[ʌ 'viːsə ɑntuˈɕasmə]

59. Karakter. Persoonlijkheid

karakter (het)	karakter (f)	[kɑɑk'teˀg̊]
karakterfout (de)	karakterbrist (i, f)	[kɑɑk'teg̊ˌbʁɛst]
verstand (het)	fornuft (f)	[fʌ'nɔft]
rede (de)	forstand (f)	[fʌ'stanˀ]

geweten (het)	samvittighed (f)	[sam'vitiˌheðˀ]
gewoonte (de)	vane (f)	['væːnə]
bekwaamheid (de)	evne (f)	['ɛwnə]
kunnen (bijv., ~ zwemmen)	at kunne	[ʌ 'kunə]

geduldig (bn)	tålmodig	[tʌl'moˀði]
ongeduldig (bn)	utålmodig	[utʌl'moˀði]
nieuwsgierig (bn)	nysgerrig	['nysˌgæg̊ˀi]
nieuwsgierigheid (de)	nysgerrighed (f)	['nysˌgæg̊ˀiheðˀ]

bescheidenheid (de)	beskedenhed (f)	[be'skeˀðənˌheðˀ]
bescheiden (bn)	beskeden	[be'skeˀðən]
onbescheiden (bn)	ubeskeden	['ubeˌskeˀðən]

luiheid (de)	dovenskab (f)	['dɒwənˌskæˀb]
lui (bn)	doven	['dɒwən]
luiwammes (de)	dovenkrop (f)	['dɒwənˌkʁʌp]

sluwheid (de)	list (f)	['lest]
sluw (bn)	listig	['lesti]
wantrouwen (het)	mistro (f)	['misˌtʁoˀ]
wantrouwig (bn)	mistroisk	['misˌtʁoˀisk]

gulheid (de)	generøsitet (f)	[ɕenəʁœsi'teˀt]
gul (bn)	generøs	[ɕenə'ʁœˀs]
talentrijk (bn)	talentfuld	[ta'lɛntˌfulˀ]
talent (het)	talent (i)	[ta'lɛnˀt]

moedig (bn)	modig	['moːði]
moed (de)	mod (i)	['moˀð]
eerlijk (bn)	ærlig	['æɐli]
eerlijkheid (de)	ærlighed (f)	['æɐliˌheðˀ]

| voorzichtig (bn) | forsigtig | [fʌ'segti] |
| manhaftig (bn) | modig | ['moːði] |

ernstig (bn)	alvorlig	[al'vɒ'li]
streng (bn)	streng	['stʁaŋ']
resoluut (bn)	beslutsom	[be'slut͵sʌm']
onzeker, irresoluut (bn)	ubeslutsom	[ube'slut͵sʌm']
schuchter (bn)	forsagthed, genert	[ɕe'neɡ'tͺheð'], [ɕe'neɡ't]
schuchterheid (de)	forsagthed (f)	[ɕe'neɡ'tͺheð']
vertrouwen (het)	tillid (f)	['te͵lið']
vertrouwen (ww)	at tro	[ʌ 'tʁo']
goedgelovig (bn)	tillidsfuld	['teliðs͵ful']
oprecht (bw)	oprigtigt	[ʌp'ʁɛgtit]
oprecht (bn)	oprigtig	[ʌp'ʁɛgti]
oprechtheid (de)	oprigtighed (f)	[ʌp'ʁɛgtiheð']
open (bn)	åben	['ɔ:bən]
rustig (bn)	stille	['stelə]
openhartig (bn)	oprigtig	[ʌp'ʁɛgti]
naïef (bn)	naiv	[na'i'w]
verstrooid (bn)	åndsfraværende	[ʌns'fʁa͵vɛ'ʌnə]
leuk, grappig (bn)	morsom	['moɡ͵sʌm']
gierigheid (de)	grådighed (f)	['gʁɔ:ði͵heð']
gierig (bn)	grådig	['gʁɔ:ði]
inhalig (bn)	gerrig	['gæɡi]
kwaad (bn)	ond	['ɔn']
koppig (bn)	hårdnakket	['hɒ:͵nakəð]
onaangenaam (bn)	ubehagelig	[ube'hæ'jəli]
egoïst (de)	egoist (f)	[ego'ist]
egoïstisch (bn)	egoistisk	[ego'istisk]
lafaard (de)	kryster (f)	['kʁystʌ]
laf (bn)	fej, krysteragtig	['faj'], ['kʁystʌ͵agdi]

60. Slaap. Dromen

slapen (ww)	at sove	[ʌ 'sɒwə]
slaap (in ~ vallen)	søvn (f)	['sœw'n]
droom (de)	drøm (f)	['dʁœm']
dromen (in de slaap)	at drømme	[ʌ 'dʁœmə]
slaperig (bn)	søvnig	['sœwni]
bed (het)	seng (f)	['sɛŋ']
matras (de)	madras (f)	[ma'dʁas]
deken (de)	dyne (f), tæppe (i)	['dy:nə], ['tɛpə]
kussen (het)	pude (f)	['pu:ðə]
laken (het)	lagen (i)	['læj'ən]
slapeloosheid (de)	søvnløshed (f)	['sœwnløs͵heð']
slapeloos (bn)	søvnløs	['sœwn͵lø's]
slaapmiddel (het)	sovepille (f)	['sɒwə͵pelə]
slaapmiddel innemen	at tage en sovepille	[ʌ 'tæ' en 'sɒwə͵pelə]
willen slapen	at være søvnig	[ʌ 'vɛ:ʌ 'sœwni]

geeuwen (ww)	at gabe	[ʌ 'gæːbə]
gaan slapen	at gå i seng	[ʌ 'gɔˀ i 'sɛŋˀ]
het bed opmaken	at rede sengen	[ʌ 'ʁɛːðə 'sɛŋən]
inslapen (ww)	at falde i søvn	[ʌ 'falə i sœwˀn]

nachtmerrie (de)	mareridt (i)	['mɑːɑˌʁit]
gesnurk (het)	snorken (f)	['snɒːkən]
snurken (ww)	at snorke	[ʌ 'snɒːkə]

wekker (de)	vækkeur (i)	['vɛkəˌuɐ̯ˀ]
wekken (ww)	at vække	[ʌ 'vɛkə]
wakker worden (ww)	at vågne	[ʌ 'vɔwnə]
opstaan (ww)	at stå op	[ʌ stɔˀ 'ʌp]
zich wassen (ww)	at vaske sig	[ʌ 'vaskə saj]

61. Humor. Gelach. Blijdschap

humor (de)	humor (f)	['huːmʌ]
gevoel (het) voor humor	sans (f) for humor	[sans fʌ 'huːmʌ]
plezier hebben (ww)	at more sig	[ʌ 'moːʌ saj]
vrolijk (bn)	glad, munter	['glað], ['mɔnˀtʌ]
pret (de), plezier (het)	munterhed (f)	['mɔntʌˌheðˀ]

glimlach (de)	smil (i)	['smiˀl]
glimlachen (ww)	at smile	[ʌ 'smiːlə]
beginnen te lachen (ww)	at bryde ud i latter	[ʌ 'bʁyːðə uðˀ i 'latʌ]
lachen (ww)	at le, at grine	[ʌ 'leˀ], [ʌ 'gʁiːnə]
lach (de)	latter (f)	['latʌ]

mop (de)	anekdote (f)	[anek'doːtə]
grappig (een ~ verhaal)	sjov, morsom	['ɕɒwˀ], ['moɐ̯ˌsʌmˀ]
grappig (~e clown)	morsom	['moɐ̯ˌsʌmˀ]

grappen maken (ww)	at spøge	[ʌ 'spøːjə]
grap (de)	skæmt, spøg (f)	['skɛmˀt], ['spʌjˀ]
blijheid (de)	glæde (f)	['glɛːðə]
blij zijn (ww)	at glæde sig	[ʌ 'glɛːðə saj]
blij (bn)	glad	['glað]

62. Discussie, conversatie. Deel 1

| communicatie (de) | kommunikation (f) | [komunika'ɕoˀn] |
| communiceren (ww) | at kommunikere | [ʌ komuni'keˀʌ] |

conversatie (de)	samtale (f)	['samˌtæːlə]
dialoog (de)	dialog (f)	[dia'loˀ]
discussie (de)	diskussion (f)	[disku'ɕoˀn]
debat (het)	debat (f)	[de'bat]
debatteren, twisten (ww)	at diskutere	[ʌ disku'teˀʌ]

| gesprekspartner (de) | samtalepartner (f) | ['samˌtæːlə 'paːtnʌ] |
| thema (het) | emne (i) | ['ɛmnə] |

standpunt (het)	**synspunkt** (i)	['syns,pɔŋˀt]
mening (de)	**mening** (f)	['me:nen]
toespraak (de)	**tale** (f)	['tæ:lə]

bespreking (de)	**diskussion** (f)	[disku'ɕoˀn]
bespreken (spreken over)	**at drøfte, at diskutere**	[ʌ 'dʁœftə], [ʌ disku'teˀʌ]
gesprek (het)	**samtale** (f)	['sɑm,tæ:lə]
spreken (converseren)	**at snakke, at samtale**	[ʌ 'snɑkə], [ʌ 'sɑm,tæˀlə]
ontmoeting (de)	**møde** (i)	['mø:ðə]
ontmoeten (ww)	**at mødes**	[ʌ 'mø:ðəs]

spreekwoord (het)	**ordsprog** (i)	['oɡ,spʁɔˀw]
gezegde (het)	**ordsprog** (i)	['oɡ,spʁɔˀw]
raadsel (het)	**gåde** (f)	['gɔ:ðə]
een raadsel opgeven	**at udgøre en gåde**	[ʌ 'uð,gœˀʌ en 'gɔ:ðə]
wachtwoord (het)	**adgangskode** (f)	['ɑðgɑŋs,ko:ðə]
geheim (het)	**hemmelighed** (f)	['hɛməli,heðˀ]

eed (de)	**ed** (f)	['eðˀ]
zweren (een eed doen)	**at sværge**	[ʌ 'svæɡwə]
belofte (de)	**løfte** (i)	['løftə]
beloven (ww)	**at love**	[ʌ 'lɔ:və]

advies (het)	**råd** (i)	['ʁɔˀð]
adviseren (ww)	**at råde**	[ʌ 'ʁɔ:ðə]
advies volgen (iemands ~)	**at følge råd**	[ʌ 'føljə 'ʁɔˀð]
luisteren (gehoorzamen)	**at adlyde**	[ʌ 'ɑð,lyˀðə]

nieuws (het)	**nyhed** (f)	['nyheðˀ]
sensatie (de)	**sensation** (f)	[sɛnsa'ɕoˀn]
informatie (de)	**oplysninger** (f pl)	['ʌp,ly'snenʌ]
conclusie (de)	**slutning** (f)	['slutnen]
stem (de)	**røst, stemme** (f)	['ʁœst], ['stɛmə]
compliment (het)	**kompliment** (i, f)	[kɔmpli'mɑn]
vriendelijk (bn)	**elskværdig**	[ɛlsk'væɡˀdi]

woord (het)	**ord** (i)	['oˀɡ]
zin (de), zinsdeel (het)	**frase** (f)	['fʁɑ:sə]
antwoord (het)	**svar** (i)	['svaˀ]

waarheid (de)	**sandhed** (f)	['san,heðˀ]
leugen (de)	**løgn** (f)	['lʌjˀn]

gedachte (de)	**tanke** (f)	['tɑŋkə]
idee (de/het)	**ide, idé** (f)	[i'deˀ]
fantasie (de)	**fantasi** (f)	[fanta'siˀ]

63. Discussie, conversatie. Deel 2

gerespecteerd (bn)	**respekteret**	[ʁɛspɛk'teˀʌð]
respecteren (ww)	**at respektere**	[ʌ ʁɛspɛk'teˀʌ]
respect (het)	**respekt** (f)	[ʁɛ'spɛkt]
Geachte ... (brief)	**Ærede ...**	['ɛˀʌðə ...]
voorstellen (Mag ik jullie ~)	**at introducere**	[ʌ entʁodu'seˀʌ]

kennismaken (met ...)	at stifte bekendtskab	[ʌ 'steftə be'kɛnˀtˌskæˀb]
intentie (de)	hensigt (f)	['hɛnˌsegt]
intentie hebben (ww)	at have til hensigt	[ʌ 'hæːvə te 'hɛnˌsegt]
wens (de)	ønske (i)	['ønskə]
wensen (ww)	at ønske	[ʌ 'ønskə]

verbazing (de)	overraskelse (f)	['ɒwʌˌʁaskəlsə]
verbazen (verwonderen)	at forundre	[ʌ fʌ'ɔnˀdʁʌ]
verbaasd zijn (ww)	at blive forundret	[ʌ 'bliːə fʌ'ɔnˀdʁʌð]

geven (ww)	at give	[ʌ 'giˀ]
nemen (ww)	at tage	[ʌ 'tæˀ]
teruggeven (ww)	at give tilbage	[ʌ 'giˀ te'bæːjə]
retourneren (ww)	at returnere	[ʌ ʁetuɐ̯'neˀʌ]

zich verontschuldigen	at undskylde sig	[ʌ 'ɔnˌskylˀə saj]
verontschuldiging (de)	undskyldning (f)	['ɔnˌskylˀnen]
vergeven (ww)	at tilgive	[ʌ 'telˌgiˀ]

spreken (ww)	at tale	[ʌ 'tæːlə]
luisteren (ww)	at lytte	[ʌ 'lytə]
aanhoren (ww)	at høre på	[ʌ 'høːʌ 'pɔˀ]
begrijpen (ww)	at forstå	[ʌ fʌ'stɔˀ]

tonen (ww)	at vise	[ʌ 'viːsə]
kijken naar ...	at se på ...	[ʌ 'seˀ pɔˀ ...]
roepen (vragen te komen)	at kalde	[ʌ 'kalə]
afleiden (storen)	at forstyrre	[ʌ fʌ'styɐ̯ˀʌ]
storen (lastigvallen)	at forstyrre	[ʌ fʌ'styɐ̯ˀʌ]
doorgeven (ww)	at overrække	[ʌ 'ɒwʌˌʁakə]

verzoek (het)	begæring (f)	[be'gɛˀɐ̯en]
verzoeken (ww)	at bede	[ʌ 'beˀðə]
eis (de)	krav (i)	['kʁɑˀw]
eisen (met klem vragen)	at kræve	[ʌ 'kʁɛːvə]

beledigen	at drille	[ʌ 'dʁɛlə]
(beledigende namen geven)		
uitlachen (ww)	at håne	[ʌ 'hɔːnə]
spot (de)	hån (f), spot (f)	['hɔˀn], ['spʌt]
bijnaam (de)	øgenavn (i)	['øːjəˌnɑwˀn]

zinspeling (de)	insinuation (f)	[ensinua'ɕoˀn]
zinspelen (ww)	at insinuere	[ʌ ənɕinu'oˀʌ]
impliceren (dulden op)	at betyde	[ʌ be'tyˀðə]

beschrijving (de)	beskrivelse (f)	[be'skʁiˀvəlsə]
beschrijven (ww)	at beskrive	[ʌ be'skʁiˀvə]
lof (de)	ros (f)	['ʁoˀs]
loven (ww)	at rose, at berømme	[ʌ 'ʁoːsə], [ʌ be'ʁœmˀə]

teleurstelling (de)	skuffelse (f)	['skɔfəlsə]
teleurstellen (ww)	at skuffe	[ʌ 'skɔfə]
teleurgesteld zijn (ww)	at blive skuffet	[ʌ 'bliːə 'skɔfəð]
veronderstelling (de)	antagelse (f)	[anˌtæˀjəlsə]
veronderstellen (ww)	at antage, at formode	[ʌ 'anˌtæˀ], [ʌ fʌ'moˀðə]

waarschuwing (de)	advarsel (f)	['að͵vɑ:səl]
waarschuwen (ww)	at advare	[ʌ 'að͵vɑˀɑ]

64. Discussie, conversatie. Deel 3

aanpraten (ww)	at overtale	[ʌ 'ɔwʌ͵tæˀlə]
kalmeren (kalm maken)	at berolige	[ʌ be'ʁoˀ͵liˀə]

stilte (de)	tavshed (f)	['tɑws͵heðˀ]
zwijgen (ww)	at tie	[ʌ 'ti:ə]
fluisteren (ww)	at hviske	[ʌ 'veskə]
gefluister (het)	hvisken (f)	['veskən]

open, eerlijk (bw)	oprigtigt	[ʌp'ʁɛgtit]
volgens mij …	efter min mening …	['ɛftʌ min 'me:nen …]

detail (het)	detalje (f)	[de'taljə]
gedetailleerd (bn)	detaljeret	[detal'jeˀʌð]
gedetailleerd (bw)	i detaljer	[i de'taljʌ]

hint (de)	vink (i)	['veŋˀk]
een hint geven	at give et vink	[ʌ 'giˀ et 'veŋˀk]

blik (de)	blik (i)	['blek]
een kijkje nemen	at kaste et blik	[ʌ 'kastə et blek]
strak (een ~ke blik)	stiv, stift	['stiwˀ], ['stift]
knipperen (ww)	at blinke	[ʌ 'bleŋkə]
knipogen (ww)	at blinke	[ʌ 'bleŋkə]
knikken (ww)	at nikke	[ʌ 'nekə]

zucht (de)	suk (i)	['sɔk]
zuchten (ww)	at sukke	[ʌ 'sɔkə]
huiveren (ww)	at gyse	[ʌ 'gy:sə]
gebaar (het)	gestus (f)	['gestus]
aanraken (ww)	at røre	[ʌ 'ʁœ:ʌ]
grijpen (ww)	at gribe	[ʌ 'gʁi:bə]
een schouderklopje geven	at klappe	[ʌ 'klɑpə]

Kijk uit!	Pas på!	['pas 'pɔ]
Echt?	Virkelig?	['viɐ̯kəli]
Bent je er zeker van?	Er du sikker?	['æɐ̯ du 'sekʌ]
Succes!	Held og lykke!	['hɛlˀ ʌ 'løkə]
Juist, ja!	Helt klart!	['hɛlˀt klɑ:t]
Wat jammer!	Det var synd!	[de vɑˀ sønˀ]

65. Overeenstemming. Weigering

instemming (het)	samtykke (i)	['sɑm͵tykə]
instemmen (akkoord gaan)	at samtykke	[ʌ 'sɑm͵tykə]
goedkeuring (de)	godkendelse (f)	['goð͵kɛnˀəlsə]
goedkeuren (ww)	at godkende	[ʌ 'goð͵kɛnˀə]
weigering (de)	afslag (i)	['ɑw͵slæˀj]

weigeren (ww)	at vægre sig	[ʌ 'vɛ:jʁʌ saj]
Geweldig!	Fint!	['fiˀnt]
Goed!	Godt nok!	['gʌt nʌk]
Akkoord!	OK! Jeg er enig!	[ɔw'kɛj], ['jɑj 'æɐ̯ 'e:ni]

verboden (bn)	forbudt	[fʌ'byˀt]
het is verboden	det er forbudt	[de 'æɐ̯ fʌ'byˀð]
het is onmogelijk	det er umuligt	[de 'æɐ̯ u'muˀlit]
onjuist (bn)	fejlagtig	['fɑjl‿ɑgti]

afwijzen (ww)	at afslå	[ʌ 'ɑw‿slɔˀ]
steunen	at støtte	[ʌ 'støtə]
(een goed doel, enz.)		
aanvaarden (excuses ~)	at acceptere	[ʌ ɑksɛp'te²ʌ]

bevestigen (ww)	at bekræfte	[ʌ be'kʁaftə]
bevestiging (de)	bekræftelse (f)	[be'kʁaftelsə]
toestemming (de)	tilladelse (f)	['te‿læˀðelsə]
toestaan (ww)	at tillade	[ʌ 'te‿læˀðe]
beslissing (de)	beslutning (f)	[be'slutneŋ]
z'n mond houden (ww)	at tie	[ʌ 'ti:ə]

voorwaarde (de)	betingelse (f)	[be'teŋˀelsə]
smoes (de)	påskud, foregivende (i)	['pɔ‿skuð], ['fɒ:ɒ‿giˀvenə]
lof (de)	ros (f)	['ʁoˀs]
loven (ww)	at rose, at berømme	[ʌ 'ʁo:sə], [ʌ be'ʁœmˀə]

66. Succes. Veel geluk. Mislukking

succes (het)	succes (f)	[syk'se]
succesvol (bw)	med succes	[mɛ syk'se]
succesvol (bn)	vellykket	['vɛl‿løkəð]

geluk (het)	held (i)	['hɛlˀ]
Succes!	Held og lykke!	['hɛlˀ ʌ 'løkə]
geluks- (bn)	heldig	['hɛldi]
gelukkig (fortuinlijk)	heldig	['hɛldi]

mislukking (de)	fiasko (f)	['fjasko]
tegenslag (de)	uheld (i), utur (f)	['u‿hɛlˀ], ['u‿tuɐ̯ˀ]
pech (de)	uheld (i)	['u‿hɛlˀ]
zonder succes (bn)	mislykket	['miɔ‿løkəð]
catastrofe (de)	katastrofe (f)	[kata'stʁo:fə]

fierheid (de)	stolthed (f)	['stʌlt‿heðˀ]
fier (bn)	stolt	['stʌlˀt]
fier zijn (ww)	at være stolt	[ʌ 'vɛ:ʌ 'stʌlˀt]

winnaar (de)	sejrherre (f)	['sɑjʌ‿hæˀʌ]
winnen (ww)	at sejre, at vinde	[ʌ 'sɑjʁʌ], [ʌ 'venə]
verliezen (ww)	at tabe	[ʌ 'tæ:bə]
poging (de)	forsøg (i)	[fʌ'søˀj]
pogen, proberen (ww)	at prøve, at forsøge	[ʌ 'pʁœ:wə], [ʌ fʌ'søˀjə]
kans (de)	chance (f)	['ɕɑŋsə]

67. Ruzies. Negatieve emoties

schreeuw (de)	skrig (i)	['skʁiˀ]
schreeuwen (ww)	at skrige	[ʌ 'skʁiːə]
beginnen te schreeuwen	at begynde at skrige	[ʌ beˈgønˀə ʌ 'skʁiːə]

ruzie (de)	skænderi (i)	[skɛnʌ'ʁiˀ]
ruzie hebben (ww)	at skændes	[ʌ 'skɛnəs]
schandaal (het)	skænderi (i)	[skɛnʌ'ʁiˀ]
schandaal maken (ww)	at skændes	[ʌ 'skɛnəs]
conflict (het)	konflikt (f)	[kʌn'flikt]
misverstand (het)	misforståelse (f)	[misfʌ'stɔˀəlsə]

belediging (de)	fornærmelse (f)	[fʌ'næɡ̊ˀməlsə]
beledigen (met scheldwoorden)	at fornærme	[ʌ fʌ'næɡ̊ˀmə]
beledigd (bn)	fornærmet	[fʌ'næɡ̊ˀməð]
krenking (de)	fornærmelse (f)	[fʌ'næɡ̊ˀməlsə]
krenken (beledigen)	at fornærme	[ʌ fʌ'næɡ̊ˀmə]
gekwetst worden (ww)	at blive fornærmet	[ʌ 'bliːə fʌ'næɡ̊ˀməð]

verontwaardiging (de)	forargelse, indignation (f)	[fʌ'ɑˀwəlsə], [endinaˈɕoˀn]
verontwaardigd zijn (ww)	at blive indigneret	[ʌ 'bliːə endi'neˀʌð]
klacht (de)	klage (f)	['klæːjə]
klagen (ww)	at klage	[ʌ 'klæːjə]

verontschuldiging (de)	undskyldning (f)	['ɔnˌskylˀneŋ]
zich verontschuldigen	at undskylde sig	[ʌ 'ɔnˌskylˀə saj]
excuus vragen	at bede om forladelse	[ʌ 'beˀðə ʌm fʌ'læˀðəlsə]

kritiek (de)	kritik (f)	[kʁi'tik]
bekritiseren (ww)	at kritisere	[ʌ kʁiti'seˀʌ]
beschuldiging (de)	anklage (f)	['anˌklæˀjə]
beschuldigen (ww)	at anklage	[ʌ 'anˌklæˀjə]

wraak (de)	hævn (f)	['hɛwˀn]
wreken (ww)	at hævne	[ʌ 'hɛwnə]
wraak nemen (ww)	at hævne	[ʌ 'hɛwnə]

minachting (de)	foragt (f)	[fʌ'ɑgt]
minachten (ww)	at foragte	[ʌ fʌ'ɑgtə]
haat (de)	had (i)	['hað]
haten (ww)	at hade	[ʌ 'hæːðə]

zenuwachtig (bn)	nervøs	[næɡ̊'vøˀs]
zenuwachtig zijn (ww)	at være nervøs	[ʌ 'vɛːʌ næɡ̊'vøˀs]
boos (bn)	vred	['vʁɛðˀ]
boos maken (ww)	at gøre vred	[ʌ 'gœːʌ 'vʁɛðˀ]

vernedering (de)	ydmygelse (f)	['yðˌmyˀəlsə]
vernederen (ww)	at ydmyge	[ʌ 'yðˌmyˀə]
zich vernederen (ww)	at ydmyge sig	[ʌ 'yðˌmyˀə saj]

schok (de)	chok (i)	['ɕʌk]
schokken (ww)	at chokere	[ʌ ɕo'keˀʌ]

onaangenaamheid (de)	knibe (f)	['kni:bə]
onaangenaam (bn)	ubehagelig	[ube'hæ'jəli]

vrees (de)	frygt (f)	['fʁɒɛgt]
vreselijk (bijv. ~ onweer)	frygtelig	['fʁɒɛgtəli]
eng (bn)	uhyggelig, skræmmende	[u'hygəli], ['skʁamənə]
gruwel (de)	rædsel (f)	['ʁað'səl]
vreselijk (~ nieuws)	forfærdelig	[fʌ'fæɐ̯'dli]

beginnen te beven	at begynde at ryste	[ʌ be'gøn'ə ʌ 'ʁœstə]
huilen (wenen)	at græde	[ʌ 'gʁa:ðə]
beginnen te huilen (wenen)	at begynde at græde	[ʌ be'gøn'ə ʌ 'gʁa:ðə]
traan (de)	tåre (f)	['tɒ:ɒ]

schuld (~ geven aan)	skyld (f)	['skyl']
schuldgevoel (het)	skyldfølelse (f)	['skyl,fø:ləlsə]
schande (de)	skam, vanære (f)	['skɑm'], ['van,ɛ:ʌ]
protest (het)	protest (f)	[pʁo'tɛst]
stress (de)	stress (i, f)	['stʁɛs]

storen (lastigvallen)	at forstyrre	[ʌ fʌ'styɐ̯'ʌ]
kwaad zijn (ww)	at være gal	[ʌ 'vɛ:ʌ 'gæˀl]
kwaad (bn)	vred	['vʁɛð']
beëindigen (een relatie ~)	at afbryde	[ʌ 'ɑw,bʁy'ðə]
vloeken (ww)	at sværge	[ʌ 'svæɐ̯wə]

schrikken (schrik krijgen)	at blive skræmt	[ʌ 'bli:ə 'skʁamt]
slaan (iemand ~)	at slå	[ʌ 'slɔ']
vechten (ww)	at slås	[ʌ 'slʌs]

regelen (conflict)	at løse	[ʌ 'lø:sə]
ontevreden (bn)	utilfreds	['ute,fʁɛs]
woedend (bn)	rasende	['ʁɑ:sənə]

Dat is niet goed!	Det er ikke godt!	[de 'æɐ̯ 'ekə 'gʌt]
Dat is slecht!	Det er dårligt!	[de 'æɐ̯ 'dɒ:lit]

Geneeskunde

68. Ziekten

ziekte (de)	sygdom (f)	['syːˌdʌmˀ]
ziek zijn (ww)	at være syg	[ʌ 'vɛːʌ syˀ]
gezondheid (de)	helse, sundhed (f)	['hɛlsə], ['sɔnˌheðˀ]
snotneus (de)	snue (f)	['snuːə]
angina (de)	angina (f)	[aŋ'giːna]
verkoudheid (de)	forkølelse (f)	[fʌ'køˀlelsə]
verkouden raken (ww)	at blive forkølet	[ʌ 'bliːə fʌ'køˀleð]
bronchitis (de)	bronkitis (f)	[bʁʌŋ'kitis]
longontsteking (de)	lungebetændelse (f)	['lɔŋə be'tɛnˀəlsə]
griep (de)	influenza (f)	[enflu'ɛnsa]
bijziend (bn)	nærsynet	['næɡˌsyˀnəð]
verziend (bn)	langsynet	['laŋˌsyˀnəð]
scheelheid (de)	skeløjethed (f)	['skelˌʌjəðˌheðˀ]
scheel (bn)	skeløjet	['skelˌʌjˀəð]
grauwe staar (de)	grå stær (f)	['gʁɔˀ 'stɛˀɡ]
glaucoom (het)	glaukom (i), grøn stær (f)	[glaw'koˀm], ['gʁœnˀ 'stɛˀɡ]
beroerte (de)	hjerneblødning (f)	['jæɡnəˌbløðnen]
hartinfarct (het)	infarkt (i, f)	[en'faːkt]
myocardiaal infarct (het)	hjerteinfarkt (i, f)	['jæɡtə en'faːkt]
verlamming (de)	lammelse (f)	['lamelsə]
verlammen (ww)	at lamme, at paralysere	[ʌ 'lamə], [ʌ paaly'seˀʌ]
allergie (de)	allergi (f)	[alæɡ'giˀ]
astma (de/het)	astma (f)	['astma]
diabetes (de)	diabetes (f)	[dia'beːtəs]
tandpijn (de)	tandpine (f)	['tanˌpiːnə]
tandbederf (het)	caries, karies (f)	['kɑˀiəs]
diarree (de)	diarre (f)	[dia'ʁɛ]
constipatie (de)	forstoppelse (f)	[fʌ'stʌpəlsə]
maagstoornis (de)	mavebesvær (i)	['mæːvə be'svɛˀɡ]
voedselvergiftiging (de)	madforgiftning (f)	['maðfʌˌgiftnen]
voedselvergiftiging oplopen	at blive madforgiftet	[ʌ 'bliːə 'maðfʌˌgifteð]
artritis (de)	artritis (f)	[a'tʁitis]
rachitis (de)	rakitis (f)	[ʁa'kitis]
reuma (het)	reumatisme (f)	[ʁʌjma'tismə]
arteriosclerose (de)	arterieforkalkning (f)	[a'teˀɡiə fʌ'kalˀknen]
gastritis (de)	gastritis (f)	[ga'stʁitis]
blindedarmontsteking (de)	appendicit (f)	[apɛndi'sit]

| galblaasontsteking (de) | galdeblærebetændelse (f) | ['galə‚blɛ:ʌ be'tɛn²əlsə] |
| zweer (de) | mavesår (i) | ['mæ:və‚sɒ²] |

mazelen (mv.)	mæslinger (pl)	['mɛs‚leŋ²ʌ]
rodehond (de)	røde hunde (f)	['ʁœ:ðə 'hunə]
geelzucht (de)	gulsot (f)	['gul‚so²t]
leverontsteking (de)	hepatitis (f)	[hepa'titis]

schizofrenie (de)	skizofreni (f)	[skidsofʁɛ'ni²]
dolheid (de)	rabies (f)	['ʁɑ²bjɛs]
neurose (de)	neurose (f)	[nœw'ʁo:sə]
hersenschudding (de)	hjernerystelse (f)	['jæɡnə‚ʁœstəlsə]

kanker (de)	kræft (f), cancer (f)	['kʁaft], ['kan²sʌ]
sclerose (de)	sklerose (f)	[sklə'ʁo:sə]
multiple sclerose (de)	multipel sklerose (f)	[mul'ti²pəl sklə'ʁo:sə]

alcoholisme (het)	alkoholisme (f)	[alkoho'lismə]
alcoholicus (de)	alkoholiker (f)	[alko'ho²likʌ]
syfilis (de)	syfilis (f)	['syfilis]
AIDS (de)	AIDS (f)	['ɛjds]

tumor (de)	svulst, tumor (f)	['svul²st], ['tu:mɒ]
kwaadaardig (bn)	ondartet, malign	['ɒn‚ɑ²dəð], [ma'li²n]
goedaardig (bn)	godartet, benign	['goð‚ɑ²təð], [be'ni²n]
koorts (de)	feber (f)	['fe²bʌ]
malaria (de)	malaria (f)	[ma'lɑ²ia]
gangreen (het)	koldbrand (f)	['kʌl‚bʁɑn²]
zeeziekte (de)	søsyge (f)	['sø‚sy:ə]
epilepsie (de)	epilepsi (f)	[epilɛp'si²]

epidemie (de)	epidemi (f)	[epedə'mi²]
tyfus (de)	tyfus (f)	['tyfus]
tuberculose (de)	tuberkulose (f)	[tubæɡku'lo:sə]
cholera (de)	kolera (f)	['ko²ləʁɑ]
pest (de)	pest (f)	['pɛst]

69. Symptomen. Behandelingen. Deel 1

symptoom (het)	symptom (i)	[sym'to²m]
temperatuur (de)	temperatur (f)	[tɛmpʁɑ'tuɡ²]
verhoogde temperatuur (de)	høj temperatur, feber (f)	['hʌj tɛmpʁɑ'luɡ²], ['fe²bʌ]
pulsslag (de)	puls (f)	['pul²s]

duizeling (de)	svimmelhed (f)	['svem²əl‚heð²]
heet (erg warm)	varm	['vɑ²m]
koude rillingen (mv.)	gysen (f)	['gy:sən]
bleek (bn)	bleg	['blɑj²]

hoest (de)	hoste (f)	['ho:stə]
hoesten (ww)	at hoste	[ʌ 'ho:stə]
niezen (ww)	at nyse	[ʌ 'ny:sə]
flauwte (de)	besvimelse (f)	[be'svi²məlsə]
flauwvallen (ww)	at besvime	[ʌ be'svi²mə]

blauwe plek (de)	blåt mærke (i)	['blʌt 'mæɐ̯kə]
buil (de)	bule (f)	['bu:lə]
zich stoten (ww)	at slå sig	[ʌ 'slɔ' sɑj]
kneuzing (de)	blåt mærke (i)	['blʌt 'mæɐ̯kə]
kneuzen (gekneusd zijn)	at støde sig	[ʌ 'sdø:ðə sɑj]

hinken (ww)	at halte	[ʌ 'haltə]
verstuiking (de)	forvridning (f)	[fʌ'vʁið'nen]
verstuiken (enkel, enz.)	at forvride	[ʌ fʌ'vʁið'ə]
breuk (de)	brud (i), fraktur (f)	['bʁuð], [fʁak'tuɐ̯']
een breuk oplopen	at få et brud	[ʌ 'fɔ' ed 'bʁuð]

snijwond (de)	snitsår (i)	['snit‿sɒ']
zich snijden (ww)	at skære sig	[ʌ 'skɛ:ʌ sɑj]
bloeding (de)	blødning (f)	['bløðnen]

| brandwond (de) | brandsår (i) | ['bʁɑn‿sɒ'] |
| zich branden (ww) | at brænde sig | [ʌ 'bʁɑnə sɑj] |

prikken (ww)	at stikke	[ʌ 'stekə]
zich prikken (ww)	at stikke sig	[ʌ 'stekə sɑj]
blesseren (ww)	at skade	[ʌ 'skæ:ðə]
blessure (letsel)	skade (f)	['skæ:ðə]
wond (de)	sår (i)	['sɒ']
trauma (het)	traume, trauma (i)	['tʁɑwmə], ['tʁɑwma]

IJlen (ww)	at tale i vildelse	[ʌ 'tæ:lə i 'vilelsə]
stotteren (ww)	at stamme	[ʌ 'stamə]
zonnesteek (de)	solstik (i)	['so:l‿stek]

70. Symptomen. Behandelingen. Deel 2

| pijn (de) | smerte (f) | ['smæɐ̯tə] |
| splinter (de) | splint (f) | ['splen'] |

zweet (het)	sved (f)	['sveð']
zweten (ww)	at svede	[ʌ 'sve:ðə]
braking (de)	opkastning (f)	['ʌp‿kastnen]
stuiptrekkingen (mv.)	kramper (f pl)	['kʁampʌ]

zwanger (bn)	gravid	[gʁa'við']
geboren worden (ww)	at fødes	[ʌ 'fø:ðəs]
geboorte (de)	fødsel (f)	['føsəl]
baren (ww)	at føde	[ʌ 'fø:ðə]
abortus (de)	abort (f)	[a'bɒ't]

ademhaling (de)	åndedræt (i)	['ʌnə‿dʁat]
inademing (de)	indånding (f)	['en‿ʌn'en]
uitademing (de)	udånding (f)	['uð‿ʌn'en]
uitademen (ww)	at ånde ud	[ʌ 'ʌnə uð]
inademen (ww)	at ånde ind	[ʌ 'ʌnə en']

| invalide (de) | handikappet person (f) | ['handi‿kapəð pæɐ̯'so'n] |
| gehandicapte (de) | krøbling (f) | ['kʁœblen] |

drugsverslaafde (de)	narkoman (f)	[nɑko'mæ'n]
doof (bn)	døv	['dø'w]
stom (bn)	stum	['stɔm']
doofstom (bn)	døvstum	['døw,stɔm']

krankzinnig (bn)	gal, sindssyg	['gæ'l], ['sen',sy']
krankzinnige (man)	gal mand (f)	['gæ'l 'man']
krankzinnige (vrouw)	gal kvinde (f)	['gæ'l 'kvenə]
krankzinnig worden	at blive sindssyg	[ʌ 'bliːə 'sen',sy']

gen (het)	gen (i)	['ge'n]
immuniteit (de)	immunitet (f)	[imuni'te't]
erfelijk (bn)	arvelig	['ɑːvəli]
aangeboren (bn)	medfødt	['mɛð,fø't]

virus (het)	virus (i, f)	['viːʁus]
microbe (de)	mikrobe (f)	[mi'kʁoːbə]
bacterie (de)	bakterie (f)	[bak'teɡ'iə]
infectie (de)	infektion (f)	[enfɛk'ɕo'n]

71. Symptomen. Behandelingen. Deel 3

ziekenhuis (het)	sygehus (i)	['syːə,huˀs]
patiënt (de)	patient (f)	[pa'ɕɛnˀt]

diagnose (de)	diagnose (f)	[dia'gnoːsə]
genezing (de)	kur, behandling (f)	['kuɡ'], [be'hanˀleŋ]
medische behandeling (de)	behandling (f)	[be'hanˀleŋ]
onder behandeling zijn	at blive behandlet	[ʌ 'bliːə be'hanˀləð]
behandelen (ww)	at behandle	[ʌ be'hanˀlə]
zorgen (zieken ~)	at pleje	[ʌ 'plajə]
ziekenzorg (de)	pleje (f)	['plajə]

operatie (de)	operation (f)	[opeʁɑ'ɕo'n]
verbinden (een arm ~)	at forbinde	[ʌ fʌ'benˀə]
verband (het)	forbinding (f)	[fʌ'benˀeŋ]

vaccin (het)	vaccination (f)	[vagsina'ɕo'n]
inenten (vaccineren)	at vaccinere	[ʌ vaksi'ne'ʌ]
injectie (de)	injektion (f)	[enjɛk'ɕo'n]
een injectie geven	at give en sprøjte	[ʌ 'gi' en 'spʁʌjtə]

aanval (de)	anfald (i)	['an,fal']
amputatie (de)	amputation (f)	[amputa'ɕo'n]
amputeren (ww)	at amputere	[ʌ ampu'te'ʌ]
coma (het)	koma (f)	['koːma]
in coma liggen	at ligge i koma	[ʌ 'legə i 'koːma]
intensieve zorg, ICU (de)	intensivafdeling (f)	['entən,siw' 'aw,de'leŋ]

zich herstellen (ww)	at blive rask	[ʌ 'bliːə 'ʁask]
toestand (de)	tilstand (f)	['tel,stan']
bewustzijn (het)	bevidsthed (f)	[be'vest,heð']
geheugen (het)	hukommelse (f)	[hu'kʌm'əlsə]
trekken (een kies ~)	at trække ud	[ʌ 'tʁakə uð']

vulling (de)	**plombe** (f)	['plɔmbə]
vullen (ww)	**at plombere**	[ʌ plɔm'be'ʌ]

hypnose (de)	**hypnose** (f)	[hyp'no:sə]
hypnotiseren (ww)	**at hypnotisere**	[ʌ hypnoti'se'ʌ]

72. Artsen

dokter, arts (de)	**læge** (f)	['lɛ:jə]
ziekenzuster (de)	**sygeplejerske** (f)	['sy:ə‚plɑj'ʌskə]
lijfarts (de)	**personlig læge** (f)	[pæɐ̯'so'nli 'lɛ:jə]

tandarts (de)	**tandlæge** (f)	['tan‚lɛ:jə]
oogarts (de)	**øjenlæge** (f)	['ʌjən‚lɛ:jə]
therapeut (de)	**terapeut** (f)	[teɑ'pœw't]
chirurg (de)	**kirurg** (f)	[ki'ʁuɐ̯'w]

psychiater (de)	**psykiater** (f)	[syki'æ'tʌ]
pediater (de)	**børnelæge** (f)	['bæɐ̯nə‚lɛ:jə]
psycholoog (de)	**psykolog** (f)	[syko'lo']
gynaecoloog (de)	**gynækolog** (f)	[gynɛko'lo']
cardioloog (de)	**kardiolog** (f)	[kɑdio'lo']

73. Geneeskunde. Medicijnen. Accessoires

geneesmiddel (het)	**medicin** (f)	[medi'si'n]
middel (het)	**middel** (i)	['mið'əl]
voorschrijven (ww)	**at ordinere**	[ʌ ɒdi'ne'ʌ]
recept (het)	**recept** (f)	[ʁɛ'sɛpt]

tablet (de/het)	**tablet** (f), **pille** (f)	[tab'lɛt], ['pelə]
zalf (de)	**salve** (f)	['salvə]
ampul (de)	**ampul** (f)	[ɑm'pul']
drank (de)	**mikstur** (f)	[meks'tuɐ̯']
siroop (de)	**sirup** (f)	['si'ʁɔp]
pil (de)	**pille** (f)	['pelə]
poeder (de/het)	**pulver** (i)	['pɔl'vʌ]

verband (het)	**gazebind** (i)	['gæ:sə‚ben']
watten (mv.)	**vat** (i)	['vat]
jodium (het)	**jod** (i, f)	['jo'ð]

pleister (de)	**plaster** (i)	['plastʌ]
pipet (de)	**pipette** (f)	[pi'pɛtə]
thermometer (de)	**termometer** (i)	[tæɐ̯mo'me'tʌ]
spuit (de)	**sprøjte** (f)	['spʁʌjtə]

rolstoel (de)	**kørestol** (f)	['kø:ʌ‚sto'l]
krukken (mv.)	**krykker** (f pl)	['kʁœkə]

pijnstiller (de)	**smertestillende medicin** (i)	['smæɐ̯də‚stelənə medi'si'n]
laxeermiddel (het)	**laksativ** (i)	[lɑksa'tiw']

spiritus (de)	sprit (f)	['spʁit]
medicinale kruiden (mv.)	lægeurter (f pl)	['lɛ:jə‚uɐ̯ˀtʌ]
kruiden- (abn)	urte-	['uɐ̯tə-]

74. Roken. Tabaksproducten

tabak (de)	tobak (f)	[to'bɑk]
sigaret (de)	cigaret (f)	[sigə'ʁat]
sigaar (de)	cigar (f)	[si'gɑˀ]
pijp (de)	pibe (f)	['pi:bə]
pakje (~ sigaretten)	pakke (f)	['pɑkə]

lucifers (mv.)	tændstikker (f pl)	['tɛn‚stekʌ]
luciferdoosje (het)	tændstikæske (f)	['tɛnstek‚ɛskə]
aansteker (de)	lighter (f)	['lɑjtʌ]
asbak (de)	askebæger (i)	['askə‚bɛ:jʌ]
sigarettendoosje (het)	cigaretetui (i)	[sigə'ʁat etu'i]

| sigarettenpijpje (het) | mundstykke (i) | ['mɔn‚støkə] |
| filter (de/het) | filter (i) | ['filˀtʌ] |

roken (ww)	at ryge	[ʌ 'ʁy:ə]
een sigaret opsteken	at tænde en cigaret	[ʌ 'tɛnə en sigə'ʁat]
roken (het)	rygning (f)	['ʁy:nen]
roker (de)	ryger (f)	['ʁy:ʌ]

peuk (de)	stump (f), skod (i)	['stɔmˀp], ['skʌð]
rook (de)	røg (f)	['ʁʌjˀ]
as (de)	aske (f)	['askə]

HET MENSELIJKE LEEFGEBIED

Stad

75. Stad. Het leven in de stad

stad (de)	by (f)	['by']
hoofdstad (de)	hovedstad (f)	['hoːəðˌstað]
dorp (het)	landsby (f)	['lansˌby']
plattegrond (de)	bykort (i)	['byˌkɒːt]
centrum (ov. een stad)	centrum (i) af byen	['sɛntʁɔm a 'byən]
voorstad (de)	forstad (f)	['fɒːˌstað]
voorstads- (abn)	forstads-	['fɒːˌstaðs-]
randgemeente (de)	udkant (f)	['uðˌkan't]
omgeving (de)	omegne (f pl)	['ʌmˌajˀnə]
blok (huizenblok)	kvarter (i)	[kvɑ'te'ɡ]
woonwijk (de)	boligkvarter (i)	['boːlikvɑ'te'ɡ]
verkeer (het)	trafik (f)	[tʁɑ'fik]
verkeerslicht (het)	trafiklys (i)	[tʁɑ'fikˌly's]
openbaar vervoer (het)	offentlig transport (f)	['ʌfəntli tʁɑns'pɒːt]
kruispunt (het)	kryds (i, f)	['kʁys]
zebrapad (oversteekplaats)	fodgængerovergang (f)	['foðgɛŋʌ 'ɒwʌˌgaŋ']
onderdoorgang (de)	gangtunnel (f)	['gaŋtuˌnɛlˀ]
oversteken (de straat ~)	at gå over	[ʌ gɔˀ 'ɒwˀʌ]
voetganger (de)	fodgænger (f)	['foðˌgɛŋʌ]
trottoir (het)	fortov (i)	['fɒːˌtɒw]
brug (de)	bro (f)	['bʁɒˀ]
dijk (de)	kaj (f)	['kɑjˀ]
fontein (de)	springvand (i)	['spʁɛŋˌvanˀ]
allee (de)	alle (f)	[a'le']
park (het)	park (f)	['pɑːk]
boulevard (de)	boulevard (f)	[bule'vɑ'd]
plein (het)	torv (i)	['tɒ'w]
laan (de)	avenue (f)	[avə'ny]
straat (de)	gade (f)	['gæːðə]
zijstraat (de)	sidegade (f)	['siːðəˌgæːðə]
doodlopende straat (de)	blindgyde (f)	['blenˀˌgyːðə]
huis (het)	hus (i)	['hu's]
gebouw (het)	bygning (f)	['bygneŋ]
wolkenkrabber (de)	skyskraber (f)	['skyˌskʁɑːbʌ]
gevel (de)	facade (f)	[fa'sæːðə]
dak (het)	tag (i)	['tæ'j]

venster (het)	vindue (i)	['vendu]
boog (de)	bue (f)	['bu:ə]
pilaar (de)	søjle (f)	['sʌjlə]
hoek (ov. een gebouw)	hjørne (i)	['jœɐ̯'nə]

vitrine (de)	udstillingsvindue (i)	['uðˌstel'eŋs 'vendu]
gevelreclame (de)	skilt (i)	['skel'ˀt]
affiche (de/het)	plakat (f)	[pla'kæ'ˀt]
reclameposter (de)	reklameplakat (f)	[ʁɛ'klæ:məˌpla'kæ'ˀt]
aanplakbord (het)	reklameskilt (i)	[ʁɛ'klæ:məˌskel'ˀt]

vuilnis (de/het)	affald (i)	['awˌfal'ˀ]
vuilnisbak (de)	skraldespand (f)	['skʁaləˌspan'ˀ]
afval weggooien (ww)	at smide affald	[ʌ 'smi:ðə 'awˌfal'ˀ]
stortplaats (de)	losseplads (f)	['lʌsəˌplas]

telefooncel (de)	telefonboks (f)	[teləˈfo:nˌbʌks]
straatlicht (het)	lygtepæl (f)	['løgtəˌpɛ'l]
bank (de)	bænk (f)	['bɛŋ'k]

politieagent (de)	politibetjent (f)	[poli'ti be'tjɛn'ˀt]
politie (de)	politi (i)	[poli'ti'ˀ]
zwerver (de)	tigger (f)	['tegʌ]
dakloze (de)	hjemløs (f)	['jɛmˌlø'ˀs]

76. Stedelijke instellingen

winkel (de)	forretning (f), butik (f)	[fʌ'ʁatneŋ], [bu'tik]
apotheek (de)	apotek (i)	[apo'te'ˀk]
optiek (de)	optik (f)	[ʌp'tik]
winkelcentrum (het)	indkøbscenter (i)	['enˌkø'ˀbs ˌsɛn'ˀtʌ]
supermarkt (de)	supermarked (i)	['su'ˀpʌˌma:kəð]

bakkerij (de)	bageri (i)	[bæjʌ'ʁi'ˀ]
bakker (de)	bager (f)	['bæ:jʌ]
banketbakkerij (de)	konditori (i)	[kʌnditʌ'ʁi'ˀ]
kruidenier (de)	købmandsbutik (f)	['kømans bu'tik]
slagerij (de)	slagterbutik (f)	['slagtʌ bu'tik]

| groentewinkel (de) | grønthandel (f) | ['gʁœntˌhan'əl] |
| markt (de) | marked (i) | ['ma:kəð] |

koffiehuis (het)	cafe, kaffebar (f)	[ka'fe'ˀ], ['kafəˌba'ˀ]
restaurant (het)	restaurant (f)	[ʁɛsto'ʁaŋ]
bar (de)	ølstue (f)	['ølˌstu:ə]
pizzeria (de)	pizzeria (i)	[pidsə'ʁi:a]

kapperssalon (de/het)	frisørsalon (f)	[fʁi'søɐ̯ saˌlʌŋ]
postkantoor (het)	postkontor (i)	['pʌst kɔn'to'ɐ̯]
stomerij (de)	renseri (i)	[ʁansʌ'ʁi'ˀ]
fotostudio (de)	fotoatelier (i)	['foto atəl'je]

| schoenwinkel (de) | skotøjsforretning (f) | ['skoˌtʌjs fʌ'ʁatneŋ] |
| boekhandel (de) | boghandel (f) | ['bɔwˌhan'əl] |

sportwinkel (de)	**sportsforretning** (f)	['spɒ:ts fʌ'ʁatnen]
kledingreparatie (de)	**reparation** (f) **af tøj**	[ʁɛpʁɑ'ɕo'n a 'tʌj]
kledingverhuur (de)	**udlejning** (f) **af tøj**	['uð,laj'nen] a 'tʌj]
videotheek (de)	**filmleje** (f)	['film,lajə]

circus (de/het)	**cirkus** (i)	['siɐkus]
dierentuin (de)	**zoologisk have** (f)	[soo'lo'isk 'hæ:və]
bioscoop (de)	**biograf** (f)	[bio'gʁɑ'f]
museum (het)	**museum** (i)	[mu'sɛ:ɔm]
bibliotheek (de)	**bibliotek** (i)	[biblio'te'k]

theater (het)	**teater** (i)	[te'æ'tʌ]
opera (de)	**opera** (f)	['o'pəʁɑ]
nachtclub (de)	**natklub** (f)	['nat,klub]
casino (het)	**kasino** (i)	[ka'si:no]

moskee (de)	**moske** (f)	[mo'ske']
synagoge (de)	**synagoge** (f)	[syna'go:ə]
kathedraal (de)	**katedral** (f)	[katə'dʁɑ'l]
tempel (de)	**tempel** (i)	['tɛm'pəl]
kerk (de)	**kirke** (f)	['kiɐkə]

instituut (het)	**institut** (i)	[ensdi'tut]
universiteit (de)	**universitet** (i)	[univæɐsi'te't]
school (de)	**skole** (f)	['sko:lə]

gemeentehuis (het)	**præfektur** (i)	[pʁɛfɛk'tuɐ']
stadhuis (het)	**rådhus** (i)	['ʁɔð,hu's]
hotel (het)	**hotel** (i)	[ho'tɛl']
bank (de)	**bank** (f)	['baŋ'k]

ambassade (de)	**ambassade** (f)	[ɑmba'sæ:ðə]
reisbureau (het)	**rejsebureau** (i)	['ʁajsə by,ʁo]
informatieloket (het)	**informationskontor** (i)	[enfɒma'ɕons kɔn'to'ɐ̯]
wisselkantoor (het)	**vekselkontor** (i)	['vɛksəl kɔn'to'ɐ̯]

metro (de)	**metro** (f)	['me:tʁo]
ziekenhuis (het)	**sygehus** (i)	['sy:ə,hu's]

benzinestation (het)	**tankstation** (f)	['taŋk sta'ɕ'on]
parking (de)	**parkeringsplads** (f)	[pɑ'ke'ɡeŋs,plas]

77. Stedelijk vervoer

bus, autobus (de)	**bus** (f)	['bus]
tram (de)	**sporvogn** (f)	['spoɡ,vɒw'n]
trolleybus (de)	**trolleybus** (f)	['tɪʌli,bus]
route (de)	**rute** (f)	['ʁu:tə]
nummer (busnummer, enz.)	**nummer** (i)	['nɔm'ʌ]

rijden met ...	**at køre på ...**	[ʌ 'kø:ʌ 'pɔ' ...]
stappen (in de bus ~)	**at stå på ...**	[ʌ stɔ' 'pɔ' ...]
afstappen (ww)	**at stå af ...**	[ʌ stɔ' 'æ' ...]
halte (de)	**stop, stoppested** (i)	['stʌp], ['stʌpəstɛð]

volgende halte (de)	næste station (f)	['nɛstə sta'ɡỏn]
eindpunt (het)	endestation (f)	['ɛnəsta'ɡỏn]
dienstregeling (de)	køreplan (f)	['kø:ʌˌplæ̉n]
wachten (ww)	at vente	[ʌ 'vɛntə]

| kaartje (het) | billet (f) | [bi'lɛt] |
| reiskosten (de) | billetpris (f) | [bi'lɛtˌpʁỉs] |

kassier (de)	kasserer (f)	[ka'sẻʌ]
kaartcontrole (de)	billetkontrol (f)	[bi'lɛt kɔn'tʁʌl̉]
controleur (de)	kontrollør (f)	[kʌntʁo'lø̉ɡ]

te laat zijn (ww)	at komme for sent	[ʌ 'kʌmə fʌ 'sẻnt]
missen (de bus ~)	at komme for sent til ...	[ʌ 'kʌmə fʌ 'sẻnt tel ...]
zich haasten (ww)	at skynde sig	[ʌ 'skønə sɑj]

taxi (de)	taxi (f)	['tɑksi]
taxichauffeur (de)	taxichauffør (f)	['tɑksi ɡo'fø̉ɡ]
met de taxi (bw)	i taxi	[i 'tɑksi]
taxistandplaats (de)	taxiholdeplads (f)	['tɑksi 'hʌləˌplas]
een taxi bestellen	at bestille en taxi	[ʌ be'stel̉ə en 'tɑksi]
een taxi nemen	at tage en taxi	[ʌ 'tæ̉ en 'tɑksi]

verkeer (het)	trafik (f)	[tʁa'fik]
file (de)	trafikprop (f)	[tʁa'fikˌpʁʌp]
spitsuur (het)	myldretid (f)	['mylʁʌˌtið̉]
parkeren (on.ww.)	at parkere	[ʌ pɑ'kẻʌ]
parkeren (ov.ww.)	at parkere	[ʌ pɑ'kẻʌ]
parking (de)	parkeringsplads (f)	[pɑ'kẻɡeŋsˌplas]

metro (de)	metro (f)	['me:tʁo]
halte (bijv. kleine treinhalte)	station (f)	[sta'ɡỏn]
de metro nemen	at køre med metroen	[ʌ 'kø:ʌ mɛ 'metʁo:ən]
trein (de)	tog (i)	['tỏw]
station (treinstation)	banegård (f)	['bæ:nəˌgɔ̉]

78. Bezienswaardigheden

monument (het)	monument (i)	[mōnu'mɛn̉t]
vesting (de)	fæstning (f)	['fɛstnen]
paleis (het)	palads (i)	[pa'las]
kasteel (het)	slot (i), borg (f)	['slʌt], ['bɔ̉w]
toren (de)	tårn (i)	['tỏn]
mausoleum (het)	mausoleum (i)	[mɑwso'lɛ:ɔm]

architectuur (de)	arkitektur (f)	[ɑkitɛk'tuɡ̉]
middeleeuws (bn)	middelalderlig	['miðəlˌal̉ʌli]
oud (bn)	gammel	['gɑməl]
nationaal (bn)	national	[naɡo'næ̉l]
bekend (bn)	kendt, berømt	['kɛn̉t], [be'ʁɶm̉t]

toerist (de)	turist (f)	[tu'ʁist]
gids (de)	guide (f)	['gɑjd]
rondleiding (de)	udflugt (f)	['uðˌflɔgt]

tonen (ww)	**at vise**	[ʌ 'viːsə]
vertellen (ww)	**at fortælle**	[ʌ fʌ'tɛlˀə]

vinden (ww)	**at finde**	[ʌ 'fenə]
verdwalen (de weg kwijt zijn)	**at gå vild**	[ʌ gɔˀ 'vilˀ]
plattegrond (~ van de metro)	**kort** (i)	['kɒːt]
plattegrond (~ van de stad)	**kort** (i)	['kɒːt]

souvenir (het)	**souvenir** (f)	[suvɐ'niːɐ̯]
souvenirwinkel (de)	**souvenirforretning** (f)	[suvɐ'niːɐ̯ fʌ'ʁatnen]
een foto maken (ww)	**at fotografere**	[ʌ fotogʁɑ'feˀʌ]
zich laten fotograferen	**at blive fotograferet**	[ʌ 'bliːə fotogʁɑː'feˀʌð]

79. Winkelen

kopen (ww)	**at købe**	[ʌ 'køːbə]
aankoop (de)	**indkøb** (i)	['en̩køˀb]
winkelen (ww)	**at gå på indkøb**	[ʌ gɔˀ pɔ 'en̩køˀb]
winkelen (het)	**shopping** (f)	['ɕʌpen]

open zijn (ov. een winkel, enz.)	**at være åben**	[ʌ 'vɛːʌ 'ɔːbən]
gesloten zijn (ww)	**at være lukket**	[ʌ 'vɛːʌ 'lokəð]

schoeisel (het)	**sko** (f)	['skoˀ]
kleren (mv.)	**klæder** (i pl)	['klɛːðʌ]
cosmetica (de)	**kosmetik** (f)	[kʌsmə'tik]
voedingswaren (mv.)	**madvarer** (f pl)	['maðvɑːʌ]
geschenk (het)	**gave** (f)	['gæːvə]

verkoper (de)	**sælger** (f)	['sɛljʌ]
verkoopster (de)	**sælger** (f)	['sɛljʌ]

kassa (de)	**kasse** (f)	['kasə]
spiegel (de)	**spejl** (i)	['spɑjˀl]
toonbank (de)	**disk** (f)	['disk]
paskamer (de)	**prøverum** (i)	['pʁœːwə̩ʁɒmˀ]

aanpassen (ww)	**at prøve**	[ʌ 'pʁœːwə]
passen (ov. kleren)	**at passe**	[ʌ 'pasə]
bevallen (prettig vinden)	**at kunne lide**	[ʌ 'kunə 'liːðə]

prijs (de)	**pris** (f)	['pʁiˀs]
prijskaartje (het)	**prismærke** (i)	['pʁis̩mæɐ̯kə]
kosten (ww)	**at koste**	[ʌ 'kʌstə]
Hoeveel?	**Hvor meget?**	[vɒˀ 'maɑð]
korting (de)	**rabat** (f)	[ʁa'bat]

niet duur (bn)	**billig**	['bili]
goedkoop (bn)	**billig**	['bili]
duur (bn)	**dyr**	['dyɐ̯ˀ]
Dat is duur.	**Det er dyrt**	[de 'æɐ̯ 'dyɐ̯ˀt]
verhuur (de)	**leje** (f)	['lɑjə]
huren (smoking, enz.)	**at leje**	[ʌ 'lɑjə]

| krediet (het) | kredit (f) | [kʁɛ'dit] |
| op krediet (bw) | på kredit | [pɔ kʁɛ'dit] |

80. Geld

geld (het)	penge (pl)	['pɛŋə]
ruil (de)	veksling (f)	['vɛkslen]
koers (de)	kurs (f)	['kuɐ̯'s]
geldautomaat (de)	pengeautomat (f)	['pɛŋə awto'mæʔt]
muntstuk (de)	mønt (f)	['mønʔt]

| dollar (de) | dollar (f) | ['dʌlʌ] |
| euro (de) | euro (f) | ['œwʁo] |

lire (de)	lire (f)	['li:ʌ]
Duitse mark (de)	mark (f)	['mɑ:k]
frank (de)	franc (f)	['fʁaŋʔk]
pond sterling (het)	engelske pund (i)	['ɛŋʔəlskə punʔ]
yen (de)	yen (f)	['jɛn]

schuld (geldbedrag)	gæld (f)	['gɛlʔ]
schuldenaar (de)	skyldner (f)	['skylnʌ]
uitlenen (ww)	at låne ud	[ʌ 'lɔ:nə ,uð']
lenen (geld ~)	at låne	[ʌ 'lɔ:nə]

bank (de)	bank (f)	['baŋʔk]
bankrekening (de)	konto (f)	['kʌnto]
storten (ww)	at indsætte	[ʌ 'en,sɛtə]
op rekening storten	at sætte ind på kontoen	[ʌ 'sɛtə 'enʔ pɔ 'kʌnto:ən]
opnemen (ww)	at hæve fra kontoen	[ʌ 'hɛ:və fʁa 'kʌnto:ən]

kredietkaart (de)	kreditkort (i)	[kʁɛ'dit kɒ:t]
baar geld (het)	kontanter (pl)	[kɒn'tanʔtʌ]
cheque (de)	check (f)	['ɕɛk]
een cheque uitschrijven	at skrive en check	[ʌ 'skʁi:və en 'ɕɛk]
chequeboekje (het)	checkhæfte (i)	['ɕɛk,hɛftə]

portefeuille (de)	tegnebog (f)	['tajnə,bɔʔw]
geldbeugel (de)	pung (f)	['pɔŋʔ]
safe (de)	pengeskab (i)	['pɛŋə,skæʔb]

erfgenaam (de)	arving (f)	['ɑ:veŋ]
erfenis (de)	arv (f)	['ɑʔw]
fortuin (het)	formue (f)	['fɒ:,mu:ə]

huur (de)	leje (f)	['lajə]
huurprijs (de)	husleje (f)	['hus,lajə]
huren (huis, kamer)	at leje	[ʌ 'lajə]

prijs (de)	pris (f)	['pʁiʔs]
kostprijs (de)	omkostning (f)	['ʌm,kʌstneŋ]
som (de)	sum (f)	['sɔmʔ]
uitgeven (geld besteden)	at bruge	[ʌ 'bʁu:ə]
kosten (mv.)	udgifter (f pl)	['uð,giftʌ]

bezuinigen (ww)	at spare	[ʌ 'spɑːɑ]
zuinig (bn)	sparsommelig	[spɑ'sʌmˀəli]

betalen (ww)	at betale	[ʌ be'tæˀlə]
betaling (de)	betaling (f)	[be'tæˀleŋ]
wisselgeld (het)	byttepenge (pl)	['bytə‚pɛŋə]

belasting (de)	skat (f)	['skat]
boete (de)	bøde (f)	['bøːðə]
beboeten (bekeuren)	at give bødestraf	[ʌ 'giˀ 'bøːðə‚stʁɑf]

81. Post. Postkantoor

postkantoor (het)	postkontor (i)	['pʌst kɔn'toˀɐ̯]
post (de)	post (f)	['pʌst]
postbode (de)	postbud (i)	['pʌst‚buð]
openingsuren (mv.)	åbningstid (f)	['ɔːbneŋs‚tiðˀ]

brief (de)	brev (i)	['bʁɛwˀ]
aangetekende brief (de)	rekommanderet brev (i)	[ʁɛkɔman'deˀʌð 'bʁɛwˀ]
briefkaart (de)	postkort (i)	['pʌst‚kɔːt]
telegram (het)	telegram (i)	[tele'gʁɑmˀ]
postpakket (het)	postpakke (f)	['pʌst‚pɑkə]
overschrijving (de)	pengeoverførsel (f)	['pɛŋə 'ɔwʌ‚føɐ̯ˀsəl]

ontvangen (ww)	at modtage	[ʌ 'moð‚tæˀ]
sturen (zenden)	at sende	[ʌ 'sɛnə]
verzending (de)	afsendelse (f)	['aw‚sɛnˀəlsə]

adres (het)	adresse (f)	[a'dʁasə]
postcode (de)	postnummer (i)	['pʌst‚nɔmˀʌ]
verzender (de)	afsender (f)	['aw‚sɛnˀʌ]
ontvanger (de)	modtager (f)	['moð‚tæˀjʌ]

naam (de)	fornavn (i)	['fɔː‚nɑwˀn]
achternaam (de)	efternavn (i)	['ɛftʌ‚nɑwˀn]

tarief (het)	tarif (f)	[tɑ'ʁif]
standaard (bn)	vanlig	['væˀnli]
zuinig (bn)	økonomisk	[øko'noˀmisk]

gewicht (het)	vægt (f)	['vɛgt]
afwegen (op de weegschaal)	at veje	[ʌ 'vɑjə]
envelop (de)	konvolut, kuvert (f)	[kɔnvo'lut], [ku'vɛɐ̯t]
postzegel (de)	frimærke (i)	['fʁi‚mæɐ̯kə]
een postzegel plakken op	at frankere	[ʌ fʁɑŋ'keˀʌ]

Woning. Huis. Thuis

82. Huis. Woning

huis (het)	hus (i)	['huˀs]
thuis (bw)	hjemme	['jɛmə]
cour (de)	gård (f)	['gɒˀ]
omheining (de)	hegn (i)	['hɑjˀn]
baksteen (de)	tegl (i, f), mursten (f)	['tɑjˀl], ['muɐ̯ˌsteˀn]
van bakstenen	tegl-	['tɑjl-]
steen (de)	sten (f)	['steˀn]
stenen (bn)	sten-	['sten-]
beton (het)	beton (f)	[be'tʌŋ]
van beton	beton-	[be'tʌŋ-]
nieuw (bn)	ny	['nyˀ]
oud (bn)	gammel	['gaməl]
vervallen (bn)	faldefærdig	['faləˌfæɐ̯ˀdi]
modern (bn)	moderne	[mo'dæɐ̯nə]
met veel verdiepingen	fleretages-	['fleˌetæˀɕəs-]
hoog (bn)	høj	['hʌjˀ]
verdieping (de)	etage (f)	[e'tæˀɕə]
met een verdieping	enetages	['e:neˌtæˀɕəs]
laagste verdieping (de)	stue (f), stueetage (f)	['stu:ə], ['stu:ə e'tæˀɕə]
bovenverdieping (de)	øverste etage (f)	['øwˀʌstə e'tæˀɕə]
dak (het)	tag (i)	['tæˀj]
schoorsteen (de)	skorsten (f)	['skɒˌsteˀn]
dakpan (de)	tegl (i, f)	['tɑjˀl]
pannen- (ahn)	tegl-	['tɑjl-]
zolder (de)	loft (i)	['lʌft]
venster (het)	vindue (i)	['vendu]
glas (het)	glas (i)	['glas]
vensterbank (de)	vindueskarm (f)	['vendusˌkɑˀm]
luiken (mv.)	vinduesskodder (f pl)	['vendusˌskʌðʌ]
muur (de)	mur (f), væg (f)	['muɐ̯ˀ], ['vɛˀg]
balkon (het)	balkon, altan (f)	[bal'kʌn], [al'tæˀn]
regenpijp (de)	nedløbsrør (i)	['neðløbsˌʁœˀɐ̯]
boven (bw)	oppe	['ʌpə]
naar boven gaan (ww)	at gå ovenpå	[ʌ gɔˀ 'ɒwənˌpɔˀ]
afdalen (on.ww.)	at gå ned	[ʌ gɔˀ 'neðˀ]
verhuizen (ww)	at flytte	[ʌ 'fløtə]

83. Huis. Ingang. Lift

ingang (de)	**indgang** (f)	['en,gɑŋ']
trap (de)	**trappe** (f)	['tʁɑpə]
treden (mv.)	**trin** (i pl)	['tʁin]
trapleuning (de)	**gelænder** (i)	[ge'lɛn'ʌ]
hal (de)	**hall, lobby** (f)	['hɔ:l], ['lʌbi]
postbus (de)	**postkasse** (f)	['pʌst,kɑsə]
vuilnisbak (de)	**skraldebøtte** (f)	['skʁɑlə,bøtə]
vuilniskoker (de)	**nedfaldsskakt** (f)	['neðfals,skɑkt]
lift (de)	**elevator** (f)	[elə'væ:tʌ]
goederenlift (de)	**godselevator** (f)	['gɔs elə'væ:tʌ]
liftcabine (de)	**elevatorstol** (f)	[elə'væ:tʌ 'sto'l]
de lift nemen	**at tage elevatoren**	[ʌ 'tæ' elə'væ:tɒ̞n]
appartement (het)	**lejlighed** (f)	['lɑjli,heð']
bewoners (mv.)	**beboere** (f pl)	[be'bo'ʌ]
buurman (de)	**nabo** (f)	['næ:bo]
buurvrouw (de)	**nabo** (f)	['næ:bo]
buren (mv.)	**naboer** (pl)	['næ:bo'ʌ]

84. Huis. Deuren. Sloten

deur (de)	**dør** (f)	['dœ'ɐ̞]
toegangspoort (de)	**port** (f)	['pɒɐ̞'t]
deurkruk (de)	**dørhåndtag** (i)	['dœɐ̞,hʌn',tæ'j]
ontsluiten (ontgrendelen)	**at låse op**	[ʌ 'lɔ:sə 'ʌp]
openen (ww)	**at åbne**	[ʌ 'ɔ:bnə]
sluiten (ww)	**at lukke**	[ʌ 'lɔkə]
sleutel (de)	**nøgle** (f)	['nʌjlə]
sleutelbos (de)	**knippe** (i)	['knepə]
knarsen (bijv. scharnier)	**at knirke**	[ʌ 'kniɐ̞kə]
knarsgeluid (het)	**knirken** (f)	['kniɐ̞kən]
scharnier (het)	**hængsel** (i)	['hɛŋ'səl]
deurmat (de)	**dørmåtte** (f)	['dœɐ̞,mʌtə]
slot (het)	**dørlås** (f)	['dœɐ̞,lɔ's]
sleutelgat (het)	**nøglehul** (i)	['nʌjlə,hol]
grendel (de)	**slå, skudrigel** (f)	['slɔ'], ['skuð,ʁi'əl]
schuif (de)	**slå, skudrigel** (f)	['slɔ'], ['skuð,ʁi'əl]
hangslot (het)	**hængelås** (f)	['hɛŋə,lɔ's]
aanbellen (ww)	**at ringe**	[ʌ 'ʁɛŋə]
bel (geluid)	**ringning** (f)	['ʁɛŋnɛŋ]
deurbel (de)	**ringeklokke** (f)	['ʁɛŋə,klʌkə]
belknop (de)	**knap** (f)	['knɑp]
geklop (het)	**banker** (f pl)	['bɑŋkʌ]
kloppen (ww)	**at banke**	[ʌ 'bɑŋkə]

code (de)	kode (f)	['ko:ðə]
cijferslot (het)	kodelås (f)	['ko:ðəˌlɔˀs]
parlofoon (de)	dørtelefon (f)	['dœɡˌteleˈfoˀn]
nummer (het)	nummer (i)	['nɔmˀʌ]
naambordje (het)	dørskilt (i)	['dœˀɡˌskelˀt]
deurspion (de)	kighul (i)	['kigˌhɔl]

85. Huis op het platteland

dorp (het)	landsby (f)	['lansˌbyˀ]
moestuin (de)	køkkenhave (f)	['køkənˌhæ:və]
hek (het)	hegn (i)	['hɑjˀn]
houten hekwerk (het)	stakit (i)	[staˈkit]
tuinpoortje (het)	låge (f)	['lɔ:wə]

graanschuur (de)	kornmagasin (i)	['koɡnˌmɑga'siˀn]
wortelkelder (de)	jordkælder (f)	['joɡˌkɛlʌ]
schuur (de)	skur (i)	['skuɡˀ]
waterput (de)	brønd (f)	['bʁɶnˀ]

kachel (de)	ovn (f)	['ɒwˀn]
de kachel stoken	at fyre	[ʌ 'fy:ʌ]
brandhout (het)	brænde (i)	['bʁanə]
houtblok (het)	brændeknude (f)	['bʁanəˌknu:ðə]

veranda (de)	veranda (f)	[ve'ʁanda]
terras (het)	terrasse (f)	[ta'ʁasə]
bordes (het)	trappe (f)	['tʁapə]
schommel (de)	gynge (f)	['gøŋʌ]

86. Kasteel. Paleis

kasteel (het)	slot (i), borg (f)	['slʌt], ['bɒˀw]
paleis (het)	palads (i)	[pa'las]
vesting (de)	fæstning (f)	['fɛstnen]

ringmuur (de)	mur (f)	['muɡˀ]
toren (de)	tårn (i)	['tɒˀn]
donjon (de)	hovedtårn (i)	['ho:əðˌtɒˀn]

valhek (het)	faldgitter (i)	['falˌgitʌ]
onderaardse gang (de)	underjordisk gang (f)	['ɔnʌˌjoɡ'disk 'gaŋˀ]
slotgracht (de)	voldgrav (f)	['vʌlˌgʁɑˀw]

ketting (de)	kæde (f)	['kɛ:ðə]
schietgat (het)	skydeskår (i)	['sky:ðəˌskɒˀ]

prachtig (bn)	pragtfuld	['pʁagtˌfulˀ]
majestueus (bn)	majestætisk	[majə'stɛˀtisk]

onneembaar (bn)	uindtagelig	[uen'tæˀjəli]
middeleeuws (bn)	middelalderlig	['miðəlˌalˀʌli]

87. Appartement

appartement (het)	**lejlighed** (f)	['lɑjliˌheð']
kamer (de)	**rum, værelse** (i)	['ʁɔm'], ['væɡʌlsə]
slaapkamer (de)	**soveværelse** (i)	['sɒwəˌvæɡʌlsə]
eetkamer (de)	**spisestue** (f)	['spiːsəˌstuːə]
salon (de)	**dagligstue** (f)	['dɑwliˌstuːə]
studeerkamer (de)	**arbejdsværelse** (i)	['ɑːbɑjdsˌvæɡʌlsə]
gang (de)	**entre** (f)**, forstue** (f)	[ɑŋ'tʁɛ], ['fɒˌstuːə]
badkamer (de)	**badeværelse** (i)	['bæːðəˌvæɡʌlsə]
toilet (het)	**toilet** (i)	[toa'lɛt]
plafond (het)	**loft** (i)	['lʌft]
vloer (de)	**gulv** (i)	['gɔl]
hoek (de)	**hjørne** (i)	['jœɡ'nə]

88. Appartement. Schoonmaken

schoonmaken (ww)	**at rydde**	[ʌ 'ʁyðə]
opbergen (in de kast, enz.)	**at lægge væk**	[ʌ 'lɛgə 'vɛk]
stof (het)	**støv** (i)	['stø'w]
stoffig (bn)	**støvet**	['støːvəð]
stoffen (ww)	**at tørre støv**	[ʌ 'tœɡʌ 'stø'w]
stofzuiger (de)	**støvsuger** (f)	['støwˌsuʔʌ]
stofzuigen (ww)	**at støvsuge**	[ʌ 'støwˌsuʔə]
vegen (de vloer ~)	**at feje**	[ʌ 'fɑjə]
veegsel (het)	**snavs** (i)	['snɑw's]
orde (de)	**orden** (f)	['ɒʔdən]
wanorde (de)	**uorden** (f)	['uˌɒʔdən]
zwabber (de)	**moppe** (f)	['mʌpə]
poetsdoek (de)	**klud** (f)	['kluð']
veger (de)	**fejekost** (f)	['fɑjəˌkɔst]
stofblik (het)	**fejeblad** (i)	['fɑjəˌblɑð]

89. Meubels. Interieur

meubels (mv.)	**møbler** (pl)	['mø'blʌ]
tafel (de)	**bord** (i)	['boʔɡ]
stoel (de)	**stol** (f)	['stoʔl]
bed (het)	**seng** (f)	['sɛŋ']
bankstel (het)	**sofa** (f)	['soːfa]
fauteuil (de)	**lænestol** (f)	['lɛːnəˌstoʔl]
boekenkast (de)	**bogskab** (i)	['bɒwˌskæːb]
boekenrek (het)	**hylde** (f)	['hylə]
kledingkast (de)	**klædeskab** (i)	['klɛːðəˌskæʔb]
kapstok (de)	**knagerække** (f)	['knæːjəˌʁakə]

staande kapstok (de)	stumtjener (f)	['stɔm̩tjɛ:nʌ]
commode (de)	kommode (f)	[ko'mo:ðə]
salontafeltje (het)	sofabord (i)	['so:faˌboʔg̊]

spiegel (de)	spejl (i)	['spɑjʔl]
tapijt (het)	tæppe (i)	['tɛpə]
tapijtje (het)	lille tæppe (i)	['lilə 'tɛpə]

haard (de)	pejs (f), kamin (f)	['pɑjʔs], [ka'miʔn]
kaars (de)	lys (i)	['lyʔs]
kandelaar (de)	lysestage (f)	['lysəˌstæ:jə]

gordijnen (mv.)	gardiner (i pl)	[gɑ'diʔnʌ]
behang (het)	tapet (i)	[ta'peʔt]
jaloezie (de)	persienne (f)	[pæg̊'ɕɛnə]

bureaulamp (de)	bordlampe (f)	['bog̊ˌlampə]
wandlamp (de)	væglampe (f)	['vɛg̊ˌlampə]
staande lamp (de)	standerlampe (f)	['stanʌˌlampə]
luchter (de)	lysekrone (f)	['lysəˌkʁo:nə]

poot (ov. een tafel, enz.)	ben (i)	['beʔn]
armleuning (de)	armlæn (i)	['ɑʔm̩ˌlɛʔn]
rugleuning (de)	ryg (f), ryglæn (i)	['ʁœg̊], ['ʁœg̊ˌlɛʔn]
la (de)	skuffe (f)	['skɔfə]

90. Beddengoed

beddengoed (het)	sengetøj (i)	['sɛŋəˌtʌj]
kussen (het)	pude (f)	['pu:ðə]
kussenovertrek (de)	pudebetræk (i)	['pu:ðə be'tʁak]
deken (de)	dyne (f)	['dy:nə]
laken (het)	lagen (i)	['læjʔən]
sprei (de)	sengetæppe (i)	['sɛŋəˌtɛpə]

91. Keuken

keuken (de)	køkken (i)	['køkən]
gas (het)	gas (f)	['gas]
gasfornuis (het)	gaskomfur (i)	['gasˌkɔm'fuɐ̯ʔ]
elektrisch fornuis (het)	elkomfur (i)	['ɛlˌkɔm'fuɐ̯ʔ]
oven (de)	bageovn (f)	['bæ:jəˌɒwʔn]
magnetronoven (de)	mikroovn (f)	['mikʁoˌɒwʔn]

koelkast (de)	køleskab (i)	['kø:ləˌskæʔb]
diepvriezer (de)	fryser (f)	['fʁy:sʌ]
vaatwasmachine (de)	opvaskemaskine (f)	[ʌp'vaskə ma'ski:nə]

vleesmolen (de)	kødhakker (f)	['køðˌhakʌ]
vruchtenpers (de)	juicepresser (f)	['dʒu:sˌpʁasʌ]
toaster (de)	brødrister, toaster (f)	['bʁœðˌʁɛstʌ], ['tɔwstʌ]
mixer (de)	mikser, mixer (f)	['meksʌ]

koffiemachine (de)	kaffemaskine (f)	['kɑfə ma'skiːnə]
koffiepot (de)	kaffekande (f)	['kɑfə‚kanə]
koffiemolen (de)	kaffekværn (f)	['kɑfə‚kvæɐ̯'n]

fluitketel (de)	kedel (f)	['keðəl]
theepot (de)	tekande (f)	['te‚kanə]
deksel (de/het)	låg (i)	['lɔ'w]
theezeefje (het)	tesi (f)	['te'‚si']

lepel (de)	ske (f)	['ske']
theelepeltje (het)	teske (f)	['te'‚ske']
eetlepel (de)	spiseske (f)	['spiːsə‚ske']
vork (de)	gaffel (f)	['gɑfəl]
mes (het)	kniv (f)	['kniw']

vaatwerk (het)	service (i)	[sæɐ̯'viːsə]
bord (het)	tallerken (f)	[ta'læɐ̯kən]
schoteltje (het)	underkop (f)	['ɔnʌ‚kʌp]

likeurglas (het)	shotglas (i)	['ɕʌt‚glas]
glas (het)	glas (i)	['glas]
kopje (het)	kop (f)	['kʌp]

suikerpot (de)	sukkerskål (f)	['sɔkʌ‚skɔ'l]
zoutvat (het)	saltbøsse (f)	['salt‚bøsə]
pepervat (het)	peberbøsse (f)	['pewʌ‚bøsə]
boterschaaltje (het)	smørskål (f)	['smœɐ̯‚skɔ'l]

steelpan (de)	gryde (f)	['gʁyːðə]
bakpan (de)	stegepande (f)	['stajə‚panə]
pollepel (de)	slev (f)	['slew']
vergiet (de/het)	dørslag (i)	['dœɐ̯‚slæ'j]
dienblad (het)	bakke (f)	['bɑkə]

fles (de)	flaske (f)	['flaskə]
glazen pot (de)	glasdåse (f)	['glas‚dɔːsə]
blik (conserven~)	dåse (f)	['dɔːsə]

flesopener (de)	oplukker (f)	['ʌp‚lɔkʌ]
blikopener (de)	dåseåbner (f)	['dɔːsə‚ɔːbnʌ]
kurkentrekker (de)	proptrækker (f)	['pʁʌp‚tʁakʌ]
filter (de/het)	filter (i)	['fil'tʌ]
filteren (ww)	at filtrere	[ʌ fil'tʁɛ'ʌ]

| huisvuil (het) | affald, skrald (i) | ['aw‚fal'], ['skʁal'] |
| vuilnisemmer (de) | skraldespand (f) | ['skʁalə‚span'] |

92. Badkamer

badkamer (de)	badeværelse (i)	['bæːðə‚væɐ̯ʌlsə]
water (het)	vand (i)	['van']
kraan (de)	hane (f)	['hæːnə]
warm water (het)	varmt vand (i)	['va'mt van']
koud water (het)	koldt vand (i)	['kʌlt van']

tandpasta (de)	tandpasta (f)	['tan‚pasta]
tanden poetsen (ww)	at børste tænder	[ʌ 'bœɐ̯stə 'tɛnʌ]
tandenborstel (de)	tandbørste (f)	['tan‚bœɐ̯stə]

zich scheren (ww)	at barbere sig	[ʌ bɑ'be²ʌ sɑj]
scheercrème (de)	barberskum (i)	[bɑ'be²ɡ‚skɔm²]
scheermes (het)	skraber (f)	['skʁɑːbʌ]

wassen (ww)	at vaske	[ʌ 'vaskə]
een bad nemen	at vaske sig	[ʌ 'vaskə sɑj]
douche (de)	brusebad (i)	['bʁuːsə‚bað]
een douche nemen	at tage brusebad	[ʌ 'tæ² 'bʁuːsə‚bað]

bad (het)	badekar (i)	['bæːðə‚kɑ]
toiletpot (de)	toiletkumme (f)	[toa'lɛt 'kɔmə]
wastafel (de)	håndvask (f)	['hʌn²‚vask]

| zeep (de) | sæbe (f) | ['sɛːbə] |
| zeepbakje (het) | sæbeskål (f) | ['sɛːbə‚skɔ²l] |

spons (de)	svamp (f)	['svɑm²p]
shampoo (de)	shampoo (f)	['ɕæːm‚puː]
handdoek (de)	håndklæde (i)	['hʌn‚klɛːðə]
badjas (de)	badekåbe (f)	['bæːðə‚kɔːbə]

was (bijv. handwas)	vask (f)	['vask]
wasmachine (de)	vaskemaskine (f)	['vaskə ma'skiːnə]
de was doen	at vaske tøj	[ʌ 'vaskə 'tʌj]
waspoeder (de)	vaskepulver (i)	['vaskə‚pɔl²vʌ]

93. Huishoudelijke apparaten

televisie (de)	tv, fjernsyn (i)	['te²‚ve²], ['fjæɐ̯n‚sy²n]
cassettespeler (de)	båndoptager (f)	['bɔn‚ʌbtæ²ʌ]
videorecorder (de)	video (f)	['vi²djo]
radio (de)	radio (i)	['ʁɑ²djo]
speler (de)	afspiller (f)	['aw‚spel²ʌ]

videoprojector (de)	projektor (f)	[pʁo'ɕɛktʌ]
home theater systeem (het)	hjemmebio (f)	['jɛmə‚biːo]
DVD-speler (de)	dvd-afspiller (f)	[deve'de² aw'spel²ʌ]
versterker (de)	forstærker (f)	[fʌ'stæɡkʌ]
spelconsole (de)	spillekonsol (f)	['spelə kɔn'sʌl²]

videocamera (de)	videokamera (i)	['vi²djo ‚kæ²məʁɑ]
fotocamera (de)	kamera (i)	['kæ²məʁɑ]
digitale camera (de)	digitalkamera (i)	[digi'tæ²l ‚kæ²məʁɑ]

stofzuiger (de)	støvsuger (f)	['støw‚su²ʌ]
strijkijzer (het)	strygejern (i)	['stʁyə‚jæɡ²n]
strijkplank (de)	strygebræt (i)	['stʁyə‚bʁat]

| telefoon (de) | telefon (f) | [telə'fo²n] |
| mobieltje (het) | mobiltelefon (f) | [mo'bil telə'fo²n] |

| schrijfmachine (de) | skrivemaskine (f) | ['skʁi:və ma'ski:nə] |
| naaimachine (de) | symaskine (f) | ['symaˌski:nə] |

microfoon (de)	mikrofon (f)	[mikʁo'foˀn]
koptelefoon (de)	hovedtelefoner (f pl)	['ho:əð telə'foˀnʌ]
afstandsbediening (de)	fjernbetjening (f)	['fjæɡn be'tjɛˀnen]

CD (de)	cd (f)	[se'deˀ]
cassette (de)	kassette (f)	[ka'sɛtə]
vinylplaat (de)	plade (f)	['plæːðə]

94. Reparaties. Renovatie

renovatie (de)	renovering (f)	[ʁɛno've'ɡen]
renoveren (ww)	at renovere	[ʌ ʁɛno've'ʌ]
repareren (ww)	at reparere	[ʌ ʁɛpə'ʁɛˀʌ]
op orde brengen	at bringe orden	[ʌ 'bʁɛŋə 'oˀdən]
overdoen (ww)	at gøre om	[ʌ 'gœːʌ 'ʌmˀ]

verf (de)	maling (f)	['mæːleŋ]
verven (muur ~)	at male	[ʌ 'mæːlə]
schilder (de)	maler (f)	['mæːlʌ]
kwast (de)	pensel (f)	['pɛnˀsəl]

| kalk (de) | hvidtekalk (f) | ['vidəˌkalk] |
| kalken (ww) | at hvidte | [ʌ 'vidə] |

behang (het)	tapet (i)	[ta'peˀt]
behangen (ww)	at tapetsere	[ʌ tapə'seˀʌ]
lak (de/het)	fernis (f)	['fæɡnis]
lakken (ww)	at lakere	[ʌ la'keˀʌ]

95. Loodgieterswerk

water (het)	vand (i)	['vanˀ]
warm water (het)	varmt vand (i)	['vɑˀmt vanˀ]
koud water (het)	koldt vand (i)	['kʌlt vanˀ]
kraan (de)	hane (f)	['hæːnə]

druppel (de)	dråbe (f)	['dʁɔːbə]
druppelen (ww)	at dryppe	[ʌ 'dʁœpə]
lekken (een lek hebben)	at lække	[ʌ 'lɛkə]
lekkage (de)	læk (f)	['lɛk]
plasje (het)	pøl, pyt (f)	['pøˀl], ['pyt]

buis, leiding (de)	rør (i)	['ʁœˀɡ]
stopkraan (de)	ventil (f)	[vɛn'tiˀl]
verstopt raken (ww)	at blive tilstoppet	[ʌ 'bliːə tel'stʌpəð]

gereedschap (het)	værktøjer (i pl)	['væɡkˌtʌjʌ]
Engelse sleutel (de)	skiftenøgle (f)	['skiftəˌnʌjlə]
losschroeven (ww)	at skrue af	[ʌ 'skʁuːə 'æˀ]

aanschroeven (ww)	at skrue fast	[ʌ 'skʁu:ə 'fast]
ontstoppen (riool, enz.)	at rense	[ʌ 'ʁansə]
loodgieter (de)	blikkenslager (f)	['blekən‚slæˀjʌ]
kelder (de)	kælder (f)	['kɛlʌ]
riolering (de)	afløb (i)	['aw‚løˀb]

96. Brand. Vuurzee

vuur (het)	ild (f)	['ilˀ]
vlam (de)	flamme (f)	['flamə]
vonk (de)	gnist (f)	['gnist]
rook (de)	røg (f)	['ʁʌjˀ]
fakkel (de)	fakkel (f)	['fakəl]
kampvuur (het)	bål (i)	['bɔˀl]

benzine (de)	benzin (f)	[bɛn'siˀn]
kerosine (de)	petroleum (i. f)	[pe'tʁoˀljɔm]
brandbaar (bn)	brændbar	['bʁan‚baˀ]
ontplofbaar (bn)	eksplosiv	['ɛksplo‚siwˀ]
VERBODEN TE ROKEN!	RYGNING FORBUDT	['ʁy:neŋ fʌ'byˀð]

veiligheid (de)	sikkerhed (f)	['sekʌ‚heðˀ]
gevaar (het)	fare (f)	['fa:a]
gevaarlijk (bn)	farlig	['fa:li]

in brand vliegen (ww)	at gå ild i ...	[ʌ gɔˀ 'ilˀ i ...]
explosie (de)	eksplosion (f)	[ɛksplo'ɢoˀn]
in brand steken (ww)	at sætte ild	[ʌ 'sɛtə ilˀ]
brandstichter (de)	brandstifter (f)	['bʁan‚steftʌ]
brandstichting (de)	brandstiftelse (f)	['bʁan‚steftəlsə]

vlammen (ww)	at flamme	[ʌ 'flamə]
branden (ww)	at brænde	[ʌ 'bʁanə]
afbranden (ww)	at brænde ned	[ʌ 'bʁanə 'neðˀ]

de brandweer bellen	at tilkalde brandvæsenet	[ʌ 'tel‚kalˀə 'bʁan‚vɛˀsnəð]
brandweerman (de)	brandmand (f)	['bʁan‚man]
brandweerwagen (de)	brandbil (f)	['bʁan‚biˀl]
brandweer (de)	brandkorps (i)	['bʁan‚kɔ:ps]
uitschuifbare ladder (de)	redningsstige (f)	['ʁɛðneŋs‚sti.ʉ]

brandslang (de)	slange (f)	['slaŋə]
brandblusser (de)	brandslukker (f)	['bʁan‚slɔkʌ]
helm (de)	hjelm (f)	['jɛlˀm]
sirene (de)	sirene (f)	[si'ʁɛ:nə]

roepen (ww)	at skrige	[ʌ 'skʁi:ə]
hulp roepen	at råbe på hjælp	[ʌ 'ʁɔ:bə pɔ 'jɛlˀp]
redder (de)	redder (f)	['ʁɛðʌ]
redden (ww)	at redde	[ʌ 'ʁɛðə]

aankomen (per auto, enz.)	at ankomme	[ʌ 'an‚kʌmˀə]
blussen (ww)	at slukke	[ʌ 'slɔkə]
water (het)	vand (i)	['vanˀ]

zand (het)	sand (i)	['sanˀ]
ruïnes (mv.)	ruiner (f pl)	[ʁu'iˀnʌ]
instorten (gebouw, enz.)	at styrte sammen	[ʌ 'styɡ̊tə 'sɑmˀən]
ineenstorten (ww)	at styrte ned	[ʌ 'styɡ̊tə 'neðˀ]
inzakken (ww)	at styrte sammen	[ʌ 'styɡ̊tə 'sɑmˀən]
brokstuk (het)	brokke (f)	['bʁʌkə]
as (de)	aske (f)	['askə]
verstikken (ww)	at kvæles	[ʌ 'kvɛːləs]
omkomen (ww)	at omkomme	[ʌ 'ʌmˌkʌmˀə]

MENSELIJKE ACTIVITEITEN

Baan. Business. Deel 1

97. Bankieren

bank (de)	bank (f)	['baŋˀk]
bankfiliaal (het)	afdeling (f)	['aw‚deˀleŋ]
bankbediende (de)	konsulent (f)	[kʌnsu'lɛnˀt]
manager (de)	forretningsfører (f)	[fʌ'ʁatneŋs‚føːʌ]
bankrekening (de)	bankkonto (f)	['baŋˀk‚kʌnto]
rekeningnummer (het)	kontonummer (i)	['kʌnto‚nɔmˀʌ]
lopende rekening (de)	checkkonto (f)	['ɕɛk‚kʌnto]
spaarrekening (de)	opsparingskonto (f)	['ʌp‚spaˀeŋs ‚kʌnto]
een rekening openen	at åbne en konto	[ʌ 'ɔːbnə en 'kʌnto]
de rekening sluiten	at lukke kontoen	[ʌ 'lɔkə 'kʌnto:ən]
op rekening storten	at sætte ind på kontoen	[ʌ 'sɛtə 'enˀ pɔ 'kʌnto:ən]
opnemen (ww)	at hæve fra kontoen	[ʌ 'hɛːvə fʁa 'kʌnto:ən]
storting (de)	indskud (i)	['en‚skuð]
een storting maken	at indsætte	[ʌ 'en‚sɛtə]
overschrijving (de)	overførelse (f)	['ɒwʌ‚føːʌlsə]
een overschrijving maken	at overføre	[ʌ 'ɒwʌ‚føˀʌ]
som (de)	sum (f)	['sɔmˀ]
Hoeveel?	Hvor meget?	[vɒˀ 'maað]
handtekening (de)	signatur, underskrift (f)	[sina'tuɐˀ], ['ɔnʌ‚skʁɛft]
ondertekenen (ww)	at underskrive	[ʌ 'ɔnʌ‚skʁiˀvə]
kredietkaart (de)	kreditkort (i)	[kʁɛ'dit kɒːt]
code (de)	kode (f)	['ko:ðə]
kredietkaartnummer (het)	kreditkortnummer (i)	[kʁɛ'dit kɒːt 'nɔmˀʌ]
geldautomaat (de)	pengeautomat (f)	['pɛŋə awto'mæˀt]
cheque (de)	check (f)	['ɕɛk]
een cheque uitschrijven	at skrive en check	[ʌ 'skʁiːvə en 'ɕɛk]
chequeboekje (het)	checkhæfte (i)	['ɕɛk‚hɛftə]
lening, krediet (de)	lån (i)	['lɔˀn]
een lening aanvragen	at ansøge om lån	[ʌ 'an‚søː ɒm 'lɔˀn]
een lening nemen	at få et lån	[ʌ 'fɔˀ et 'lɔˀn]
een lening verlenen	at yde et lån	[ʌ 'y:ðə et 'lɔˀn]
garantie (de)	garanti (f)	[gaan'tiˀ]

98. Telefoon. Telefoongesprek

telefoon (de)	telefon (f)	[telə'fo'n]
mobieltje (het)	mobiltelefon (f)	[mo'bil telə'fo'n]
antwoordapparaat (het)	telefonsvarer (f)	[telə'fo:nˌsvɑːɑ]
bellen (ww)	at ringe	[ʌ 'ʁɛŋə]
belletje (telefoontje)	telefonsamtale (f)	[telə'fo:n 'sɑmˌtæːlə]
een nummer draaien	at taste et nummer	[ʌ 'tastə et 'nɔm'ʌ]
Hallo!	Hallo!	[ha'lo]
vragen (ww)	at spørge	[ʌ 'spœɐ̯ʌ]
antwoorden (ww)	at svare	[ʌ 'svɑːɑ]
horen (ww)	at høre	[ʌ 'hø:ʌ]
goed (bw)	godt	['gʌt]
slecht (bw)	dårligt	['dɔːlit]
storingen (mv.)	støj (f)	['stʌj']
hoorn (de)	telefonrør (i)	[telə'fo:nˌʁœ'ɐ̯]
opnemen (ww)	at tage telefonen	[ʌ 'tæ' telə'fo'nən]
ophangen (ww)	at lægge på	[ʌ 'lɛgə pɔ']
bezet (bn)	optaget	['ʌpˌtæ'j]
overgaan (ww)	at ringe	[ʌ 'ʁɛŋə]
telefoonboek (het)	telefonbog (f)	[telə'fo:nˌbɔ'w]
lokaal (bn)	lokal-	[lo'kæl-]
lokaal gesprek (het)	lokalopkald (i)	[lo'kæ'l 'ʌpˌkal']
interlokaal (bn)	fjern-	['fjæɐ̯n-]
interlokaal gesprek (het)	fjernopkald (i)	['fjæɐ̯n 'ʌpˌkal']
buitenlands (bn)	international	['entʌnaɕoˌnæ'l]
buitenlands gesprek (het)	internationalt opkald (i)	['entʌnaɕoˌnæ'lt 'ʌpˌkal']

99. Mobiele telefoon

mobieltje (het)	mobiltelefon (f)	[mo'bil telə'fo'n]
scherm (het)	skærm (f)	['skæɐ̯'m]
toets, knop (de)	knap (f)	['knap]
simkaart (de)	SIM-kort (i)	['semˌkɔːt]
batterij (de)	batteri (i)	[batʌ'ʁi']
leeg zijn (ww)	at blive afladet	[ʌ 'bli:ə 'awˌlæ'ðəð]
acculader (de)	oplader (f)	['ʌplˌlæ'ðʌ]
menu (het)	menu (f)	[me'ny]
instellingen (mv.)	indstillinger (f pl)	['enˌstel'eŋʌ]
melodie (beltoon)	melodi (f)	[melo'di']
selecteren (ww)	at vælge	[ʌ 'vɛljə]
rekenmachine (de)	lommeregner (f)	['lʌməˌʁajnʌ]
voicemail (de)	telefonsvarer (f)	[telə'fo:nˌsvɑːɑ]
wekker (de)	vækkeur (i)	['vɛkəˌuɐ̯']

contacten (mv.)	kontakter (f pl)	[kɔn'taktʌ]
SMS-bericht (het)	SMS (f)	[ɛsɛm'ɛs]
abonnee (de)	abonnent (f)	[abo'nɛnˀt]

100. Schrijfbehoeften

| balpen (de) | kuglepen (f) | ['ku:lə‚pɛnˀ] |
| vulpen (de) | fyldepen (f) | ['fylə‚pɛnˀ] |

potlood (het)	blyant (f)	['bly:‚anˀt]
marker (de)	mærkepen (f)	[ma'køɡ‚pɛnˀ]
viltstift (de)	tuschpen (f)	['tuɕ‚pɛnˀ]

| notitieboekje (het) | notesblok (f) | ['no:təs‚blʌk] |
| agenda (boekje) | dagbog (f) | ['daw‚bɔˀw] |

liniaal (de/het)	lineal (f)	[line'æˀl]
rekenmachine (de)	regnemaskine (f)	['ʁajnə ma'ski:nə]
gom (de)	viskelæder (i)	['veskə‚lɛðˀʌ]
punaise (de)	tegnestift (f)	['tajnə‚steft]
paperclip (de)	clips (i)	['kleps]

lijm (de)	lim (f)	['liˀm]
nietmachine (de)	hæftemaskine (f)	['hɛfta ma'ski:nə]
perforator (de)	hullemaskine (f)	['hɔlə ma'ski:nə]
potloodslijper (de)	blyantspidser (f)	['bly:ant‚spesʌ]

Baan. Business. Deel 2

101. Massamedia

krant (de)	avis (f)	[a'vi's]
tijdschrift (het)	magasin, tidsskrift (i)	[maga'si'n], ['tiðs₁skʁɛft]
pers (gedrukte media)	presse (f)	['pʁasə]
radio (de)	radio (f)	['ʁa'djo]
radiostation (het)	radiostation (f)	['ʁadjo sta'ɕo'n]
televisie (de)	fjernsyn (i), tv (i)	['fjæɡn₁sy'n], ['te',ve']

presentator (de)	studievært (f)	['stu:djə₁væɡt]
nieuwslezer (de)	nyhedsoplæser (f)	['nyheðs 'ʌp₁lɛ's ʌ]
commentator (de)	kommentator (f)	[kɔmən'tæ:tʌ]

journalist (de)	journalist (f)	[ɕoɡna'list]
correspondent (de)	korrespondent (f)	[kɔɒspʌn'dɛn't]
fotocorrespondent (de)	pressefotograf (f)	['pʁasə foto'gʁa'f]
reporter (de)	reporter (f)	[ʁɛ'pɒ:tʌ]

| redacteur (de) | redaktør (f) | [ʁɛdak'tø'ɡ] |
| chef-redacteur (de) | chefredaktør (f) | ['ɕɛf ʁɛdak'tø'ɡ] |

zich abonneren op	at abonnere	[ʌ abo'ne'ʌ]
abonnement (het)	abonnement (i)	[abɔnə'maŋ]
abonnee (de)	abonnent (f)	[abo'nɛn't]
lezen (ww)	at læse	[ʌ 'lɛ:sə]
lezer (de)	læser (f)	['lɛ:sʌ]

oplage (de)	oplag (i)	['ʌp₁læ'j]
maand-, maandelijks (bn)	månedlig	['mɔ:nəðli]
wekelijks (bn)	ugentlig	['u:əntli]
nummer (het)	nummer (i)	['nɔm'ʌ]
vers (~ van de pers)	ny, frisk	['ny'], ['fʁɛsk]

kop (de)	overskrift (f)	['ɒwʌ₁skʁɛft]
korte artikel (het)	notits (f)	[no'tits]
rubriek (de)	rubrik (f)	[ʁu'bʁɛk]
artikel (het)	artikel (f)	[a'tikəl]
pagina (de)	side (f)	['si:ðə]

reportage (de)	reportage (f)	[ʁɛpɒ'tæ:ɕə]
gebeurtenis (de)	hændelse (f)	['hɛnəlsə]
sensatie (de)	sensation (f)	[sɛnsa'ɕo'n]
schandaal (het)	skandale (f)	[skan'dæ:lə]
schandalig (bn)	skandaløs	[skanda'lø's]
groot (~ schandaal, enz.)	stor	['sto'ɡ]

| programma (het) | program (i) | [pʁo'gʁam'] |
| interview (het) | interview (i) | [entʌ'vju] |

| live uitzending (de) | direkte udsendelse (f) | [di'ʁaktə 'uð‚sɛn'əlsə] |
| kanaal (het) | kanal (f) | [ka'næ'l] |

102. Landbouw

landbouw (de)	landbrug (i)	['lan‚bʁu']
boer (de)	bonde (f)	['bonə]
boerin (de)	bondekone (f)	['bonə‚ko:nə]
landbouwer (de)	landmand, bonde (f)	['lan‚man'], ['bonə]

| tractor (de) | traktor (f) | ['tʁaktʌ] |
| maaidorser (de) | mejetærsker (f) | ['mɑjə‚tæɐskʌ] |

ploeg (de)	plov (f)	['plɒw']
ploegen (ww)	at pløje	[ʌ 'plʌjə]
akkerland (het)	pløjemark (f)	['plʌjə‚mɑ:k]
voor (de)	fure (f)	['fu:ʌ]

zaaien (ww)	at så	[ʌ 'sɔ']
zaaimachine (de)	såmaskine (f)	['sɔ'mɑ‚ski:nə]
zaaien (het)	såning (f)	['sɔ'nen]

| zeis (de) | le (f) | ['le'] |
| maaien (ww) | at meje, at slå | [ʌ 'mɑjə], [ʌ 'slɔ'] |

| schop (de) | spade (f) | ['spæ:ðə] |
| spitten (ww) | at grave | [ʌ 'gʁa:və] |

schoffel (de)	hakke (f)	['hɑkə]
wieden (ww)	at hakke	[ʌ 'hɑkə]
onkruid (het)	ukrudt (i)	[uk'ʁut]

gieter (de)	vandkande (f)	['van‚kɑnə]
begieten (water geven)	at vande	[ʌ 'vanə]
bewatering (de)	vanding (f)	['vanen]

| riek, hooivork (de) | greb (f) | ['gʁɛ'b] |
| hark (de) | rive (f) | ['ʁi:wə] |

meststof (de)	gødning (f)	['gøðnen]
bemesten (ww)	at gøde, at gødske	[ʌ 'gø:ðə], [ʌ 'gøskə]
mest (de)	møg (i), gødning (f)	['mʌj], ['gøðnen]

veld (het)	mark (f), ager (f)	['mɑ:k], ['æ'jʌ]
wei (de)	eng (f)	['ɛŋ']
moestuin (de)	køkkenhave (f)	['køkən‚hæ:və]
boomgaard (de)	frugthave (f)	['fʁɔgt‚hæ:və]

weiden (ww)	at vogte	[ʌ 'vʌgtə]
herder (de)	hyrde (f)	['hyɐ̯də]
weiland (de)	græsgang (f)	['gʁas‚gɑŋ']

| veehouderij (de) | kvægavl (f) | ['kvɛj‚ɑw'l] |
| schapenteelt (de) | fåreavl (f) | ['fɒ:ɒ‚ɑw'l] |

plantage (de)	**plantage** (f)	[plan'tæːɕə]
rijtje (het)	**række** (f)	['ʁakə]
broeikas (de)	**drivhus** (i)	['dʁiwˌhuˀs]
droogte (de)	**tørke** (f)	['tœ̞kə]
droog (bn)	**tør**	['tœˀ̞]
graan (het)	**korn** (i)	['koˀ̞n]
graangewassen (mv.)	**kornsorter** (f pl)	['koˀ̞nˌsɒːtʌ]
oogsten (ww)	**at høste**	[ʌ 'høstə]
molenaar (de)	**møller** (f)	['mølʌ]
molen (de)	**mølle** (f)	['mølə]
malen (graan ~)	**at male**	[ʌ 'mæːlə]
bloem (bijv. tarwebloem)	**mel** (i)	['meˀl]
stro (het)	**halm** (f), **strå** (i)	['halˀm], ['stʁɔˀ]

103. Gebouw. Bouwproces

bouwplaats (de)	**byggeplads** (f)	['bygəˌplas]
bouwen (ww)	**at bygge**	[ʌ 'bygə]
bouwvakker (de)	**bygningsarbejder** (f)	['bygneŋs 'ɑːˌbɑjˀdʌ]
project (het)	**projekt** (i)	[pʁo'ɕɛkt]
architect (de)	**arkitekt** (f)	[ɑki'tɛkt]
arbeider (de)	**arbejder** (f)	['ɑːˌbɑjˀdʌ]
fundering (de)	**fundament** (i)	[fonda'mɛnˀt]
dak (het)	**tag** (i)	['tæˀj]
heipaal (de)	**pæl** (f)	['pɛˀl]
muur (de)	**mur** (f), **væg** (f)	['muɡ̞ˀ], ['vɛˀg]
betonstaal (het)	**armeringsjern** (i)	[ɑ'meˀɡ̞eŋs'jæɡ̞ˀn]
steigers (mv.)	**stillads** (i)	[ste'læˀs]
beton (het)	**beton** (f)	[be'tʌn]
graniet (het)	**granit** (f)	[gʁɑ'nit]
steen (de)	**sten** (f)	['steˀn]
baksteen (de)	**tegl** (i. f), **mursten** (f)	['tɑjˀl], ['muɡ̞ˌsteˀn]
zand (het)	**sand** (i)	['sanˀ]
cement (de/het)	**cement** (f)	[se'mɛnˀt]
pleister (het)	**puds** (i. f)	['pus]
pleisteren (ww)	**at pudse**	[ʌ 'puse]
verf (de)	**maling** (f)	['mæːleŋ]
verven (muur ~)	**at male**	[ʌ 'mæːlə]
ton (de)	**tønde** (f)	['tønə]
kraan (de)	**byggekran** (f)	['bygəˌkʁɑˀn]
heffen, hijsen (ww)	**at løfte**	[ʌ 'løftə]
neerlaten (ww)	**at hejse ned**	[ʌ 'hajsə 'neðˀ]
bulldozer (de)	**bulldozer** (f)	['bulˌdoːsʌ]
graafmachine (de)	**gravemaskine** (f)	['gʁɑːvə ma'skiːnə]

graafbak (de)	**skovl** (f)	['skɒwˀl]
graven (tunnel, enz.)	**at grave**	[ʌ 'gʁɑːvə]
helm (de)	**hjelm** (f)	['jɛlˀm]

Beroepen en ambachten

104. Zoeken naar werk. Ontslag

baan (de)	arbejde (i), job (i)	['ɑːˌbɑjˀdə], ['djʌb]
personeel (het)	ansatte (pl), stab (f)	['anˌsatə], ['stæˀb]
carrière (de)	karriere (f)	[kɑi'ɛːʌ]
vooruitzichten (mv.)	udsigter (f pl)	['uðˌsegtʌ]
meesterschap (het)	mesterskab (i)	['mɛstʌˌskæˀb]
keuze (de)	udvalg (i), udvælgelse (f)	['uðˌvalˀj], ['uðˌvɛlˀjəlsə]
uitzendbureau (het)	arbejdsformidling (f)	['ɑːbɑjds fʌ'miðleŋ]
CV, curriculum vitae (het)	CV (i), curriculum vitæ (i)	[se've˥], [ku'ʁikulɔm 'viːˌtɛˀ]
sollicitatiegesprek (het)	jobsamtale (f)	['djʌb 'samˌtæːlə]
vacature (de)	ledig stilling (f)	['leːði 'steleŋ]
salaris (het)	løn (f)	['lœnˀ]
vaste salaris (het)	fast løn (f)	['fast lœnˀ]
loon (het)	betaling (f)	[be'tæˀleŋ]
betrekking (de)	stilling (f)	['steleŋ]
taak, plicht (de)	pligt (f)	['plegt]
takenpakket (het)	arbejdspligter (f pl)	['ɑːbɑjds 'plegtʌ]
bezig (~ zijn)	optaget	['ʌpˌtæˀj]
ontslagen (ww)	at afskedige	[ʌ 'awˌskeˀðiə]
ontslag (het)	afskedigelse (f)	['awˌskeˀðˌiˀəlsə]
werkloosheid (de)	arbejdsløshed (f)	['ɑːbɑjdsˌløːsheðˀ]
werkloze (de)	arbejdsløs (f)	['ɑːbɑjdsˌløˀs]
pensioen (het)	pension (f)	[paŋ'ɡoˀn]
met pensioen gaan	at gå på pension	[ʌ gɔˀ pɔ paŋ'ɡoˀn]

105. Zakenmensen

directeur (de)	direktør (f)	[diʁək'tøˀɡ]
beheerder (de)	forretningsfører (f)	[fʌ'ʁatneŋsˌføːʌ]
hoofd (het)	boss (f)	['bʌs]
baas (de)	overordnet (f)	['ɒwʌˌɒˀdnəð]
superieuren (mv.)	overordnede (pl)	['ɒwʌˌɒˀdnəðə]
president (de)	præsident (f)	[pʁɛsi'dɛnˀt]
voorzitter (de)	formand (f)	['foːˌmanˀ]
adjunct (de)	stedfortræder (f)	['stɛð fʌˌtʁɛˀðʌ]
assistent (de)	assistent (f)	[asi'stɛnˀt]
secretaris (de)	sekretær (f)	[sekʁə'tɛˀɡ]

persoonlijke assistent (de)	privatsekretær (f)	[pʁi'væt sekʁɐ'tɛ'ɐ̯]
zakenman (de)	forretningsmand (f)	[fʌ'ʁatnɐŋs man']
ondernemer (de)	entreprenør (f)	[ɑŋtʁɛpʁɛ'nø'ɐ̯]
oprichter (de)	grundlægger (f)	['gʁɔn' lɛgʌ]
oprichten (een nieuw bedrijf ~)	at grundlægge	[ʌ 'gʁɔn' lɛgə]

stichter (de)	stifter (f)	['steftʌ]
partner (de)	partner (f)	['pɑːtnʌ]
aandeelhouder (de)	aktionær (f)	[ɑkɕo'nɛ'ɐ̯]

miljonair (de)	millionær (f)	[miljo'nɛ'ɐ̯]
miljardair (de)	milliardær (f)	[milja'dɛ'ɐ̯]
eigenaar (de)	ejer (f)	['ɑjʌ]
landeigenaar (de)	jordbesidder (f)	['joɐ̯be siðˀʌ]

klant (de)	kunde (f)	['kɔnə]
vaste klant (de)	stamkunde, fast kunde (f)	['stɑm kɔnə], ['fast kɔnə]
koper (de)	køber (f)	['køːbʌ]
bezoeker (de)	besøgende (f)	[be'sø'jənə]

professioneel (de)	professionel (f)	[pʁo'fɛɕo nɛl']
expert (de)	ekspert (f)	[ɛks'pæɐ̯t]
specialist (de)	specialist (f)	[speɕa'list]

| bankier (de) | bankier (f) | [bɑŋ'kje] |
| makelaar (de) | mægler (f) | ['mɛjlʌ] |

kassier (de)	kasserer (f)	[ka'seˀʌ]
boekhouder (de)	bogholder (f)	['bɔw hʌlʌ]
bewaker (de)	sikkerhedsvagt (f)	['sekʌ heðs 'vagt]

investeerder (de)	investor (f)	[en'vɛstʌ]
schuldenaar (de)	skyldner (f)	['skylnʌ]
crediteur (de)	kreditor (f)	['kʁɛditʌ]
lener (de)	låntager (f)	['lɔːn tæˀjʌ]

| importeur (de) | importør (f) | [empɒ'tø'ɐ̯] |
| exporteur (de) | eksportør (f) | [ɛkspɒ'tø'ɐ̯] |

producent (de)	producent (f)	[pʁodu'sɛnˀt]
distributeur (de)	distributør (f)	[distʁibu'tø'ɐ̯]
bemiddelaar (de)	mellemmand (f)	['mɛləm man']

adviseur, consulent (de)	konsulent (f)	[kʌnsu'lɛnˀt]
vertegenwoordiger (de)	repræsentant (f)	[ʁɛpʁɛsən'tanˀt]
agent (de)	agent (f)	[a'gɛnˀt]
verzekeringsagent (de)	forsikringsagent (f)	[fʌ'sekʁɛŋs a'gɛnˀt]

106. Dienstverlenende beroepen

kok (de)	kok (f)	['kʌk]
chef-kok (de)	køkkenchef (f)	['køkən ɕɛˀf]
bakker (de)	bager (f)	['bæːjʌ]

barman (de)	**bartender** (f)	['bɑːˌtɛndʌ]
kelner, ober (de)	**tjener** (f)	['tjɛːnʌ]
serveerster (de)	**servitrice** (f)	[sæɐ̯vi'tʁiːsə]

advocaat (de)	**advokat** (f)	[aðvo'kæˀt]
jurist (de)	**jurist** (f)	[ju'ʁist]
notaris (de)	**notar** (f)	[no'tɑˀ]

elektricien (de)	**elektriker** (f)	[e'lɛktʁikʌ]
loodgieter (de)	**blikkenslager** (f)	['blekən‚slæˀjʌ]
timmerman (de)	**tømrer** (f)	['tœmʁʌ]

masseur (de)	**massør** (f)	[ma'sø'ɐ̯]
masseuse (de)	**massøse** (f)	[ma'sø:sə]
dokter, arts (de)	**læge** (f)	['lɛːjə]

taxichauffeur (de)	**taxichauffør** (f)	['tɑksi ɕo'fø'ɐ̯]
chauffeur (de)	**chauffør** (f)	[ɕo'fø'ɐ̯]
koerier (de)	**bud** (i)	['buð]

kamermeisje (het)	**stuepige** (f)	['stuə‚piːə]
bewaker (de)	**sikkerhedsvagt** (f)	['sekʌ‚heðs 'vagt]
stewardess (de)	**stewardesse** (f)	[stjuɑ'dɛsə]

meester (de)	**lærer** (f)	['lɛːʌ]
bibliothecaris (de)	**bibliotekar** (f)	[bibliotə'kɑˀ]
vertaler (de)	**oversætter** (f)	['ɒwʌ‚sɛtʌ]
tolk (de)	**tolk** (f)	['tʌlˀk]
gids (de)	**guide** (f)	['gajd]

kapper (de)	**frisør** (f)	[fʁi'sø'ɐ̯]
postbode (de)	**postbud** (i)	['pʌst‚buð]
verkoper (de)	**sælger** (f)	['sɛljʌ]

tuinman (de)	**gartner** (f)	['gɑːtnʌ]
huisbediende (de)	**tjener** (f)	['tjɛːnʌ]
dienstmeisje (het)	**tjenestepige** (f)	['tjɛːnəstə‚piːə]
schoonmaakster (de)	**rengøringskone** (f)	['ʁɛːn‚gœˀɐ̯eŋs 'koːnə]

107. Militaire beroepen en rangen

soldaat (rang)	**menig** (f)	['meːni]
sergeant (de)	**sergent** (f)	[sæɐ̯'ɕanˀt]
luitenant (de)	**løjtnant** (f)	['lʌjt‚nanˀt]
kapitein (de)	**kaptajn** (f)	[kɑp'tajˀn]

majoor (de)	**major** (f)	[ma'joˀɐ̯]
kolonel (de)	**oberst** (f)	['oˀbʌst]
generaal (de)	**general** (f)	[genə'ʁɑˀl]
maarschalk (de)	**marskal** (f)	['mɑː‚ɕalˀ]
admiraal (de)	**admiral** (f)	[aðmi'ʁɑˀl]

militair (de)	**militær** (i)	[mili'tɛˀɐ̯]
soldaat (de)	**soldat** (f)	[sol'dæˀt]

officier (de)	**officer** (f)	[ʌfi'se²ɐ̯]
commandant (de)	**befalingsmand** (f)	[be'fæ²leŋsˌman²]
grenswachter (de)	**grænsevagt** (f)	['gʁɑnsəˌvɑgt]
marconist (de)	**radiooperatør** (f)	['ʁɑdjo opɐʁɑ'tø²ɐ̯]
verkenner (de)	**opklaringssoldat** (f)	['ʌpˌklɑ²eŋs sol'dæ²t]
sappeur (de)	**pioner** (f)	[pio'ne²ɐ̯]
schutter (de)	**skytte** (f)	['skøtə]
stuurman (de)	**styrmand** (f)	['styɐ̯ˌman²]

108. Ambtenaren. Priesters

koning (de)	**konge** (f)	['kʌŋə]
koningin (de)	**dronning** (f)	['dʁʌneŋ]
prins (de)	**prins** (f)	['pʁɛn²s]
prinses (de)	**prinsesse** (f)	[pʁɛn'sɛsə]
tsaar (de)	**tsar** (f)	['sɑ²]
tsarina (de)	**tsarina** (f)	[sa'ʁi:na]
president (de)	**præsident** (f)	[pʁɛsi'dɛn²t]
minister (de)	**minister** (f)	[mi'nistʌ]
eerste minister (de)	**statsminister** (f)	['stæts mi'nistʌ]
senator (de)	**senator** (f)	[se'næ:tʌ]
diplomaat (de)	**diplomat** (f)	[diplo'mæ²t]
consul (de)	**konsul** (f)	['kʌnˌsu²l]
ambassadeur (de)	**ambassadør** (f)	[ambasa'dø²ɐ̯]
adviseur (de)	**rådgiver** (f)	['ʁɔ²ð̩ˌgi²vʌ]
ambtenaar (de)	**embedsmand** (f)	['ɛmbeðsˌman²]
prefect (de)	**præfekt** (f)	[pʁɛ'fɛkt]
burgemeester (de)	**borgmester** (f)	[bɒw'mɛstʌ]
rechter (de)	**dommer** (f)	['dʌmʌ]
aanklager (de)	**anklager** (f)	['anˌklæ²jʌ]
missionaris (de)	**missionær** (f)	[miɕo'nɛ²ɐ̯]
monnik (de)	**munk** (f)	['mɔŋ²k]
abt (de)	**abbed** (f)	['abeð]
rabbi, rabbijn (de)	**rabbiner** (f)	[ʁa'bi²nʌ]
vizier (de)	**vesir** (f)	[ve'siɐ̯²]
sjah (de)	**shah** (f)	['ɕæ²]
sjeik (de)	**sheik** (f)	['ɕɑj²k]

109. Agrarische beroepen

imker (de)	**biavler** (f)	['biˌawlʌ]
herder (de)	**hyrde** (f)	['hyɐ̯də]
landbouwkundige (de)	**agronom** (f)	[agʁo'no²m]

| veehouder (de) | kvægavler (f) | ['kvɛjˌɑwlʌ] |
| dierenarts (de) | dyrlæge (f) | ['dyɐ̯ˌlɛːjə] |

landbouwer (de)	landmand, bonde (f)	['lanˌmanˀ], ['bɔnə]
wijnmaker (de)	vinavler (f)	['viːnˌɑwlʌ]
zoöloog (de)	zoolog (f)	[soo'loˀ]
cowboy (de)	cowboy (f)	['kɒwˌbʌj]

110. Kunst beroepen

| acteur (de) | skuespiller (f) | ['skuːəˌspelʌ] |
| actrice (de) | skuespillerinde (f) | ['skuːəˌspelʌ'enə] |

| zanger (de) | sanger (f) | ['saŋʌ] |
| zangeres (de) | sangerinde (f) | [saŋʌ'enə] |

| danser (de) | danser (f) | ['dansʌ] |
| danseres (de) | danserinde (f) | [dansʌ'enə] |

| artiest (mann.) | skuespiller (f) | ['skuːəˌspelʌ] |
| artiest (vrouw.) | skuespillerinde (f) | ['skuːəˌspelʌ'enə] |

muzikant (de)	musiker (f)	['muˀsikʌ]
pianist (de)	pianist (f)	[pia'nist]
gitarist (de)	guitarist (f)	[gitɑ'ʁist]

orkestdirigent (de)	dirigent (f)	[diɐ̯i'gɛnˀt]
componist (de)	komponist (f)	[kɔmpo'nist]
impresario (de)	impresario (f)	[empʁə'saˀio]

filmregisseur (de)	filminstruktør (f)	['film enstʁuk'tøˀɐ̯]
filmproducent (de)	producer (f)	[pʁo'djuːsʌ]
scenarioschrijver (de)	manuskriptforfatter (f)	[manu'skʁɛpt fʌ'fatʌ]
criticus (de)	kritiker (f)	['kʁitikʌ]

schrijver (de)	forfatter (f)	[fʌ'fatʌ]
dichter (de)	poet (f), digter (f)	[po'eˀt], ['degtʌ]
beeldhouwer (de)	skulptør (f)	[skulp'tøˀɐ̯]
kunstenaar (de)	kunstner (f)	['kɔnstnʌ]

jongleur (de)	jonglør (f)	[ɕʌŋ'løˀɐ̯]
clown (de)	klovn (f)	['klɒwˀn]
acrobaat (de)	akrobat (f)	[akʁo'bæˀt]
goochelaar (de)	tryllekunstner (f)	['tʁyləˌkɔnˀstnʌ]

111. Verschillende beroepen

dokter, arts (de)	læge (f)	['lɛːjə]
ziekenzuster (de)	sygeplejerske (f)	['syːəˌplɑjˀʌskə]
psychiater (de)	psykiater (f)	[syki'æˀtʌ]
tandarts (de)	tandlæge (f)	['tanˌlɛːjə]
chirurg (de)	kirurg (f)	[ki'ʁuɐ̯ˀw]

astronaut (de)	astronaut (f)	[astʁo'nɑwᵊt]
astronoom (de)	astronom (f)	[astʁo'noᵊm]
piloot (de)	pilot (f)	[pi'loᵊt]

chauffeur (de)	fører (f)	['føːʌ]
machinist (de)	togfører (f)	['tɔwˌføːʌ]
mecanicien (de)	mekaniker (f)	[me'kæᵊnikʌ]

mijnwerker (de)	minearbejder (f)	['miːnəˈɑːˌbɑjᵊdʌ]
arbeider (de)	arbejder (f)	['ɑːˌbɑjᵊdʌ]
bankwerker (de)	låsesmed (f)	['lɔːsəˌsmeð]
houtbewerker (de)	snedker (f)	['sneᵊkʌ]
draaier (de)	drejer (f)	['dʁɑjʌ]
bouwvakker (de)	bygningsarbejder (f)	['bygneŋs 'ɑːˌbɑjᵊdʌ]
lasser (de)	svejser (f)	['svɑjsʌ]

professor (de)	professor (f)	[pʁo'fɛsʌ]
architect (de)	arkitekt (f)	[ɑki'tɛkt]
historicus (de)	historiker (f)	[hi'stoᵊɡikʌ]
wetenschapper (de)	videnskabsmand (f)	['viðənˌskæᵊbs manᵊ]
fysicus (de)	fysiker (f)	['fyᵊsikʌ]
scheikundige (de)	kemiker (f)	['keᵊmikʌ]

archeoloog (de)	arkæolog (f)	[ˌɑːkɛo'loᵊ]
geoloog (de)	geolog (f)	[geo'loᵊ]
onderzoeker (de)	forsker (f)	['fɔːskʌ]

| babysitter (de) | barnepige (f) | ['bɑːnəˌpiːə] |
| leraar, pedagoog (de) | pædagog (f) | [pɛda'goᵊ] |

redacteur (de)	redaktør (f)	[ʁɛdak'tøᵊɡ]
chef-redacteur (de)	chefredaktør (f)	['ɕɛf ʁɛdak'tøᵊɡ]
correspondent (de)	korrespondent (f)	[kɔɔspʌn'dɛnᵊt]
typiste (de)	maskinskriverske (f)	[ma'skiːn 'skʁiᵊvʌskə]

designer (de)	designer (f)	[de'sɑjnʌ]
computerexpert (de)	computer-ekspert (f)	[kʌm'pjuːtʌ ɛks'pæɡt]
programmeur (de)	programmør (f)	[pʁogʁa'møᵊɡ]
ingenieur (de)	ingeniør (f)	[enɕən'jøᵊɡ]

matroos (de)	sømand (f)	['søˌmanᵊ]
zeeman (de)	matros (f)	[ma'tʁoᵊs]
redder (de)	redder (f)	['ʁɛðʌ]

brandweerman (de)	brandmand (f)	['bʁanˌman]
politieagent (de)	politibetjent (f)	[poli'ti be'tjɛnᵊt]
nachtwaker (de)	nattevagt, vægter (f)	['natəˌvagt], ['vɛgtʌ]
detective (de)	detektiv, opdager (f)	[detek'tiwᵊ], ['ʌpˌdæᵊjʌ]

douanier (de)	toldbetjent (f)	['tʌl be'tjɛnᵊt]
lijfwacht (de)	livvagt (f)	['liwˌvagt]
gevangenisbewaker (de)	fangevogter (f)	['faŋəˌvʌgtʌ]
inspecteur (de)	inspektør (f)	[enspək'tøᵊɡ]

| sportman (de) | idrætsmand (f) | ['idʁatsˌmanᵊ] |
| trainer (de) | træner (f) | ['tʁɛːnʌ] |

slager, beenhouwer (de)	**slagter** (f)	['slagtʌ]
schoenlapper (de)	**skomager** (f)	['sko̩mæˀjʌ]
handelaar (de)	**handelsmand** (f)	['hanəls̩manˀ]
lader (de)	**lastearbejder** (f)	['lastəˈɑ:̩bɑjˀdʌ]
kledingstilist (de)	**modedesigner** (f)	['mo:ðə de'sɑjnʌ]
model (het)	**model** (f)	[mo'dɛlˀ]

112. Beroepen. Sociale status

scholier (de)	**skoleelev** (f)	['sko:lə e'leˀw]
student (de)	**studerende** (f)	[stu'deˀʌnə]
filosoof (de)	**filosof** (f)	[filo'sʌf]
econoom (de)	**økonom** (f)	[øko'noˀm]
uitvinder (de)	**opfinder** (f)	['ʌp̩fenˀʌ]
werkloze (de)	**arbejdsløs** (f)	['a:bɑjds̩løˀs]
gepensioneerde (de)	**pensionist** (f)	[paŋɕo'nist]
spion (de)	**spion** (f)	[spi'oˀn]
gedetineerde (de)	**fange** (f)	['faŋə]
staker (de)	**strejkende** (f)	['stʁɑjkɛnə]
bureaucraat (de)	**bureaukrat** (f)	[byo'kʁɑˀt]
reiziger (de)	**rejsende** (f)	['ʁɑjsənə]
homoseksueel (de)	**homoseksuel** (f)	['ho:mosɛksu'ɛlˀ]
hacker (computerkraker)	**hacker** (f)	['hakʌ]
hippie (de)	**hippie** (f)	['hipi]
bandiet (de)	**bandit** (f)	[ban'dit]
huurmoordenaar (de)	**lejemorder** (f)	['lɑjə̩moɐ̯dʌ]
drugsverslaafde (de)	**narkoman** (f)	[nɑko'mæˀn]
drugshandelaar (de)	**narkohandler** (f)	['nɑ:ko̩hanlʌ]
prostituee (de)	**prostitueret** (f)	[pʁostitu'eˀʌð]
pooier (de)	**alfons** (f)	[al'fʌŋs]
tovenaar (de)	**troldmand** (f)	['tʁʌl̩manˀ]
tovenares (de)	**troldkvinde** (f)	['tʁʌl̩kvenə]
piraat (de)	**pirat, sørøver** (f)	[pi'ʁɑˀt], ['sø̩ʁœ:vʌ]
slaaf (de)	**slave** (f)	['slæ:və]
samoerai (de)	**samurai** (f)	[samu'ʁɑjˀ]
wilde (de)	**vildmand** (f)	['vil̩manˀ]

Sport

113. Soorten sporten. Sporters

sportman (de)	idrætsmand (f)	['idʁats‚manʔ]
soort sport (de/het)	idrætsgren (f)	['idʁats‚gʁɛʔn]
basketbal (het)	basketball (f)	['bɑːskət‚bɒːl]
basketbalspeler (de)	basketballspiller (f)	['bɑːskət‚bɒːl ‚spelʌ]
baseball (het)	baseball (f)	['bɛjs‚bɒːl]
baseballspeler (de)	baseballspiller (f)	['bɛjs‚bɒːl ‚spelʌ]
voetbal (het)	fodbold (f)	['foð‚bʌlʔd]
voetballer (de)	fodboldspiller (f)	['foðbʌld‚spelʌ]
doelman (de)	målmand (f)	['mɔːl‚manʔ]
hockey (het)	ishockey (f)	['is‚hʌki]
hockeyspeler (de)	ishockeyspiller (f)	['is‚hʌki ‚spelʌ]
volleybal (het)	volleyball (f)	['vʌli‚bɒːl]
volleybalspeler (de)	volleyballspiller (f)	['vʌli‚bɒːl 'spelʌ]
boksen (het)	boksning (f)	['bʌksneŋ]
bokser (de)	bokser (f)	['bʌksʌ]
worstelen (het)	brydning (f)	['bʁyðneŋ]
worstelaar (de)	bryder (f)	['bʁyːðʌ]
karate (de)	karate (f)	[kɑ'ʁɑːtə]
karateka (de)	karateudøver (f)	[kɑ'ʁɑːtə‚udøʔvʌ]
judo (de)	judo (f)	['juːdo]
judoka (de)	judokæmper (f)	['juːdo 'kɛmpʌ]
tennis (het)	tennis (f)	['tɛnis]
tennisspeler (de)	tennisspiller (f)	['tɛnis‚spelʌ]
zwemmen (het)	svømning (f)	['svœmneŋ]
zwemmer (de)	svømmer (f)	['svœmʌ]
schermen (het)	fægtning (f)	['fɛgtneŋ]
schermer (de)	fægter (f)	['fɛgtʌ]
schaak (het)	skak (f)	['skɑk]
schaker (de)	skakspiller (f)	['skɑk‚spelʌ]
alpinisme (het)	alpinisme (f)	[alpi'nismə]
alpinist (de)	alpinist (f)	[alpi'nist]
hardlopen (het)	løb (i)	['løʔb]

renner (de)	løber (f)	['lø:bʌ]
atletiek (de)	atletik, fri idræt (f)	[atlə'tik], ['fʁi' 'iˌdʁat]
atleet (de)	atlet (f)	[at'le²t]

| paardensport (de) | ridesport (f) | ['ʁi:ðəˌspɒ:t] |
| ruiter (de) | rytter (f) | ['ʁytʌ] |

kunstschaatsen (het)	kunstskøjteløb (i)	['kɔnstˌskʌjtələ²b]
kunstschaatser (de)	kunstskøjteløber (f)	['kɔnstˌskʌjtələ:bʌ]
kunstschaatsster (de)	kunstskøjteløber (f)	['kɔnstˌskʌjtələ:bʌ]

| gewichtheffen (het) | vægtløftning (f) | ['vɛgtˌløftneŋ] |
| gewichtheffer (de) | vægtløfter (f) | ['vɛgtˌløftʌ] |

| autoraces (mv.) | motorløb (i) | ['mo:tʌˌlø²b] |
| coureur (de) | racerkører (f) | ['ʁɛ:sʌˌkø:ʌ] |

| wielersport (de) | cykelsport (f) | ['sykəlˌspɒ:t] |
| wielrenner (de) | cyklist (f) | [syk'list] |

verspringen (het)	længdespring (i)	['lɛŋdəˌspʁɛŋ²]
polsstokspringen (het)	stangspring (i)	['stɑŋˌspʁɛŋ²]
verspringer (de)	springer (f)	['spʁɛŋʌ]

114. Soorten sporten. Diversen

Amerikaans voetbal (het)	amerikansk fodbold (f)	[ɑmʁi'ka²nsk 'foðˌbʌl²d]
badminton (het)	badminton (f)	['badmentʌn]
biatlon (de)	skiskydning (f)	['skiˌskyðneŋ]
biljart (het)	billard (i, f)	['biliˌɑ²d]

bobsleeën (het)	bobslæde (f)	['bʌbˌslɛ:ðə]
bodybuilding (de)	bodybuilding (f)	['bʌdiˌbildeŋ]
waterpolo (het)	vandpolo (f)	['vanˌpo:lo]
handbal (de)	håndbold (f)	['hʌnˌbʌl²d]
golf (het)	golf (f)	['gʌl²f]

roeisport (de)	roning (f)	['ʁo²neŋ]
duiken (het)	dykning (f)	['døkneŋ]
langlaufen (het)	langrend (i)	['lɑŋˌʁan²]
tafeltennis (het)	bordtennis (f)	['boɐ̯ˌtɛnis]

zeilen (het)	sejlsport (f)	['sɑjlˌspɒ:t]
rally (de)	rally (i)	['ʁali]
rugby (het)	rugby (f)	['ʁʌgbi]
snowboarden (het)	snowboard (i)	['snɔwˌbɒ:d]
boogschieten (het)	bueskydning (f)	['bu:əˌskyðneŋ]

115. Fitnessruimte

| lange halter (de) | vægtstang (f) | ['vɛgtˌstɑŋ²] |
| halters (mv.) | håndvægte (f pl) | ['hʌnˌvɛgtə] |

training machine (de)	træningsmaskine (f)	['tʁɛːneŋs ma'skiːnə]
hometrainer (de)	motionscykel (f)	[mo'ɕons,sykəl]
loopband (de)	løbebånd (i)	['løːbə,bʌnˀ]

rekstok (de)	reck (f)	['ʁak]
brug (de) gelijke leggers	barre (f)	['bɑːɑ]
paardsprong (de)	hest (f)	['hɛst]
mat (de)	måtte (f)	['mʌtə]

springtouw (het)	sjippetov (i)	['ɕipə,tɒw]
aerobics (de)	aerobic (f)	[ɛ'ʁʌbik]
yoga (de)	yoga (f)	['joːga]

116. Sporten. Diversen

Olympische Spelen (mv.)	de olympiske lege	[di o'lømˀpiskə 'lɑjˀə]
winnaar (de)	sejrherre (f)	['sɑjʌ,hæˀʌ]
overwinnen (ww)	at vinde, at sejre	[ʌ 'venə], [ʌ 'sɑjʁʌ]
winnen (ww)	at vinde	[ʌ 'venə]

leider (de)	leder (f)	['leːðʌ]
leiden (ww)	at lede	[ʌ 'leːðə]

eerste plaats (de)	førsteplads (f)	['fœʁstə,plas]
tweede plaats (de)	andenplads (f)	['anən,plas]
derde plaats (de)	tredjeplads (f)	['tʁɛðjə,plas]

medaille (de)	medalje (f)	[me'daljə]
trofee (de)	trofæ (i)	[tʁo'fɛˀ]
beker (de)	pokal (f)	[po'kæˀl]
prijs (de)	pris (f)	['pʁiˀs]
hoofdprijs (de)	hovedpris (f)	['hoːəð,pʁiˀs]

record (het)	rekord (f)	[ʁɛ'koːd]
een record breken	at sætte rekord	[ʌ 'sɛtə ʁɛ'koːd]

finale (de)	finale (f)	[fi'næːlə]
finale (bn)	finale-	[fi'næːlə-]

kampioen (de)	mester (f)	['mɛstʌ]
kampioenschap (het)	mesterskab (i)	['mɛstʌ,skæˀb]

stadion (het)	stadion (i)	['stæˀdjʌn]
tribune (de)	tribune (f)	[tʁi'byːnə]
fan, supporter (de)	fan (f)	['fæːn]
tegenstander (de)	modstander (f)	['moð,stanˀʌ]

start (de)	start (f)	['stɑˀt]
finish (de)	mål (i), målstreg (f)	['mɔˀl], ['mɔˀl,stʁɑjˀ]

nederlaag (de)	nederlag (i)	['neðʌ,læˀj]
verliezen (ww)	at tabe	[ʌ 'tæːbə]
rechter (de)	dommer (f)	['dʌmʌ]
jury (de)	jury (f)	['djuːɕi]

stand (~ is 3-1)	resultat (i)	[ʁɛsul'tæʔt]
gelijkspel (het)	uafgjorte resultat (i)	['uɑw‚gjoɐ̯ʔtə ʁɛsul'tæʔt]
in gelijk spel eindigen	at spille uafgjort	[ʌ 'spelə 'uɑw‚gjoɐ̯ʔt]
punt (het)	point (i)	[po'ɛŋ]
uitslag (de)	resultat (i)	[ʁɛsul'tæʔt]

periode (de)	periode (f)	[pæɐ̯i'oːðə]
pauze (de)	halvtid (f)	['hal‚tiðʔ]
doping (de)	doping (f)	['doːpeŋ]
straffen (ww)	at straffe	[ʌ 'stʁɑfə]
diskwalificeren (ww)	at diskvalificere	[ʌ 'diskvalifi‚seʔʌ]

toestel (het)	redskab (i)	['ʁɛð‚skæʔb]
speer (de)	spyd (i)	['spyð]
kogel (de)	kugle (f)	['kuːlə]
bal (de)	kugle (f)	['kuːlə]

doel (het)	mål (i)	['mɔʔl]
schietkaart (de)	skydeskive (f)	['skyːðə‚skiːvə]
schieten (ww)	at skyde	[ʌ 'skyːðə]
precies (bijv. precieze schot)	fuldtræffer	['ful‚tʁɑfʌ]

trainer, coach (de)	træner (f)	['tʁɛːnʌ]
trainen (ww)	at træne	[ʌ 'tʁɛːnə]
zich trainen (ww)	at træne	[ʌ 'tʁɛːnə]
training (de)	træning (f)	['tʁɛːneŋ]

gymnastiekzaal (de)	sportshal (f)	['spɒːts‚halʔ]
oefening (de)	øvelse (f)	['øːvəlsə]
opwarming (de)	opvarmning (f)	['ʌp‚vɑʔmneŋ]

Onderwijs

117. School

school (de)	skole (f)	['sko:lə]
schooldirecteur (de)	skoleinspektør (f)	['sko:lə enspək'tø'ɐ̯]
leerling (de)	elev (f)	[e'le³w]
leerlinge (de)	elev (f)	[e'le³w]
scholier (de)	skoleelev (f)	['sko:lə e'le³w]
scholiere (de)	skoleelev (f)	['sko:lə e'le³w]
leren (lesgeven)	at undervise	[ʌ 'ɔnʌˌvi³sə]
studeren (bijv. een taal ~)	at lære	[ʌ 'lɛ:ʌ]
van buiten leren	at lære udenad	[ʌ 'lɛ:ʌ 'uðən'að]
leren (bijv. ~ tellen)	at lære	[ʌ 'lɛ:ʌ]
in school zijn	at gå i skole	[ʌ gɔ' i 'sko:lə]
(schooljongen zijn)		
naar school gaan	at gå i skole	[ʌ gɔ' i 'sko:lə]
alfabet (het)	alfabet (i)	[alfa'be³t]
vak (schoolvak)	fag (i)	['fæ³j]
klaslokaal (het)	klasseværelse (i)	['klasəˌvæɐ̯ʌlsə]
les (de)	time (f)	['ti:mə]
pauze (de)	frikvarter (i)	['fʁikvɑˌte³ɐ̯]
bel (de)	skoleklokke (f)	['sko:ləˌklʌkə]
schooltafel (de)	skolebord (i)	['sko:ləˌbo'ɐ̯]
schoolbord (het)	tavle (f)	['tawlə]
cijfer (het)	karakter (f)	[kɑɑk'te³ɐ̯]
goed cijfer (het)	høj karakter (f)	['hʌj kɑɑk'te³ɐ̯]
slecht cijfer (het)	dårlig karakter (f)	['dɒ:li kɑɑk'te³ɐ̯]
een cijfer geven	at give karakter	[ʌ 'gi' kɑɑk'te³ɐ̯]
fout (de)	fejl (f)	['fʌj³l]
fouten maken	at lave fejl	[ʌ 'læ:və 'fɑj³l]
corrigeren (fouten ~)	at rette	[ʌ 'ʁatə]
spiekbriefje (het)	snydeseddel (f)	['sny:ðəˌsɛð³əl]
huiswerk (het)	hjemmeopgave (f)	['jɛmə 'ʌpˌgæ:və]
oefening (de)	øvelse (f)	['ø:vəlsə]
aanwezig zijn (ww)	at være til stede	[ʌ 'vɛ:ʌ tel 'stɛ:ðə]
absent zijn (ww)	at være fraværende	[ʌ 'vɛ:ʌ 'fʁɑˌvɛ³ʌnə]
school verzuimen	at forsømme skolen	[ʌ fʌ'sœm³ə 'sko:lən]
bestraffen (een stout kind ~)	at straffe	[ʌ 'stʁɑfə]
bestraffing (de)	straf (f), afstraffelse (f)	['stʁɑf], ['awˌstʁɑfəlsə]

gedrag (het)	opførsel (f)	['ʌp,føg̊'səl]
cijferlijst (de)	karakterbog (f)	[kaak'teg̊,bɔ'w]
potlood (het)	blyant (f)	['bly:,an' t]
gom (de)	viskelæder (i)	['veskə,lɛð'ʌ]
krijt (het)	kridt (i)	['kʁit]
pennendoos (de)	penalhus (i)	[pe'næ'l,hu's]
boekentas (de)	skoletaske (f)	['sko:lə ,taskə]
pen (de)	pen (f)	['pɛn']
schrift (de)	hæfte (i)	['hɛftə]
leerboek (het)	lærebog (f)	['lɛ:ʌ,bɔ'w]
passer (de)	passer (f)	['pasʌ]
technisch tekenen (ww)	at tegne	[ʌ 'tajnə]
technische tekening (de)	teknisk tegning (f)	['tɛknisk 'tajnen]
gedicht (het)	digt (i)	['degt]
van buiten (bw)	udenad	['uðən'að]
van buiten leren	at lære udenad	[ʌ 'lɛ:ʌ 'uðən'að]
vakantie (de)	skoleferie (f)	['sko:lə,feg̊'iə]
met vakantie zijn	at holde ferie	[ʌ 'hʌlə 'feg̊'iə]
vakantie doorbrengen	at tilbringe ferien	[ʌ 'tel,bʁɛn'ə 'feg̊'iən]
toets (schriftelijke ~)	prøve (f)	['pʁœ:wə]
opstel (het)	skolestil (f)	['sko:lə ,sti'l]
dictee (het)	diktat (i, f)	[dik'tæ' t]
examen (het)	eksamen (f)	[ɛk'sæ'mən]
examen afleggen	at tage en eksamen	[ʌ 'aw'lɛgə en ɛk'sæ'mən]
experiment (het)	forsøg (i)	[fʌ'sø'j]

118. Hogeschool. Universiteit

academie (de)	akademi (i)	[akadə'mi']
universiteit (de)	universitet (i)	[univæg̊si'te' t]
faculteit (de)	fakultet (i)	[fakul'te' t]
student (de)	studerende (f)	[stu'de'ʌnə]
studente (de)	kvindelig studerende (f)	['kvenəli stu'de'ʌnə]
leraar (de)	lærer, forelæser (f)	['lɛ:ʌ], ['fɔ:ɒ,lɛ'sʌ]
collegezaal (de)	forelæsningssal (f)	['fɔ:ɒ,lɛ'snen,sæ'l]
afgestudeerde (de)	alumne (f)	[a'lomnə]
diploma (het)	diplom (i)	[di'plo'm]
dissertatie (de)	afhandling (f)	['aw,han'len]
onderzoek (het)	studie (i, f)	['stu'djə]
laboratorium (het)	laboratorium (i)	[laboʁa'to g̊'jom]
college (het)	forelæsning (f)	['fɔ:ɒ,lɛ'snen]
medestudent (de)	studiekammerat (f)	['stu'djə kamə'ʁa' t]
studiebeurs (de)	stipendium (i)	[sti'pɛn'djom]
academische graad (de)	akademisk grad (f)	[aka'de'misk 'gʁa'ð]

119. Wetenschappen. Disciplines

wiskunde (de)	matematik (f)	[matəma'tik]
algebra (de)	algebra (f)	['algə‚bʁɑ']
meetkunde (de)	geometri (f)	[geomə'tʁi']
astronomie (de)	astronomi (f)	[astʁo'no'm]
biologie (de)	biologi (f)	[biolo'gi']
geografie (de)	geografi (f)	[geogʁɑ'fi']
geologie (de)	geologi (f)	[geolo'gi']
geschiedenis (de)	historie (f)	[hi'stoɡ'iə]
geneeskunde (de)	medicin (f)	[medi'si'n]
pedagogiek (de)	pædagogik (f)	[pɛdago'gik]
rechten (mv.)	ret (f)	['ʁat]
fysica, natuurkunde (de)	fysik (f)	[fy'sik]
scheikunde (de)	kemi (f)	[ke'mi']
filosofie (de)	filosofi (f)	[filoso'fi']
psychologie (de)	psykologi (f)	[sykolo'gi']

120. Schrift. Spelling

grammatica (de)	grammatik (f)	[gʁama'tik]
vocabulaire (het)	ordforråd (i)	['oɡfɒ‚ʁo'ð]
fonetiek (de)	fonetik (f)	[fonə'tik]
zelfstandig naamwoord (het)	substantiv (i)	['substan‚tiw']
bijvoeglijk naamwoord (het)	adjektiv (i)	['aðjɛk‚tiw']
werkwoord (het)	verbum (i)	['væɡbɔm]
bijwoord (het)	adverbium (i)	[að'væɡ'bjɔm]
voornaamwoord (het)	pronomen (i)	[pʁo'no:mən]
tussenwerpsel (het)	interjektion (f)	[entʌjɛk'ɕo'n]
voorzetsel (het)	præposition (f)	[pʁɛposi'ɕo'n]
stam (de)	rod (f)	['ʁo'ð]
achtervoegsel (het)	endelse (f)	['ɛnəlsə]
voorvoegsel (het)	præfiks (i)	[pʁɛ'fiks]
lettergreep (de)	stavelse (t)	['stæ.vəlsə]
achtervoegsel (het)	suffiks (i)	[su'fiks]
nadruk (de)	betoning (f), tryk (i)	[be'to'nen], ['tʁœk]
afkappingsteken (het)	apostrof (f)	[apo'stʁʌf]
punt (de)	punktum (i)	['pɔŋtɔm]
komma (de/het)	komma (i)	['kʌma]
puntkomma (de)	semikolon (i)	[semi'ko:lʌn]
dubbelpunt (de)	kolon (i)	['ko:lʌn]
beletselteken (het)	tre prikker (f pl)	['tʁɛ: 'pʁɛkʌ]
vraagteken (het)	spørgsmålstegn (i)	['spœɡs‚mɔls taj'n]
uitroepteken (het)	udråbstegn (i)	['uðʁobs‚taj'n]

aanhalingstekens (mv.)	anførselstegn (i pl)	['an‚føɡsəls‚taj'n]
tussen aanhalingstekens (bw)	i anførselstegn	[i 'an‚føɡsəls‚taj'n]
haakjes (mv.)	parentes (f)	[paɑn'te's]
tussen haakjes (bw)	i parentes	[i paɑn'te's]

streepje (het)	bindestreg (f)	['benəstʁaj]
gedachtestreepje (het)	tankestreg (f)	['taŋkə‚stʁaj']
spatie	mellemrum (i)	['mɛləm‚ʁɔm']
(~ tussen twee woorden)		

letter (de)	bogstav (i)	['bɔw‚stæw]
hoofdletter (de)	stort bogstav (i)	['sto'ɡt 'bɔgstæw]

klinker (de)	vokal (f)	[vo'kæ'l]
medeklinker (de)	konsonant (f)	[kʌnso'nan't]

zin (de)	sætning (f)	['sɛtneŋ]
onderwerp (het)	subjekt (i)	[sub'jɛkt]
gezegde (het)	prædikat (i)	[pʁɛdi'kæ't]

regel (in een tekst)	linje (f)	['linjə]
op een nieuwe regel (bw)	på ny linje	[pɔ ny 'linjə]
alinea (de)	afsnit (i)	['ɑw‚snit]

woord (het)	ord (i)	['o'ɡ]
woordgroep (de)	ordgruppe (f)	['oɡ‚gʁupə]
uitdrukking (de)	udtryk (i)	['uð‚tʁœk]
synoniem (het)	synonym (i)	[syno'ny'm]
antoniem (het)	antonym (i)	[anto'ny'm]

regel (de)	regel (f)	['ʁɛj'əl]
uitzondering (de)	undtagelse (f)	['ɔn‚tæ'jəlsə]
correct (bijv. ~e spelling)	rigtig	['ʁɛgti]

vervoeging, conjugatie (de)	bøjning (f)	['bʌjneŋ]
verbuiging, declinatie (de)	bøjning (f)	['bʌjneŋ]
naamval (de)	kasus (f)	['kæ:sus]
vraag (de)	spørgsmål (i)	['spœɡs‚mɔ'l]
onderstrepen (ww)	at understrege	[ʌ 'ɔnʌsdʁajə]
stippellijn (de)	punkteret linje (f)	[pɔŋ'te'ʌð 'linjə]

121. Vreemde talen

taal (de)	sprog (i)	['spʁɔ'w]
vreemd (bn)	fremmed-	['fʁaməð-]
vreemde taal (de)	fremmedsprog (i)	['fʁaməð'spʁɔ'w]
leren (bijv. van buiten ~)	at studere	[ʌ stu'de'ʌ]
studeren (Nederlands ~)	at lære	[ʌ 'lɛ:ʌ]

lezen (ww)	at læse	[ʌ 'lɛ:sə]
spreken (ww)	at tale	[ʌ 'tæ:lə]
begrijpen (ww)	at forstå	[ʌ fʌ'stɔ']
schrijven (ww)	at skrive	[ʌ 'skʁi:və]
snel (bw)	hurtigt	['hoɡtit]

| langzaam (bw) | langsomt | ['laŋˌsʌmt] |
| vloeiend (bw) | flydende | ['fly:ðənə] |

regels (mv.)	regler (f pl)	['ʁɛjlʌ]
grammatica (de)	grammatik (f)	[gʁama'tik]
vocabulaire (het)	ordforråd (i)	['oɐ̯foˌʁɔˀð]
fonetiek (de)	fonetik (f)	[fonə'tik]

leerboek (het)	lærebog (f)	['lɛːʌˌbɔˀw]
woordenboek (het)	ordbog (f)	['oɐ̯ˌbɔˀw]
leerboek (het) voor zelfstudie	lærebog (f) til selvstudium	['lɛːʌˌbɔˀw tel 'sɛlˌstuˀdjɔm]
taalgids (de)	parlør (f)	[pɑ'lœːɐ̯]

cassette (de)	kassette (f)	[ka'sɛtə]
videocassette (de)	videokassette (f)	['viˀdjo ka'sɛtə]
CD (de)	cd (f)	[se'deˀ]
DVD (de)	dvd (f)	[deve'deˀ]

alfabet (het)	alfabet (i)	[alfa'beˀt]
spellen (ww)	at stave	[ʌ 'stæ:və]
uitspraak (de)	udtale (f)	['uðˌtæ:lə]

accent (het)	accent (f)	[ak'saŋ]
met een accent (bw)	med accent	[mɛ ak'saŋ]
zonder accent (bw)	uden accent	['uðən ak'saŋ]

| woord (het) | ord (i) | ['oˀɐ̯] |
| betekenis (de) | betydning (f) | [be'tyðˀneŋ] |

cursus (de)	kursus (i)	['kuɐ̯sʌ]
zich inschrijven (ww)	at indmelde sig	[ʌ 'enlˌmɛlˀə saj]
leraar (de)	lærer (f)	['lɛːʌ]

vertaling (een ~ maken)	oversættelse (f)	['ɒwʌˌsɛtəlsə]
vertaling (tekst)	oversættelse (f)	['ɒwʌˌsɛtəlsə]
vertaler (de)	oversætter (f)	['ɒwʌˌsɛtʌ]
tolk (de)	tolk (f)	['tʌlˀk]

| polyglot (de) | polyglot (f) | [poly'glʌt] |
| geheugen (het) | hukommelse (f) | [hu'kʌmˀəlsə] |

122. Sprookjesfiguren

Sinterklaas (de)	Julemanden	['ju:ləˌmanˀ]
Assepoester (de)	Askepot	['askəˌpʌt]
zeemeermin (de)	havfrue (f)	['hɑwˌfʁu:ə]
Neptunus (de)	Neptun	[nɛp'tuˀn]

magiër, tovenaar (de)	troldmand (f)	['tʁʌlˌmanˀ]
goede heks (de)	fe (f)	['feˀ]
magisch (bn)	trylle-	['tʁylə-]
toverstokje (het)	tryllestav (f)	['tʁyləˌstæˀw]
sprookje (het)	eventyr (i)	['ɛːvənˌtyɐ̯ˀ]
wonder (het)	mirakel (i)	[mi'ʁakəl]

dwerg (de)	**dværg** (f)	['dvæɐ̯ˀw]
veranderen in ... (anders worden)	**at forvandle sig til ...**	[ʌ fʌ'vanˀlə saj tel ...]

geest (de)	**spøgelse** (i)	['spø:jəlsə]
spook (het)	**fantom** (i)	[fan'toˀm]
monster (het)	**monster** (i)	['mʌnˀstʌ]
draak (de)	**drage** (f)	['dʁɑ:wə]
reus (de)	**gigant, kæmpe** (f)	[gi'ganˀt], ['kɛmpə]

123. Dierenriem

Ram (de)	**Vædderen**	['vɛðˀʌən]
Stier (de)	**Tyren**	['tyɐ̯ˀən]
Tweelingen (mv.)	**Tvillingerne**	['tvileŋʌnə]
Kreeft (de)	**Krebsen**	['kʁabsən]
Leeuw (de)	**Løven**	['lø:vən]
Maagd (de)	**Jomfruen**	['jʌmfʁu:ən]

Weegschaal (de)	**Vægten**	['vɛgtən]
Schorpioen (de)	**Skorpionen**	[skɒpi'oˀnən]
Boogschutter (de)	**Skytten**	['skøtən]
Steenbok (de)	**Stenbukken**	['ste:n̩bɒkn]
Waterman (de)	**Vandmanden**	['van̩manən]
Vissen (mv.)	**Fiskene**	['feskənə]

karakter (het)	**karakter** (f)	[kɑɑk'teˀɐ̯]
karaktertrekken (mv.)	**karaktertræk** (i pl)	[kɑɑk'teɐ̯ˌtʁak]
gedrag (het)	**opførsel** (f)	['ʌpˌføɐ̯ˀsəl]
waarzeggen (ww)	**at spå**	[ʌ 'spɔˀ]
waarzegster (de)	**spåkone** (f)	['spʌˌko:nə]
horoscoop (de)	**horoskop** (i)	[hoo'skoˀp]

Kunst

124. Theater

theater (het)	teater (i)	[te'æ'tʌ]
opera (de)	opera (f)	['o'pəʁɑ]
operette (de)	operette (f)	[opəˈʁatə]
ballet (het)	ballet (f)	[ba'lɛt]

affiche (de/het)	teaterplakat (f)	[te'ætʌ pla'kæ't]
theatergezelschap (het)	teatertrup (f)	[te'ætʌˌtʁup]
tournee (de)	turne, turné (f)	[toɡ'ne]
op tournee zijn	at være på turné	[ʌ 'vɛːʌ pɔ' toɡ'ne]
repeteren (ww)	at repetere	[ʌ ʁɛpə'te'ʌ]
repetitie (de)	repetition (f)	[ʁɛpəti'ɕo'n]
repertoire (het)	repertoire (i)	[ʁɛpæɡto'ɑː]

voorstelling (de)	forestilling (f)	['fɒːɒˌstel'eŋ]
spektakel (het)	teaterstykke (i)	[te'ætʌˌstøkə]
toneelstuk (het)	skuespil (i)	['skuːəˌspel]

biljet (het)	billet (f)	[bi'lɛt]
kassa (de)	billetsalg (i)	[bi'lɛtˌsal']
foyer (de)	lobby, foyer (f)	['lʌbi], [fwa'je]
garderobe (de)	garderobe (f)	[gadə'ʁoːbə]
garderobe nummer (het)	mærke (i)	['mæɡkə]
verrekijker (de)	kikkert (f)	['kikʌt]
plaatsaanwijzer (de)	kontrollør (f)	[kʌntʁo'lø'ɡ]

parterre (de)	parket (i)	[pɑ'kɛt]
balkon (het)	balkon (f)	[bal'kʌŋ]
gouden rang (de)	første række (f)	['fœɡstəˌʁakə]
loge (de)	loge (f)	['loːɕə]
rij (de)	række (f)	['ʁakə]
plaats (de)	plads (f)	['plas]

publiek (het)	publikum (i)	['publikɔm]
kijker (de)	tilskuer (f)	['telˌskuʔʌ]
klappen (ww)	at klappe	[ʌ 'klapə]
applaus (het)	applaus (f)	[a'plɑw's]
ovatie (de)	bifald (i)	['biˌfal']

toneel (op het ~ staan)	scene (f)	['seːnə]
gordijn, doek (het)	tæppe (i)	['tɛpə]
toneeldecor (het)	dekoration (f)	[dekoʁa'ɕo'n]
backstage (de)	kulisser (f pl)	[ku'lisʌ]

scène (de)	scene (f)	['seːnə]
bedrijf (het)	akt (f)	['ɑkt]
pauze (de)	pause, mellemakt (f)	['pɑwsə], ['mɛləmˌɑkt]

125. Bioscoop

acteur (de)	skuespiller (f)	['sku:ə‚spelʌ]
actrice (de)	skuespillerinde (f)	['sku:ə‚spelʌ'enə]

bioscoop (de)	filmindustri (f)	['film endu'stʁi']
speelfilm (de)	film (f)	['fil'm]
aflevering (de)	del (f)	['de'l]

detectivefilm (de)	kriminalfilm (f)	[kʁimi'næ'l‚fil'm]
actiefilm (de)	actionfilm (f)	['akɕən‚fil'm]
avonturenfilm (de)	eventyrfilm (f)	['ɛ:vən‚tyɐ̯ 'fil'm]
sciencefictionfilm (de)	science fiction film (f)	[sɑjəns'fekɕən 'fil'm]
griezelfilm (de)	skrækfilm (f)	['sgʁak‚fil'm]

komedie (de)	komedie (f), lystspil (i)	[ko'með'jə], ['løst‚spel]
melodrama (het)	melodrama (i)	[melo'dʁɑ:ma]
drama (het)	drama (i)	['dʁɑ:ma]

speelfilm (de)	spillefilm (f)	['spelə‚fil'm]
documentaire (de)	dokumentarfilm (f)	[dokumɛn'tɑ' 'fil'm]
tekenfilm (de)	tegnefilm (f)	['tajnə‚fil'm]
stomme film (de)	stumfilm (f)	['stɔm‚fil'm]

rol (de)	rolle (f)	['ʁʌlə]
hoofdrol (de)	hovedrolle (f)	['ho:əð‚ʁʌlə]
spelen (ww)	at spille	[ʌ 'spelə]

filmster (de)	filmstjerne (f)	['film‚stjæɐ̯nə]
bekend (bn)	kendt, berømt	['kɛn't], [be'ʁœm't]
beroemd (bn)	berømt	[be'ʁœm't]
populair (bn)	populær	[popu'lɛ'ɐ̯]

scenario (het)	manuskript (i)	[manu'skʁɛpt]
scenarioschrijver (de)	manuskriptforfatter (f)	[manu'skʁɛpt fʌ'fatʌ]
regisseur (de)	filminstruktør (f)	['film enstʁuk'tø'ɐ̯]
filmproducent (de)	producer (f)	[pʁo'dju:sʌ]
assistent (de)	assistent (f)	[asi'stɛn't]
cameraman (de)	kameramand (f)	['kæ'məʁɑ‚man']
stuntman (de)	stuntmand (f)	['stʌnt‚man']
stuntdubbel (de)	dubleant (f)	[duble'an't]

een film maken	at indspille en film	[ʌ 'en‚spel'ə ən fil'm]
auditie (de)	prøve (f)	['pʁœ:wə]
opnamen (mv.)	filmoptagelse (f)	['film ʌp‚tæ'jəlsə]
filmploeg (de)	filmhold (i)	['film‚hʌl']
filmset (de)	optagelsessted (i)	['ʌp‚tæ'jəlsə‚stɛð]
filmcamera (de)	filmkamera (i)	['film‚kæ'məʁɑ]

bioscoop (de)	biograf (f)	[bio'gʁɑ'f]
scherm (het)	filmlærred (i)	['film‚læɐ̯ʌð]
een film vertonen	at vise en film	[ʌ 'vi:sə en fil'm]

geluidsspoor (de)	lydspor (i)	['lyð‚spo'ɐ̯]
speciale effecten (mv.)	specialeffekter (f pl)	['spɛɕəl e'fɛktʌ]

ondertiteling (de)	**undertekster** (f pl)	['ɔnʌˌtɛkstʌ]
voortiteling, aftiteling (de)	**rulletekst** (f)	['ʁuləˌtɛkst]
vertaling (de)	**oversættelse** (f)	['ɒwʌˌsɛtəlsə]

126. Schilderij

kunst (de)	**kunst** (f)	['kɔnˀst]
schone kunsten (mv.)	**de skønne kunster**	[di 'skœnə 'kɔnˀstʌ]
kunstgalerie (de)	**kunstgalleri** (i)	['kɔnˀst galʌ'ʁiˀ]
kunsttentoonstelling (de)	**kunstudstilling** (f)	['kɔnst uðˌstelˀeŋ]

schilderkunst (de)	**maleri** (i)	[ˌmæːlʌ'ʁiˀ]
grafiek (de)	**grafik** (f)	[gʁa'fik]
abstracte kunst (de)	**abstrakt kunst** (f)	[ab'stʁakt 'kɔnˀst]
impressionisme (het)	**impressionisme** (f)	[empʁɛɕo'nismə]

schilderij (het)	**maleri** (i)	[ˌmæːlʌ'ʁiˀ]
tekening (de)	**tegning** (f)	['tɑjneŋ]
poster (de)	**poster** (f)	['pɔwstʌ]

illustratie (de)	**illustration** (f)	[ilustʁa'ɕoˀn]
miniatuur (de)	**miniature** (f)	[minja'tyːʌ]
kopie (de)	**kopi** (f)	[ko'piˀ]
reproductie (de)	**reproduktion** (f)	[ʁɛpʁoduk'ɕoˀn]

mozaïek (het)	**mosaik** (f)	[mosa'ik]
gebrandschilderd glas (het)	**glasmaleri** (i)	['glas ˌmæːlʌ'ʁiˀ]
fresco (het)	**fresko** (f)	['fʁasko]
gravure (de)	**gravure** (f)	[gʁa'vyːʌ]

buste (de)	**buste** (f)	['bystə]
beeldhouwwerk (het)	**skulptur** (f)	[skulp'tuɐˀ]
beeld (bronzen ~)	**statue** (f)	['stæˀtuə]
gips (het)	**gips** (f)	['gips]
gipsen (bn)	**gips-**	['gips-]

portret (het)	**portræt** (i)	[pɒ'tʁat]
zelfportret (het)	**selvportræt** (i)	['sɛlˌpɒtʁat]
landschap (het)	**landskabsmaleri** (i)	['lanˌskæbsˌmæːlʌ'ʁiˀ]
stilleven (het)	**stilleben** (i)	['stelˌleːbən]
karikatuur (de)	**karikatur** (t)	[kʰuika'tuɐˀ]
schets (de)	**skitse** (f)	['skitsə]

verf (de)	**maling** (f)	['mæːleŋ]
aquarel (de)	**akvarel** (f)	[akvɑ'ʁalˀ]
olieverf (de)	**olie** (f)	['oljə]
potlood (het)	**blyant** (f)	['blyːˌanˀt]
Oostindische inkt (de)	**tusch** (f)	['tuɕ]
houtskool (de)	**kul** (i)	['kɔl]

tekenen (met krijt)	**at tegne**	[ʌ 'tɑjnə]
schilderen (ww)	**at male**	[ʌ 'mæːlə]
poseren (ww)	**at posere**	[ʌ po'seˀʌ]
naaktmodel (man)	**model** (f)	[mo'dɛlˀ]

naaktmodel (vrouw)	model (f)	[mo'dɛl']
kunstenaar (de)	kunstner (f)	['kɔnstnʌ]
kunstwerk (het)	kunstværk (i)	['kɔnstˌvæɐ̯k]
meesterwerk (het)	mesterværk (i)	['mɛstʌˌvæɐ̯k]
studio, werkruimte (de)	atelier (i)	[atəl'je]

schildersdoek (het)	kanvas (i, f), lærred (i)	['kanvas], ['læɐ̯ʌð]
schildersezel (de)	staffeli (i)	[stɑfə'li']
palet (het)	palet (f)	[pa'lɛt]

lijst (een vergulde ~)	ramme (f)	['ʁamə]
restauratie (de)	restaurering (f)	[ʁɛstɑw'ʁɛ'ɡ̊en]
restaureren (ww)	at restaurere	[ʌ ʁɛstɑw'ʁɛ'ʌ]

127. Literatuur & Poëzie

literatuur (de)	litteratur (f)	[litəʁɑ'tuɐ̯']
auteur (de)	forfatter (f)	[fʌ'fatʌ]
pseudoniem (het)	pseudonym (i)	[sœwdo'ny'm]

boek (het)	bog (f)	['bɔ'w]
boekdeel (het)	bind (i)	['ben']
inhoudsopgave (de)	indholdsfortegnelse (f)	['enhʌls fʌ'taj'nəlsə]
pagina (de)	side (f)	['si:ðə]
hoofdpersoon (de)	hovedperson (f)	['ho:əð pæɡ̊'so'n]
handtekening (de)	autograf (f)	[ɑwto'gʁɑ'f]

verhaal (het)	novelle (f)	[no'vɛlə]
novelle (de)	kortroman (f)	['kɔ:d ʁo'mæ'n]
roman (de)	roman (f)	[ʁo'mæ'n]
werk (literatuur)	værk (i)	['væɐ̯k]
fabel (de)	fabel (f)	['fæ'bəl]
detectiveroman (de)	kriminalroman (f)	[kʁimi'næl ʁo'mæ'n]

gedicht (het)	digt (i)	['degt]
poëzie (de)	poesi (f)	[poə'si']
epos (het)	epos (i)	[po'e'm]
dichter (de)	poet (f), digter (f)	[po'e't], ['degtʌ]

fictie (de)	skønlitteratur (f)	['skœn litəʁɑ'tuɐ̯']
sciencefiction (de)	science fiktion (f)	[sajəns'fekɕən]
avonturenroman (de)	eventyr (i pl)	['ɛ:vənˌtyɐ̯']
opvoedkundige literatuur (de)	undervisningslitteratur (f)	['ɔnʌˌvi'snəŋs litəʁɑ'tuɐ̯']
kinderliteratuur (de)	børnelitteratur (f)	['bœɐ̯nə litəʁɑ'tuɐ̯']

128. Circus

circus (de/het)	cirkus (i)	['siɐ̯kus]
chapiteau circus (de/het)	omrejsende cirkus (i)	['ʌmˌʁɑj'sənə 'siɐ̯kus]
programma (het)	program (i)	[pʁo'gʁɑm']
voorstelling (de)	forestilling (f)	['fo:ɒˌstel'eŋ]
nummer (circus ~)	nummer (i)	['nɔm'ʌ]

arena (de)	**arena** (f)	[ɑ'ʁɛ:na]
pantomime (de)	**pantomime** (f)	[panto'mi:mə]
clown (de)	**klovn** (f)	['klɒwʔn]

acrobaat (de)	**akrobat** (f)	[ɑkʁo'bæʔt]
acrobatiek (de)	**akrobatik** (f)	[ɑkʁoba'tik]
gymnast (de)	**gymnast** (f)	[gym'nast]
gymnastiek (de)	**gymnastik** (f)	[gymna'stik]
salto (de)	**salto** (f)	['salto]

sterke man (de)	**atlet** (f)	[at'leʔt]
temmer (de)	**dyretæmmer** (f)	['dyɡ̯ˌtɛmʌ]
ruiter (de)	**rytter** (f)	['ʁytʌ]
assistent (de)	**assistent** (f)	[asi'stɛnʔt]

stunt (de)	**trick** (i)	['tʁɛk]
goocheltruc (de)	**trylletrick** (i)	['tʁylə ˌtʁɛk]
goochelaar (de)	**tryllekunstner** (f)	['tʁylə ˌkɔnʔstnʌ]

jongleur (de)	**jonglør** (f)	[ɕʌŋ'løʔɡ̯]
jongleren (ww)	**at jonglere**	[ʌ ɕʌŋ'leʔʌ]
dierentrainer (de)	**dressør** (f)	[dʁɛ'søʔɡ̯]
dressuur (de)	**dressur** (f)	[dʁɛ'suɡ̯ʔ]
dresseren (ww)	**at dressere**	[ʌ dʁɛ'seʔʌ]

129. Muziek. Popmuziek

muziek (de)	**musik** (f)	[mu'sik]
muzikant (de)	**musiker** (f)	['mu'sikʌ]
muziekinstrument (het)	**musikinstrument** (i)	[mu'sik enstʁu'mɛnʔt]
spelen (bijv. gitaar ~)	**at spille ...**	[ʌ 'spelə ...]

gitaar (de)	**guitar** (f)	['gi ˌtɑʔ]
viool (de)	**violin** (f)	[vio'liʔn]
cello (de)	**cello** (f)	['sɛlo]
contrabas (de)	**kontrabas** (f)	['kʌntʁɑ ˌbas]
harp (de)	**harpe** (f)	['hɑ:pə]

piano (de)	**piano** (i)	[pi'æ:no]
vleugel (de)	**flygel** (i)	['fly'əl]
orgel (het)	**orgel** (i)	['ɒ'wəl]

blaasinstrumenten (mv.)	**blæseinstrumenter** (i pl)	['blɛʔs ˌenstʁu'mɛnʔtʌ]
hobo (de)	**obo** (f)	[o'boʔ]
saxofoon (de)	**saxofon** (f)	[sakso'foʔn]
klarinet (de)	**klarinet** (f)	[klɑi'nɛt]
fluit (de)	**fløjte** (f)	['flʌjtə]
trompet (de)	**trompet** (f)	[tʁɔm'peʔt]

accordeon (de/het)	**akkordeon** (i)	[a'kɒʔdjʌn]
trommel (de)	**tromme** (f)	['tʁomə]

duet (het)	**duet** (f)	[du'ɛt]
trio (het)	**trio** (f)	['tʁi:o]

kwartet (het)	**kvartet** (f)	[kvɑ'tɛt]
koor (het)	**kor** (i)	['koʔɐ̯]
orkest (het)	**orkester** (i)	[ɒ'kɛstʌ]
popmuziek (de)	**popmusik** (f)	['pʌp mu'sik]
rockmuziek (de)	**rockmusik** (f)	['ʁʌk mu'sik]
rockgroep (de)	**rockgruppe** (f)	['ʁʌk ˌɡʁupə]
jazz (de)	**jazz** (f)	['djas]
idool (het)	**idol** (i)	[i'doʔl]
bewonderaar (de)	**beundrer** (f)	[be'ɔnʔdʁʌ]
concert (het)	**koncert** (f)	[kɔn'sæɐ̯t]
symfonie (de)	**symfoni** (f)	[symfo'niʔ]
compositie (de)	**komposition** (f)	[kɔmposi'ɕoʔn]
componeren (muziek ~)	**at komponere**	[ʌ kɔmpo'neʔʌ]
zang (de)	**sang** (f)	['sɑŋʔ]
lied (het)	**sang** (f)	['sɑŋʔ]
melodie (de)	**melodi** (f)	[melo'diʔ]
ritme (het)	**rytme** (f)	['ʁytmə]
blues (de)	**blues** (f)	['blu:s]
bladmuziek (de)	**noder** (pl)	['no:ðʌ]
dirigeerstok (baton)	**taktstok** (f)	['tɑktˌstʌk]
strijkstok (de)	**bue** (f)	['bu:ə]
snaar (de)	**streng** (f)	['stʁɑŋʔ]
koffer (de)	**kasse** (f)	['kasə]

Rusten. Entertainment. Reizen

130. Trip. Reizen

toerisme (het)	turisme (f)	[tu'ʁismə]
toerist (de)	turist (f)	[tu'ʁist]
reis (de)	rejse (f)	['ʁajsə]
avontuur (het)	eventyr (i)	['ɛːvənˌtyɐ̯ˀ]
tocht (de)	rejse (f)	['ʁajsə]
vakantie (de)	ferie (f)	['feɐ̯ˀiə]
met vakantie zijn	at holde ferie	[ʌ 'hʌlə 'feɐ̯ˀiə]
rust (de)	ophold (i), hvile (f)	['ʌpˌhʌlˀ], ['viːlə]
trein (de)	tog (i)	['tɔˀw]
met de trein	med tog	[mɛ 'tɔˀw]
vliegtuig (het)	fly (i)	['flyˀ]
met het vliegtuig	med fly	[mɛ 'flyˀ]
met de auto	med bil	[mɛ 'biˀl]
per schip (bw)	med skib	[mɛ 'skiˀb]
bagage (de)	bagage (f)	[ba'gæːɕə]
valies (de)	kuffert (f)	['kɔfʌt]
bagagekarretje (het)	bagagevogn (f)	[ba'gæːɕəˌvɒwˀn]
paspoort (het)	pas (i)	['pas]
visum (het)	visum (i)	['viːsɔm]
kaartje (het)	billet (f)	[bi'lɛt]
vliegticket (het)	flybillet (f)	['fly bi'lɛt]
reisgids (de)	rejsehåndbog (f)	['ʁajsəˌhʌnbɔˀw]
kaart (de)	kort (i)	['kɔːt]
gebied (landelijk ~)	område (i)	['ʌmˌʁɔːðə]
plaats (de)	sted (i)	['stɛð]
exotisch (bn)	eksotisk	[ɛk'soˀtisk]
verwonderlijk (bn)	forunderlig	[fʌ'ɔnˀʔʌli]
groep (de)	gruppe (f)	['gʁupə]
rondleiding (de)	udflugt (f)	['uðˌflɔgt]
gids (de)	guide (f)	['gajd]

131. Hotel

hotel (het)	hotel (i)	[ho'tɛlˀ]
motel (het)	motel (i)	[mo'tɛlˀ]
3-sterren	trestjernet	['tʁɛˌstjæɐ̯ˀnəð]
5-sterren	femstjernet	['fɛmˌstjæɐ̯ˀnəð]

overnachten (ww)	at bo	[ʌ 'boʔ]
kamer (de)	værelse (i)	['væɐ̯ʌlsə]
eenpersoonskamer (de)	enkeltværelse (i)	['ɛŋˈkəlt̩ˌvæɐ̯ʌlsə]
tweepersoonskamer (de)	dobbeltværelse (i)	['dʌbəlt̩ˌvæɐ̯ʌlsə]
een kamer reserveren	at booke et værelse	[ʌ 'bukə et 'væɐ̯ʌlsə]

halfpension (het)	halvpension (f)	['halʔ paŋ'ɕoʔn]
volpension (het)	helpension (f)	['heʔl paŋ'ɕoʔn]

met badkamer	med badekar	[mɛ 'bæːðəˌka]
met douche	med brusebad	[mɛ 'bʁuːsəˌbað]
satelliet-tv (de)	satellit-tv (i)	[satə'lit 'teʔˌveʔ]
airconditioner (de)	klimaanlæg (i)	['kliːmaˈanˌlɛʔg]
handdoek (de)	håndklæde (i)	['hʌnˌklɛːðə]
sleutel (de)	nøgle (f)	['nʌjlə]

administrateur (de)	administrator (f)	[aðmini'stʁaːtʌ]
kamermeisje (het)	stuepige (f)	['stuəˌpiːə]
piccolo (de)	drager (f)	['dʁaːwʌ]
portier (de)	portier (f)	[pɒ'tje]

restaurant (het)	restaurant (f)	[ʁɛsto'ʁaŋ]
bar (de)	bar (f)	['baʔ]
ontbijt (het)	morgenmad (f)	['mɒːɒnˌmað]
avondeten (het)	aftensmad (f)	['aftənsˌmað]
buffet (het)	buffet (f)	[by'fe]

hal (de)	hall, lobby (f)	['hɒːl], ['lʌbi]
lift (de)	elevator (f)	[eleˈvæːtʌ]

NIET STOREN	VIL IKKE FORSTYRRES	['vel 'ekə fʌ'styɐ̯ʔʌs]
VERBODEN TE ROKEN!	RYGNING FORBUDT	['ʁyːneŋ fʌ'byʔð]

132. Boeken. Lezen

boek (het)	bog (f)	['bɔʔw]
auteur (de)	forfatter (f)	[fʌ'fatʌ]
schrijver (de)	forfatter (f)	[fʌ'fatʌ]
schrijven (een boek)	at skrive	[ʌ 'skʁiːvə]

lezer (de)	læser (f)	['lɛːsʌ]
lezen (ww)	at læse	[ʌ 'lɛːsə]
lezen (het)	læsning (f)	['lɛːsneŋ]

stil (~ lezen)	for sig selv	[fʌ saj 'sɛlʔv]
hardop (~ lezen)	højt	['hɒjʔt]

uitgeven (boek ~)	at publicere	[ʌ publi'seʔʌ]
uitgeven (het)	publicering (f)	[publi'seʔʁen]
uitgever (de)	forlægger (f)	['foːˌlɛgʌ]
uitgeverij (de)	forlag (i)	['foːˌlæʔj]

verschijnen (bijv. boek)	at udkomme	[ʌ 'uðˌkʌmə]
verschijnen (het)	udgivelse (f)	['uðˌgiʔwəlsə]

oplage (de)	oplag (i)	['ʌpˌlæˀj]
boekhandel (de)	boghandel (f)	['bɔwˌhanˀəl]
bibliotheek (de)	bibliotek (i)	[biblio'teˀk]
novelle (de)	kortroman (f)	['kɒːd ʁo'mæˀn]
verhaal (het)	novelle (f)	[no'vɛlə]
roman (de)	roman (f)	[ʁo'mæˀn]
detectiveroman (de)	kriminalroman (f)	[kʁimi'næl ʁo'mæˀn]
memoires (mv.)	memoirer (pl)	[memo'ɑːɑ]
legende (de)	legende (f), sagn (i)	[le'gɛndə], ['sɑwˀn]
mythe (de)	myte (f)	['myːtə]
gedichten (mv.)	digte (i pl)	['degtə]
autobiografie (de)	selvbiografi (f)	[ˌsɛlbiogʁɑ'fiˀ]
bloemlezing (de)	udvalgte værker (i pl)	['uðˌval'tə 'væ̞kʌ]
sciencefiction (de)	science fiction (f)	[sɑjəns'fekçən]
naam (de)	titel (f)	['titəl]
inleiding (de)	indledning (f)	['enˌleðˀneŋ]
voorblad (het)	titelblad (i)	['titəlˌblɑð]
hoofdstuk (het)	kapitel (i)	[ka'pitəl]
fragment (het)	uddrag (i)	['uðˌdʁɑˀw]
episode (de)	episode (f)	[epi'soːðə]
intrige (de)	handling (f)	['hanleŋ]
inhoud (de)	indhold (i)	['enˌhʌlˀ]
inhoudsopgave (de)	indholdsfortegnelse (f)	['enhʌls fʌ'tɑjˀnəlsə]
hoofdpersonage (het)	hovedperson (f)	['hoːəð pæ̞'soˀn]
boekdeel (het)	bind (i)	['benˀ]
omslag (de/het)	omslag (i)	['ʌmˌslæˀj]
boekband (de)	bogbind (i)	['bɔwˌbenˀ]
bladwijzer (de)	bogmærke (i)	['bɔwˌmæ̞kə]
pagina (de)	side (f)	['siːðə]
bladeren (ww)	at bladre	[ʌ 'blɑðʁʌ]
marges (mv.)	marginer (f pl)	['mɑˀginʌ]
annotatie (de)	annotation (f)	[anota'ɕoˀn]
opmerking (de)	anmærkning (f)	['anˌmæ̞kneŋ]
tekst (de)	tekst (f)	['tɛkst]
lettertype (het)	skrifttype (f)	['skʁɛftˌtyːpə]
drukfout (de)	trykfejl (f)	['tʁœkˌfɑjˀl]
vertaling (de)	oversættelse (f)	['ɒwʌˌsɛtəlsə]
vertalen (ww)	at oversætte	[ʌ 'ɒwʌˌsɛtə]
origineel (het)	original (f)	[ɒigi'næˀl]
beroemd (bn)	berømt	[be'ʁœmˀt]
onbekend (bn)	ukendt	['uˌkɛnˀt]
interessant (bn)	interessant	[entʁɑ'sanˀt]
bestseller (de)	bestseller (f)	['bɛstˌsɛlʌ]
woordenboek (het)	ordbog (f)	['o̞ˌbɔˀw]
leerboek (het)	lærebog (f)	['lɛːʌˌbɔˀw]
encyclopedie (de)	encyklopædi (f)	[ɛnsyklopə'diˀ]

133. Jacht. Vissen

jacht (de)	**jagt** (f)	['jɑgt]
jagen (ww)	**at jage**	[ʌ 'jæːjə]
jager (de)	**jæger** (f)	['jɛːjʌ]

schieten (ww)	**at skyde**	[ʌ 'skyːðə]
geweer (het)	**gevær** (i)	[ge'vɛˀɐ̯]
patroon (de)	**patron** (f)	[pa'tʁoˀn]
hagel (de)	**hagl** (i)	['hɑwˀl]

val (de)	**saks** (f), **fælde** (f)	['sɑks], ['fɛlə]
valstrik (de)	**fælde** (f)	['fɛlə]
in de val trappen	**at gå i fælden**	[ʌ gɔˀ i 'fɛlən]
een val zetten	**at sætte en fælde**	[ʌ 'sɛtə en 'fɛlə]

stroper (de)	**krybskytte** (f)	['kʁybˌskøtə]
wild (het)	**vildt** (i)	['vilˀt]
jachthond (de)	**jagthund** (f)	['jɑgtˌhunˀ]
safari (de)	**safari** (f)	[sa'fɑːi]
opgezet dier (het)	**udstoppet dyr** (i)	['uðˌstʌpəð ˌdyɐ̯ˀ]

visser (de)	**fisker** (f)	['feskʌ]
visvangst (de)	**fiskeri** (i)	[feskʌ'ʁiˀ]
vissen (ww)	**at fiske**	[ʌ 'feskə]

hengel (de)	**fiskestang** (f)	['feskəˌstɑŋˀ]
vislijn (de)	**fiskesnøre** (f)	['feskəˌsnœːʌ]
haak (de)	**krog** (f)	['kʁɔˀw]
dobber (de)	**flyder** (f)	['flyːðʌ]
aas (het)	**agn** (f)	['awˀn]

de hengel uitwerpen	**at kaste ud**	[ʌ 'kɑstə uðˀ]
bijten (ov. de vissen)	**at bide (på)**	[ʌ 'biːðə pɔˀ]
vangst (de)	**fangst** (f)	['fɑŋˀst]
wak (het)	**hul** (i) **i isen**	['hɔl i ˌisən]

net (het)	**net** (i)	['nɛt]
boot (de)	**båd** (f)	['bɔˀð]
vissen met netten	**at fiske med net**	[ʌ 'feskə 'mɛ nɛt]
het net uitwerpen	**at kaste nettet**	[ʌ 'kɑstə 'nɛtəð]
het net binnenhalen	**at hale nettet ind**	[ʌ 'hæːlə 'nɛtəð enˀ]
in het net vallen	**at blive fanget i nettet**	[ʌ 'bliːə 'fɑŋəð i 'nɛtəð]

walvisvangst (de)	**hvalfanger** (f)	['væːlˌfɑŋʌ]
walvisvaarder (de)	**hvalfangerbåd** (f)	['væːlfɑŋʌˌbɔˀð]
harpoen (de)	**harpun** (f)	[hɑ'puˀn]

134. Spellen. Biljart

biljart (het)	**billard** (i, f)	['biliˌɑˀd]
biljartzaal (de)	**billard salon** (f)	['biliˌɑˀd sa'lʌn]
biljartbal (de)	**billardkugle** (f)	['biliˌɑˀd 'kuːlə]

een bal in het gat jagen	at skyde en bal	[ʌ 'sky:ðə en bal]
keu (de)	kø (f), billardkø (f)	['køˀ], ['biliˌɑˀd 'køˀ]
gat (het)	hul (i)	['hɔl]

135. Spellen. Speelkaarten

ruiten (mv.)	ruder (f)	['ʁu:ðʌ]
schoppen (mv.)	spar (f)	['spɑˀ]
klaveren (mv.)	hjerter (f)	['jæɐ̯tʌ]
harten (mv.)	klør (f)	['kløˀɐ̯]

aas (de)	es (i)	['ɛs]
koning (de)	konge (f)	['kʌŋə]
dame (de)	dame (f)	['dæ:mə]
boer (de)	knægt (f)	['knɛgt]

speelkaart (de)	kort, spillekort (i)	['kɒ:t], ['speləˌkɒ:t]
kaarten (mv.)	kort (i pl)	['kɒ:t]
troef (de)	trumf (f)	['tʁɒmˀf]
pak (het) kaarten	sæt (i) spillekort	['sɛt 'speləˌkɒ:t]

punt (bijv. vijftig ~en)	point (i)	[po'ɛŋ]
uitdelen (kaarten ~)	at give, at dele ud	[ʌ 'giˀ], [ʌ 'de:lə uð]
schudden (de kaarten ~)	at blande	[ʌ 'blanə]
beurt (de)	træk (i)	['tʁak]
valsspeler (de)	falskspiller (f)	['falˀskˌspelʌ]

136. Rusten. Spellen. Diversen

wandelen (on.ww.)	at spadsere	[ʌ spa'seˀʌ]
wandeling (de)	spadseretur (f)	[spa'seʌˌtuɐ̯ˀ]
trip (per auto)	køretur (f)	['kø:ʌˌtuɐ̯ˀ]
avontuur (het)	eventyr (i)	['ɛ:vənˌtyɐ̯ˀ]
picknick (de)	picnic (f)	['piknik]

spel (het)	spil (i)	['spel]
speler (de)	spiller (f)	['spelʌ]
partij (de)	parti (i)	[pɑ'tiˀ]

collectioneur (de)	samler (f)	['samlʌ]
collectioneren (ww)	at samle på	[ʌ 'samlə 'pɔˀ]
collectie (de)	samling (f)	['samleŋ]

kruiswoordraadsel (het)	krydsord (i. f)	['kʁysˌoˀɐ̯]
hippodroom (de)	galopbane (f)	[ga'lʌpˌbæ:nə]
discotheek (de)	diskotek (i)	[disko'teˀk]

| sauna (de) | sauna (f) | ['sɑwna] |
| loterij (de) | lotteri (i) | [lʌtʌ'ʁiˀ] |

| trektocht (kampeertocht) | campingtur (f) | ['kæ:mpeŋˌtuɐ̯ˀ] |
| kamp (het) | lejr (f) | ['lɑjˀʌ] |

tent (de)	**telt** (i)	['tɛlˀt]
kompas (het)	**kompas** (i)	[kɔm'pas]
rugzaktoerist (de)	**campist** (f)	[kɑm'pist]

bekijken (een film ~)	**at se**	[ʌ 'seˀ]
kijker (televisie~)	**tv-seer** (f)	['te‚ve 'seˀʌ]
televisie-uitzending (de)	**tv-show** (i)	['te‚ve 'ɕɔːw]

137. Fotografie

fotocamera (de)	**kamera** (i)	['kæˀməʁa]
foto (de)	**foto** (i), **fotografi** (i, f)	['foto], [fotoʁa'fiˀ]

fotograaf (de)	**fotograf** (f)	[foto'gʁaˀf]
fotostudio (de)	**fotoatelier** (i)	['foto atəl'je]
fotoalbum (het)	**fotoalbum** (i)	['foto‚albɔm]

lens (de), objectief (het)	**objektiv** (i)	[ʌbjøk'tiwˀ]
telelens (de)	**teleobjektiv** (i)	['te:lə ʌbjøk'tiwˀ]
filter (de/het)	**filter** (i)	['filˀtʌ]
lens (de)	**linse** (f)	['lensə]

optiek (de)	**optik** (f)	[ʌp'tik]
diafragma (het)	**blænder** (f)	['blɛnʌ]
belichtingstijd (de)	**eksponeringstid** (f)	[ɛkspo'neʁˀeŋs‚tiðˀ]
zoeker (de)	**søger** (f)	['søːjʌ]

digitale camera (de)	**digitalkamera** (i)	[digi'tæˀl ‚kæˀməʁa]
statief (het)	**stativ** (i)	[sta'tiwˀ]
flits (de)	**blitz** (f)	['blits]
fotograferen (ww)	**at fotografere**	[ʌ fotoʁa'feˀʌ]
kieken (foto's maken)	**at tage billeder**	[ʌ 'tæˀ 'beləðə]
zich laten fotograferen	**at blive fotograferet**	[ʌ 'bli:ə fotoʁa:'feˀʌð]

focus (de)	**fokus** (i, f)	['fo:kus]
scherpstellen (ww)	**at stille skarpt**	[ʌ 'stelə 'ska:pt]
scherp (bn)	**skarp**	['ska:p]
scherpte (de)	**skarphed** (f)	['ska:p‚heðˀ]

contrast (het)	**kontrast** (f)	[kʌn'tʁast]
contrastrijk (bn)	**kontrast-**	[kʌn'tʁast-]

kiekje (het)	**billede** (i)	['beləðə]
negatief (het)	**negativ** (i)	['nega‚tiwˀ]
filmpje (het)	**film** (f)	['filˀm]
beeld (frame)	**billede** (i)	['beləðə]
afdrukken (foto's ~)	**at skrive ud**	[ʌ 'skʁi:və uðˀ]

138. Strand. Zwemmen

strand (het)	**badestrand** (f)	['bæːðə‚sdʁanˀ]
zand (het)	**sand** (i)	['sanˀ]

leeg (~ strand)	øde	['øːðə]
bruine kleur (de)	solbrændthed (f)	['soːlˌbʁantheð']
zonnebaden (ww)	at sole sig	[ʌ 'soːlə saj]
gebruind (bn)	solbrændt	['soːlˌbʁanˀt]
zonnecrème (de)	solcreme (f)	['soːlˌkʁɛˀm]
bikini (de)	bikini (f)	[bi'kini]
badpak (het)	badedragt (f)	['bæːðəˌdʁagt]
zwembroek (de)	badebukser (pl)	['bæːðəˌbɔksʌ]
zwembad (het)	svømmebassin (i)	['svœməbaˌsɛŋ]
zwemmen (ww)	at svømme	[ʌ 'svœmə]
douche (de)	brusebad (i)	['bʁuːsəˌbað]
zich omkleden (ww)	at klæde sig om	[ʌ 'klɛːðə saj ˌʌmˀ]
handdoek (de)	håndklæde (i)	['hʌnˌklɛːðə]
boot (de)	båd (f)	['bɔˀð]
motorboot (de)	motorbåd (f)	['moːtʌˌbɔˀð]
waterski's (mv.)	vandski (f pl)	['vanˌskiˀ]
waterfiets (de)	vandcykel (f)	['vanˌsykəl]
surfen (het)	surfing (f)	['sœːfeŋ]
surfer (de)	surfer (f)	['sœːfʌ]
scuba, aqualong (de)	SCUBA-sæt (i)	['skuːbə'sɛt]
zwemvliezen (mv.)	svømmefødder (f pl)	['svœməˌføðˀʌ]
duikmasker (het)	maske (f)	['maskə]
duiker (de)	dykker (f)	['døkʌ]
duiken (ww)	at dykke	[ʌ 'døkə]
onder water (bw)	under vandet	['ɔnʌ 'vanəð]
parasol (de)	parasol (f)	[paa'sʌlˀ]
ligstoel (de)	liggestol (f)	['legəˌstoˀl]
zonnebril (de)	solbriller (pl)	['soːlˌbʁɛlʌ]
luchtmatras (de/het)	luftmadras (f)	['lɔftma'dʁas]
spelen (ww)	at lege	[ʌ 'lajə]
gaan zwemmen (ww)	at bade	[ʌ 'bæˀðə]
bal (de)	bold (f)	['bʌlˀd]
opblazen (oppompen)	at puste op	[ʌ 'puːstə ʌp]
lucht-, opblaasbare (bn)	oppustelig	[ʌp'puːstəli]
golf (hoge ~)	bølge (f)	['bøljə]
boei (de)	bøje (f)	['bʌjə]
verdrinken (ww)	at drukne	[ʌ 'dʁɔknə]
redden (ww)	at redde	[ʌ 'ʁɛðə]
reddingsvest (de)	redningsvest (f)	['ʁɛðneŋsˌvɛst]
waarnemen (ww)	at observere	[ʌ ʌbsæɡ've'ˀʌ]
redder (de)	livredder (f)	['liwˌʁɛðʌ]

TECHNISCHE APPARATUUR. VERVOER

Technische apparatuur

139. Computer

computer (de)	computer (f)	[kʌmˈpju:tʌ]
laptop (de)	bærbar, laptop (f)	[ˈbɛɡˌbɑˀ], [ˈlapˌtʌp]
aanzetten (ww)	at tænde	[ʌ ˈtɛnə]
uitzetten (ww)	at slukke	[ʌ ˈslɔkə]
toetsenbord (het)	tastatur (i)	[tastaˈtuɡˀ]
toets (enter~)	tast (f)	[ˈtast]
muis (de)	mus (f)	[ˈmuˀs]
muismat (de)	musemåtte (f)	[ˈmu:səˌmʌtə]
knopje (het)	knap (f)	[ˈknap]
cursor (de)	markør (f)	[mɑˈkøˀɡ]
monitor (de)	monitor, skærm (f)	[ˈmʌnitʌ], [ˈskæɡˀm]
scherm (het)	skærm (f)	[ˈskæɡˀm]
harde schijf (de)	harddisk (f)	[ˈhɑːdˌdesk]
volume (het) van de harde schijf	harddisk kapacitet (f)	[ˈhɑːdˌdesk kapasiˈteˀt]
geheugen (het)	hukommelse (f)	[huˈkʌmˀəlsə]
RAM-geheugen (het)	RAM, arbejdslager (i)	[ˈʁɑmˀ], [ˈɑːbɑjdsˌlæˀjʌ]
bestand (het)	fil (f)	[ˈfiˀl]
folder (de)	mappe (f)	[ˈmapə]
openen (ww)	at åbne	[ʌ ˈɔːbnə]
sluiten (ww)	at lukke	[ʌ ˈlɔkə]
opslaan (ww)	at bevare	[ʌ beˈvaˀɑ]
verwijderen (wissen)	at slette, at fjerne	[ʌ ˈslɛtə], [ʌ ˈfjæɡnə]
kopiëren (ww)	at kopiere	[ʌ koˈpjeˀʌ]
sorteren (ww)	at sortere	[ʌ sɒˈteˀʌ]
overplaatsen (ww)	at overføre	[ʌ ˈɒwʌˌføˀʌ]
programma (het)	program (i)	[pʁoˈgʁɑmˀ]
software (de)	programmel (i)	[pʁogʁɑˈmɛlˀ]
programmeur (de)	programmør (f)	[pʁogʁɑˈmøˀɡ]
programmeren (ww)	at programmere	[ʌ pʁogʁɑˈmeˀʌ]
hacker (computerkraker)	hacker (f)	[ˈhakʌ]
wachtwoord (het)	adgangskode (f)	[ˈaðgaŋsˌkoːðə]
virus (het)	virus (i, f)	[ˈviːʁus]
ontdekken (virus ~)	at opdage	[ʌ ˈʌpˌdæˀjə]

| byte (de) | byte (f) | ['bɑjt] |
| megabyte (de) | megabyte (f) | ['me:gaˌbɑjt] |

| data (de) | data (i pl) | ['dæ:ta] |
| databank (de) | database (f) | ['dæ:taˌbæ:sə] |

kabel (USB-~, enz.)	kabel (i)	['kæˀbəl]
afsluiten (ww)	at koble fra	[ʌ 'kʌblə fʁɑˀ]
aansluiten op (ww)	at koble	[ʌ 'kʌblə 'te]

140. Internet. E-mail

internet (het)	internet (i)	['entʌˌnɛt]
browser (de)	browser (f)	['bɹɑwsʌ]
zoekmachine (de)	søgemaskine (f)	['sø:maˌski:nə]
internetprovider (de)	leverandør (f)	[levəʁɑn'døˀɐ̯]

webmaster (de)	webmaster (f)	['wɛbˌmɑ:stʌ]
website (de)	website (i, f)	['wɛbˌsɑjt]
webpagina (de)	webside (f)	['wɛbˌsi:ðə]

| adres (het) | adresse (f) | [a'dʁasə] |
| adresboek (het) | adressebog (f) | [a'dʁasəˌbɔˀw] |

postvak (het)	postkasse (f)	['pʌstˌkasə]
post (de)	post (f)	['pʌst]
vol (~ postvak)	fuld	['fulˀ]

bericht (het)	meddelelse (f)	['mɛðˌdeˀləlsə]
binnenkomende berichten (mv.)	indgående meddelelser (f pl)	['enˌgɔˀənə 'mɛðˌdeˀləlsʌ]
uitgaande berichten (mv.)	udgående meddelelser (f pl)	['uðˌgɔ:ənə 'mɛðˌdeˀləlsʌ]

verzender (de)	afsender (f)	['awˌsɛnˀʌ]
verzenden (ww)	at sende	[ʌ 'sɛnə]
verzending (de)	afsendelse (f)	['awˌsɛnˀəlsə]

| ontvanger (de) | modtager (f) | ['moðˌtæˀjʌ] |
| ontvangen (ww) | at modtage | [ʌ 'moðˌtæˀ] |

| correspondentie (de) | korrespondance (f) | [kɒɒspʌn'dɑŋsə] |
| corresponderen (met ...) | at brevveksle | [ʌ 'bʁɛwˌvɛkslə] |

bestand (het)	fil (f)	['fiˀl]
downloaden (ww)	at downloade	[ʌ 'dɑwnˌlɒwdə]
creëren (ww)	at oprette, at skabe	[ʌ 'ʌbˌʁatə], [ʌ 'skæ:bə]
verwijderen (een bestand ~)	at slette, at fjerne	[ʌ 'slɛtə], [ʌ 'fjæɐ̯nə]
verwijderd (bn)	slettet	['slɛtəð]

verbinding (de)	forbindelse (f)	[fʌ'benˀəlsə]
snelheid (de)	hastighed (f)	['hastiˌheðˀ]
modem (de)	modem (i)	['mo:dɛm]
toegang (de)	adgang (f)	['aðˌgɑŋˀ]
poort (de)	port (f)	['poɐ̯ˀt]

aansluiting (de)	**tilkobling** (f)	['tel͵kʌbleŋ]
zich aansluiten (ww)	**at koblet op til …**	[ʌ 'kʌblə 'ʌp tel …]
selecteren (ww)	**at vælge**	[ʌ 'vɛljə]
zoeken (ww)	**at søge efter …**	[ʌ 'søːə 'ɛftʌ …]

Vervoer

141. Vliegtuig

vliegtuig (het)	**fly** (i)	['fly']
vliegticket (het)	**flybillet** (f)	['fly bi'lɛt]
luchtvaartmaatschappij (de)	**flyselskab** (i)	['fly'sɛlˌskæ'b]
luchthaven (de)	**lufthavn** (f)	['lɔftˌhɑw'n]
supersonisch (bn)	**overlyds-**	['ɒwʌˌlyðs-]
gezagvoerder (de)	**kaptajn** (f)	[kɑp'tɑj'n]
bemanning (de)	**besætning** (f)	[be'sɛtneŋ]
piloot (de)	**pilot** (f)	[pi'lo't]
stewardess (de)	**stewardesse** (f)	[stjuɑ'dɛsə]
stuurman (de)	**styrmand** (f)	['styɐ̯ˌman']
vleugels (mv.)	**vinger** (f pl)	['veŋʌ]
staart (de)	**hale** (f)	['hæ:lə]
cabine (de)	**cockpit** (i)	['kʌkˌpit]
motor (de)	**motor** (f)	['mo:tʌ]
landingsgestel (het)	**landingshjul** (i)	['laneŋsˌju'l]
turbine (de)	**turbine** (f)	[tuɐ̯'bi:nə]
propeller (de)	**propel** (f)	[pʁo'pɛl']
zwarte doos (de)	**sort boks** (f)	['soɡ̊t 'bʌks]
stuur (het)	**rat** (i)	['ʁat]
brandstof (de)	**brændstof** (i)	['bʁanˌstʌf]
veiligheidskaart (de)	**sikkerhedsinstruks** (f)	['sekʌˌheð' en'stʁuks]
zuurstofmasker (het)	**iltmaske** (f)	['iltˌmaskə]
uniform (het)	**uniform** (f)	[uni'fɔ'm]
reddingsvest (de)	**redningsvest** (f)	['ʁɛðneŋsˌvɛst]
parachute (de)	**faldskærm** (f)	['falˌskæɡ̊'m]
opstijgen (het)	**start** (f)	['stɑ't]
opstijgen (ww)	**at lette**	[ʌ 'lɛtə]
startbaan (de)	**startbane** (f)	['stɑːtˌbæ:nə]
zicht (het)	**sigtbarhed** (f)	['segtbɑˌheð']
vlucht (de)	**flyvning** (f)	['flywneŋ]
hoogte (de)	**højde** (f)	['hʌj'də]
luchtzak (de)	**lufthul** (i)	['lɔftˌhɔl]
plaats (de)	**plads** (f)	['plas]
koptelefoon (de)	**hovedtelefoner** (f pl)	['ho:əð teləˈfo'nʌ]
tafeltje (het)	**klapbord** (i)	['klɑpˌbo'ɡ̊]
venster (het)	**vindue** (i)	['vendu]
gangpad (het)	**midtergang** (f)	['metʌˌgaŋ']

142. Trein

trein (de)	**tog** (i)	['tɔˀw]
elektrische trein (de)	**lokaltog** (i)	[lo'kæˀl,tɔˀw]
sneltrein (de)	**lyntog, eksprestog** (i)	['ly:n,tɔˀw], [ɛks'pʁas,tɔˀw]
diesellocomotief (de)	**diesellokomotiv** (i)	['diˀsəl lokomo'tiwˀ]
locomotief (de)	**damplokomotiv** (i)	['damp lokomo'tiwˀ]
rijtuig (het)	**vogn** (f)	['vɒwˀn]
restauratierijtuig (het)	**spisevogn** (f)	['spi:sə,vɒwˀn]
rails (mv.)	**skinner** (f pl)	['skenʌ]
spoorweg (de)	**jernbane** (f)	['jæɐ̯ˀn,bæ:nə]
dwarsligger (de)	**svelle** (f)	['svɛlə]
perron (het)	**perron** (f)	[pa'ʁʌŋ]
spoor (het)	**spor** (i)	['spoˀɐ̯]
semafoor (de)	**semafor** (f)	[sema'foˀɐ̯]
halte (bijv. kleine treinhalte)	**station** (f)	[sta'ɕoˀn]
machinist (de)	**togfører** (f)	['tɔw,fø:ʌ]
kruier (de)	**drager** (f)	['dʁɑ:wʌ]
conducteur (de)	**togbetjent** (f)	['tɔw be'tjɛnˀt]
passagier (de)	**passager** (f)	[pasa'ɕeˀɐ̯]
controleur (de)	**kontrollør** (f)	[kʌntʁo'løˀɐ̯]
gang (in een trein)	**korridor** (f)	[kɒi'doˀɐ̯]
noodrem (de)	**nødbremse** (f)	['nøð,bʁamsə]
coupé (de)	**kupe, kupé** (f)	[ku'peˀ]
bed (slaapplaats)	**køje** (f)	['kʌjə]
bovenste bed (het)	**overkøje** (f)	['ɒwʌ,kʌjə]
onderste bed (het)	**underkøje** (f)	['ɔnʌ,kʌjə]
beddengoed (het)	**sengetøj** (i)	['sɛŋə,tʌj]
kaartje (het)	**billet** (f)	[bi'lɛt]
dienstregeling (de)	**køreplan** (f)	['kø:ʌ,plæˀn]
informatiebord (het)	**informationstavle** (f)	[ɛnfɒma'ɕons ,tawlə]
vertrekken	**at afgå**	[ʌ 'aw,gɔˀ]
(De trein vertrekt ...)		
vertrek (ov. een trein)	**afgang** (f)	['aw,gaŋˀ]
aankomen (ov. de treinen)	**at ankomme**	[ʌ 'an,kʌmˀə]
aankomst (de)	**ankomst** (f)	['an,kʌmˀst]
aankomen per trein	**at ankomme med toget**	[ʌ 'an,kʌmˀə mɛ 'tɔˀwəð]
in de trein stappen	**at stå på toget**	[ʌ 'sti:ə pɒ 'tɔˀwəð]
uit de trein stappen	**at stå af toget**	[ʌ 'sti:ə a 'tɔˀwəð]
treinwrak (het)	**togulykke** (f)	['tɔw u,løkə]
ontspoord zijn	**at afspore**	[ʌ 'aw,spoˀʌ]
locomotief (de)	**damplokomotiv** (i)	['damp lokomo'tiwˀ]
stoker (de)	**fyrbøder** (f)	['fyɐ̯,bøðʌ]
stookplaats (de)	**fyrrum** (i)	['fyɐ̯,ʁɔmˀ]
steenkool (de)	**kul** (i)	['kɔl]

143. Schip

schip (het)	skib (i)	['ski'b]
vaartuig (het)	fartøj (i)	['fɑ:ˌtʌj]
stoomboot (de)	dampskib (i)	['dɑmpˌski'b]
motorschip (het)	flodbåd (f)	['floðˌbɔ'ð]
lijnschip (het)	cruiseskib (i)	['kʁu:sˌski'b]
kruiser (de)	krydser (f)	['kʁysʌ]
jacht (het)	yacht (f)	['jɑgt]
sleepboot (de)	bugserbåd (f)	[bug'seɡˌbɔ'ð]
duwbak (de)	pram (f)	['pʁɑm']
ferryboot (de)	færge (f)	['fæɡwə]
zeilboot (de)	sejlbåd (f)	['sɑjlˌbɔ'ð]
brigantijn (de)	brigantine (f)	[bʁigan'ti:nə]
IJsbreker (de)	isbryder (f)	['isˌbʁyðʌ]
duikboot (de)	u-båd (f)	['u'ˌbɔð]
boot (de)	båd (f)	['bɔ'ð]
sloep (de)	jolle (f)	['jʌlə]
reddingssloep (de)	redningsbåd (f)	['ʁɛðneŋsˌbɔ'ð]
motorboot (de)	motorbåd (f)	['mo:tʌˌbɔ'ð]
kapitein (de)	kaptajn (f)	[kɑp'tɑj'n]
zeeman (de)	matros (f)	[mɑ'tʁo's]
matroos (de)	sømand (f)	['søˌman']
bemanning (de)	besætning (f)	[be'sɛtneŋ]
bootsman (de)	bådsmand (f)	['bɔðsˌman']
scheepsjongen (de)	skibsdreng, jungmand (f)	['skibsˌdʁaŋ'], ['joŋˌman']
kok (de)	kok (f)	['kʌk]
scheepsarts (de)	skibslæge (f)	['skibsˌlɛ:jə]
dek (het)	dæk (i)	['dɛk]
mast (de)	mast (f)	['mast]
zeil (het)	sejl (i)	['sɑj'l]
ruim (het)	lastrum (i)	['lastˌʁom']
voorsteven (de)	bov (f)	['bɒw']
achtersteven (de)	agterende (f)	['ɑgtʌˌʁanə]
roeispaan (de)	åre (f)	['ɒ:ɒ]
schroef (de)	propel (f)	[pʁo'pɛl']
kajuit (de)	kahyt (f)	[ka'hyt]
officierskamer (de)	officersmesse (f)	[ʌfi'seɡs ˌmɛsə]
machinekamer (de)	maskinrum (i)	[mɑ'ski:nˌʁom']
brug (de)	kommandobro (f)	[kɒ'mandoˌbʁo']
radiokamer (de)	radiorum (i)	['ʁadjoˌʁom']
radiogolf (de)	bølge (f)	['bøljə]
logboek (het)	logbog (f)	['lʌgˌbɔ'w]
verrekijker (de)	kikkert (f)	['kikʌt]
klok (de)	klokke (f)	['klʌkə]

vlag (de)	flag (i)	['flæˀj]
kabel (de)	trosse (f)	['tʁʌsə]
knoop (de)	knob (i)	['knoˀb]

| trapleuning (de) | håndlister (pl) | ['hʌn,lestʌ] |
| trap (de) | landgang (f) | ['lan,gaŋˀ] |

anker (het)	anker (i)	['aŋkʌ]
het anker lichten	at lette anker	[ʌ 'lɛtə 'aŋkʌ]
het anker neerlaten	at kaste anker	[ʌ 'kastə 'aŋkʌ]
ankerketting (de)	ankerkæde (f)	['aŋkʌ,kɛ:ðə]

haven (bijv. containerhaven)	havn (f)	['hawˀn]
kaai (de)	kaj (f)	['kajˀ]
aanleggen (ww)	at fortøje	[ʌ fʌ'tʌjˀə]
wegvaren (ww)	at kaste los	[ʌ 'kastə 'lʌs]

reis (de)	rejse (f)	['ʁajsə]
cruise (de)	krydstogt (i)	['kʁys,tʌgt]
koers (de)	kurs (f)	['kuɡˀs]
route (de)	rute (f)	['ʁu:tə]

vaarwater (het)	sejlrende (f)	['sajl,ʁanə]
zandbank (de)	grund (f)	['gʁʌnˀ]
stranden (ww)	at gå på grund	[ʌ 'gɔˀ pɔ 'gʁʌnˀ]

storm (de)	storm (f)	['stʌˀm]
signaal (het)	signal (i)	[si'næˀl]
zinken (ov. een boot)	at synke	[ʌ 'søŋkə]
Man overboord!	Mand over bord!	['manˀ 'ɒwʌ ,boˀɡ]
SOS (noodsignaal)	SOS	[ɛso'ɛs]
reddingsboei (de)	redningskrans (f)	['ʁɛðneŋs,kʁanˀs]

144. Vliegveld

luchthaven (de)	lufthavn (f)	['lɔft,hawˀn]
vliegtuig (het)	fly (i)	['flyˀ]
luchtvaartmaatschappij (de)	flyselskab (i)	['fly'sɛl,skæˀb]
luchtverkeersleider (de)	flyveleder (f)	['fly:və,le:ðʌ]

vertrek (het)	afgang (f)	['aw,gaŋˀ]
aankomst (de)	ankomst (f)	['an,kʌmˀst]
aankomen (per vliegtuig)	at ankomme	[ʌ 'an,kʌmˀə]

| vertrektijd (de) | afgangstid (f) | ['awgaŋs,tiðˀ] |
| aankomstuur (het) | ankomsttid (f) | ['ankʌmˀst,tið] |

| vertraagd zijn (ww) | at blive forsinke | [ʌ 'bli:ə fʌ'seŋˀkə] |
| vluchtvertraging (de) | afgangsforsinkelse (f) | ['aw,gaŋs fʌ'seŋkəlsə] |

informatiebord (het)	informationstavle (f)	[enfɒma'ɕons ,tawlə]
informatie (de)	information (f)	[enfɒma'ɕoˀn]
aankondigen (ww)	at meddele	[ʌ 'mɛð,de'lə]
vlucht (bijv. KLM ~)	flight (f)	['flajt]

| douane (de) | told (f) | ['tʌlˀ] |
| douanier (de) | toldbetjent (f) | ['tʌl beˈtjɛnˀt] |

douaneaangifte (de)	tolddeklaration (f)	['tʌl deklɑɑˌɕoˀn]
invullen (douaneaangifte ~)	at udfylde	[ʌ 'uðˌfylˀə]
een douaneaangifte invullen	at udfylde	[ʌ 'uðˌfylˀə
	en tolddeklaration	en 'tʌlˀdeklɑɑˈɕoˀn]
paspoortcontrole (de)	paskontrol (f)	['paskɔnˌtʁʌlˀ]

bagage (de)	bagage (f)	[baˈgæːɕə]
handbagage (de)	håndbagage (f)	['hʌn baˈgæːɕə]
bagagekarretje (het)	bagagevogn (f)	[baˈgæːɕəˌvɒwˀn]

landing (de)	landing (f)	['lanen]
landingsbaan (de)	landingsbane (f)	['lanenˌsˌbæːnə]
landen (ww)	at lande	[ʌ 'lanə]
vliegtuigtrap (de)	trappe (f)	['tʁɑpə]

inchecken (het)	check-in (f)	[tjɛk'en]
incheckbalie (de)	check-in-skranke (f)	[tjɛk'enˌskʁɑŋkə]
inchecken (ww)	at tjekke ind	[ʌ 'tjɛkə 'enˀ]
instapkaart (de)	boardingkort (i)	['bɒːdeŋˌkɒːt]
gate (de)	gate (f)	['gɛjt]

transit (de)	transit (f)	[tʁɑn'sit]
wachten (ww)	at vente	[ʌ 'vɛntə]
wachtzaal (de)	ventesal (f)	['vɛntəˌsæˀl]
begeleiden (uitwuiven)	at vinke farvel	[ʌ 'veŋkə fɑ'vɛl]
afscheid nemen (ww)	at sige farvel	[ʌ 'siː fɑ'vɛl]

145. Fiets. Motorfiets

fiets (de)	cykel (f)	['sykəl]
bromfiets (de)	scooter (f)	['skuːtʌ]
motorfiets (de)	motorcykel (f)	['moːtʌˌsykəl]

met de fiets rijden	at cykle	[ʌ 'syklə]
stuur (het)	styr (i)	['styɐˀ]
pedaal (de/het)	pedal (f)	[pe'dæˀl]
remmen (mv.)	bremser (f pl)	['bʁamsʌ]
fietszadel (de/het)	sadel (f)	['saðəl]

pomp (de)	pumpe (f)	['pɔmpə]
bagagedrager (de)	bagagebærer (f)	[baˈgæːɕəˌbɛːʌ]
fietslicht (het)	lygte (f)	['løgtə]
helm (de)	hjelm (f)	['jɛlˀm]

wiel (het)	hjul (i)	['juˀl]
spatbord (het)	skærm (f)	['skæɐ̯ˀm]
velg (de)	fælg (f)	['fɛlˀj]
spaak (de)	eger (f)	['ejˀʌ]

Auto's

146. Soorten auto's

auto (de)	**bil** (f)	['biˀl]
sportauto (de)	**sportsbil** (f)	['spɒːtsˌbiˀl]
limousine (de)	**limousine** (f)	[limuˈsiːnə]
terreinwagen (de)	**terrænbil** (f)	[taˈʁaŋˌbiˀl]
cabriolet (de)	**cabriolet** (f)	[kabʁioˈlɛ]
minibus (de)	**minibus** (f)	['miniˌbus]
ambulance (de)	**ambulance** (f)	[ɑmbuˈlɑŋsə]
sneeuwruimer (de)	**sneplov** (f)	['sneˌplɒwˀ]
vrachtwagen (de)	**lastbil** (f)	['lastˌbiˀl]
tankwagen (de)	**tankbil** (f)	['tɑŋkˌbiˀl]
bestelwagen (de)	**varevogn** (f)	['vaːɑˌvɒwˀn]
trekker (de)	**trækker** (f)	['tʁakʌ]
aanhangwagen (de)	**påhængsvogn** (f)	['pʌhɛŋsˌvɒwˀn]
comfortabel (bn)	**komfortabel**	[kʌmfɒˈtæˀbəl]
tweedehands (bn)	**brugt**	['bʁɔgt]

147. Auto's. Carrosserie

motorkap (de)	**motorhjelm** (f)	['moːtʌˌjɛlˀm]
spatbord (het)	**skærm** (f)	['skæɡˀm]
dak (het)	**tag** (i)	['tæˀj]
voorruit (de)	**forrude** (f)	['fɒːʁuːðə]
achterruit (de)	**bakspejl** (i)	['bakˌspɑjˀl]
ruitensproeier (de)	**sprinkler** (f)	['spʁɛŋklʌ]
wisserbladen (mv.)	**viskere** (f pl)	['veskʌə]
zijruit (de)	**siderude** (f)	['siːðəˌʁuːðə]
raamlift (de)	**rudeoptræk** (i)	['ʁuːðə 'ʌpˌtʁak]
antenne (de)	**antenne** (f)	[anˈtɛnə]
zonnedak (het)	**soltag** (i)	['soːlˌtæˀj]
bumper (de)	**kofanger** (f)	[koˈfɑŋʌ]
koffer (de)	**bagagerum** (i)	[baˈgæːɕəˌʁɔm]
imperiaal (de/het)	**tagbagagebærer** (f)	['tɑw baˈgæːɕə 'bɛːʌ]
portier (het)	**dør** (f)	['dœˀɡ]
handvat (het)	**dørhåndtag** (i)	['dœɡˌhʌnˀˌtæˀj]
slot (het)	**dørlås** (f)	['dœɡˌlɔˀs]
nummerplaat (de)	**nummerplade** (f)	['nɔmʌˌplæːðə]
knalpot (de)	**lyddæmper** (f)	['lyðˌdɛmpʌ]

| benzinetank (de) | benzintank (f) | [bɛn'sin͵taŋʔk] |
| uitlaatpijp (de) | udstødningsrør (i) | ['uð͵støðʔneŋs ͵ʁœʔɐ̞] |

gas (het)	gas (f)	['gas]
pedaal (de/het)	pedal (f)	[pe'dæʔl]
gaspedaal (de/het)	gaspedal (f)	['gas pe'dæʔl]

rem (de)	bremse (f)	['bʁamsə]
rempedaal (de/het)	bremsepedal (f)	['bʁamsə pe'dæʔl]
remmen (ww)	at bremse	[ʌ 'bʁamsə]
handrem (de)	håndbremse (f)	['hʌn͵bʁamsə]

koppeling (de)	kobling (f)	['kʌbleŋ]
koppelingspedaal (de/het)	koblingspedal (f)	['kʌbleŋs͵pe'dæʔl]
koppelingsschijf (de)	koblingsplade (f)	['kʌbleŋs͵plæːðə]
schokdemper (de)	støddæmper (f)	['støð͵dɛmpʌ]

wiel (het)	hjul (i)	['juʔl]
reservewiel (het)	reservehjul (i)	[ʁɛ'sæɐ̞və͵juʔl]
band (de)	dæk (i)	['dɛk]
wieldop (de)	hjulkapsel (f)	['juːl͵kapsəl]

aandrijfwielen (mv.)	drivhjul (i pl)	['dʁiw͵juʔl]
met voorwielaandrijving	forhjulstrukket	['foːjuls͵tʁɔkəð]
met achterwielaandrijving	baghjulstrukket	['bawjuls͵tʁɔkəð]
met vierwielaandrijving	firehjulstrukket	['fiɐ̞juls͵tʁɔkəð]

versnellingsbak (de)	gearkasse (f)	['giɐ̞͵kasə]
automatisch (bn)	automatisk	[awto'mæʔtisk]
mechanisch (bn)	mekanisk	[me'kæʔnisk]
versnellingspook (de)	gearstang (f)	['giɐ̞͵staŋʔ]

| voorlicht (het) | forlygte (f) | ['foː͵løgtə] |
| voorlichten (mv.) | forlygter (f pl) | ['foː͵løgtʌ] |

dimlicht (het)	nærlys (i)	['nɛɐ̞͵lyʔs]
grootlicht (het)	fjernlys (i)	['fjæɐ̞ʔn͵lyʔs]
stoplicht (het)	stoplys (i)	['stʌp͵lyʔs]

standlichten (mv.)	positionslys (i)	[posi'ɕons͵lyʔs]
noodverlichting (de)	havariblink (i pl)	[hava'ʁi͵blenʔk]
mistlichten (mv.)	tågelygter (f pl)	['toːwe͵løgtʌ]
pinker (de)	blinklys (i)	['bleŋk͵lyʔs]
achteruitrijdlicht (het)	baklys (i)	['bak͵lyʔs]

148. Auto's. Passagiersruimte

interieur (het)	interiør (i), indretning (f)	[entæɡi'œːɐ̞], ['en͵ʁatneŋ]
leren (van leer gemaak)	læder-	['lɛðʌ-]
fluwelen (abn)	velour-	[ve'luːɐ̞-]
bekleding (de)	betræk (i)	[be'tʁak]

| toestel (het) | instrument (i) | [enstʁu'mɛnʔt] |
| instrumentenbord (het) | instrumentpanel (i) | [enstʁu'mɛnʔt pa'neːl] |

snelheidsmeter (de)	speedometer (i)	[spido'me²tʌ]
pijltje (het)	viser (f)	['vi:sʌ]
kilometerteller (de)	kilometertæller (f)	[kilo'me²tʌˌtɛlʌ]
sensor (de)	indikator (f)	[endi'kæ:tʌ]
niveau (het)	niveau (i)	[ni'vo]
controlelampje (het)	advarselslampe (f)	['að͜va:sɛlsˌlɑmpə]
stuur (het)	rat (i)	['ʁat]
toeter (de)	horn (i)	['hoɡ̊²n]
knopje (het)	knap (f)	['knɑp]
schakelaar (de)	omskifter (f)	['ʌmˌskiftʌ]
stoel (bestuurders~)	sæde (i)	['sɛ:ðə]
rugleuning (de)	ryglæn (i)	['ʁœgˌlɛ²n]
hoofdsteun (de)	nakkestøtte (f)	['nɑkeˌstøtə]
veiligheidsgordel (de)	sikkerhedssele (f)	['sekʌˌheðs 'se:lə]
de gordel aandoen	at spænde sikkerhedsselen	[ʌ 'spɛnə 'sekʌheð²ˌselən]
regeling (de)	justering (f)	[ju'ste²ɡ̊eŋ]
airbag (de)	airbag (f)	['ɛɡ̊ˌbæ:g]
airconditioner (de)	klimaanlæg (i)	['kli:ma'anˌlɛ²g]
radio (de)	radio (f)	['ʁɑ²djo]
CD-speler (de)	cd-afspiller (f)	[se'de 'ɑwˌspel²ʌ]
aanzetten (bijv. radio ~)	at tænde	[ʌ 'tɛnə]
antenne (de)	antenne (f)	[an'tɛnə]
handschoenenkastje (het)	handskerum (i)	['hanskeˌʁɔm²]
asbak (de)	askebæger (i)	['askeˌbɛ:jʌ]

149. Auto's. Motor

motor (de)	motor (f)	['mo:tʌ]
diesel- (abn)	diesel-	['disəl-]
benzine- (~motor)	benzin-	[bɛn'sin-]
motorinhoud (de)	motorvolumen (i, f)	['mo:tʌ vo'lu:mən]
vermogen (het)	styrke (f)	['styɡ̊kə]
paardenkracht (de)	hestekraft (f)	['hɛstəˌkʁɑft]
zuiger (de)	stempel (i)	['stɛm²pəl]
cilinder (de)	cylinder (f)	[sy'len²dʌ]
klep (de)	ventil (f)	[vɛn'ti²l]
injectie (de)	injektor (f)	[en'jɛktʌ]
generator (de)	generator (f)	[genə'ʁɑ:tʌ]
carburator (de)	karburator (f)	[kɑbu'ʁɑ:tʌ]
motorolie (de)	motorolie (f)	['mo:tʌˌoljə]
radiator (de)	radiator (f)	[ʁɑdi'æ:tʌ]
koelvloeistof (de)	kølervæske (f)	['kø:lʌˌvɛskə]
ventilator (de)	ventilator (f)	[vɛnti'læ:tʌ]
accu (de)	batteri (i)	[batʌ'ʁi²]
starter (de)	starter (f)	['stɑ:tʌ]

contact (ontsteking)	**tænding** (f)	['tɛnen]
bougie (de)	**tændrør** (i)	['tɛnˌʁœ'ɐ̯]

pool (de)	**klemme** (f)	['klɛmə]
positieve pool (de)	**plusklemme** (f)	['plusˌklɛmə]
negatieve pool (de)	**minusklemme** (f)	['mi:nusˌklɛmə]
zekering (de)	**sikring** (f)	['sekʁɛn]

luchtfilter (de)	**luftfilter** (i)	['lɔftˌfil'tʌ]
oliefilter (de)	**oliefilter** (i)	['oljeˌfil'tʌ]
benzinefilter (de)	**brændselsfilter** (i)	['bʁan'səlˌfil'tʌ]

150. Auto's. Botsing. Reparatie

auto-ongeval (het)	**bilulykke** (f)	['bil 'uˌløkə]
verkeersongeluk (het)	**færdselsuheld** (i)	['fæɐ̯səlsˌuhɛl']
aanrijden (tegen een boom, enz.)	**at køre ind i ...**	[ʌ 'kø:ʌ en i ...]
verongelukken (ww)	**at havarere**	[ʌ havɑ'ʁɛ'ʌ]
beschadiging (de)	**skade** (f)	['skæ:ðə]
heelhuids (bn)	**uskadt**	['uˌskat]

pech (de)	**havari** (i)	[hɑvɑ'ʁi']
kapot gaan (zijn gebroken)	**at bryde sammen**	[ʌ 'bʁy:ðə 'sɑm'ən]
sleeptouw (het)	**slæbetov** (i)	['slɛ:bəˌtɒw]

lek (het)	**punktering** (f)	[pɒŋ'te'ʁen]
lekke krijgen (band)	**at være punkteret**	[ʌ 'vɛ:ʌ pɒŋ'te'ʌð]
oppompen (ww)	**at pumpe op**	[ʌ 'pɒmpə ʌp]
druk (de)	**tryk** (i)	['tʁœk]
checken (controleren)	**at tjekke**	[ʌ 'tjɛkə]

reparatie (de)	**reparation** (f)	[ʁɛpʁɑ'ɕo'n]
garage (de)	**bilværksted** (i)	['bil 'væɐ̯kˌstɛð]
wisselstuk (het)	**reservedel** (f)	[ʁɛ'sæɐ̯vəˌde'l]
onderdeel (het)	**del** (f)	['de'l]

bout (de)	**bolt** (f)	['bʌl't]
schroef (de)	**skrue** (f)	['skʁu:ə]
moer (de)	**møtrik** (f)	['møtʁɛk]
sluitring (de)	**spændskive** (f)	['sbɛnˌski:və]
kogellager (de/het)	**leje** (i)	['lajə]

pijp (de)	**rør** (i)	['ʁœ'ɐ̯]
pakking (de)	**pakning** (f)	['paknen]
kabel (de)	**ledning** (f)	['leðnen]

dommekracht (de)	**donkraft** (f)	['dɒnˌkʁɑft]
moersleutel (de)	**skruenøgle** (f)	['skʁu:əˌnʌjlə]
hamer (de)	**hammer** (f)	['hɑmʌ]
pomp (de)	**pumpe** (f)	['pɒmpə]
schroevendraaier (de)	**skruetrækker** (f)	['skʁu:əˌtʁakʌ]
brandblusser (de)	**brandslukker** (f)	['bʁɑnˌslɔkʌ]
gevarendriehoek (de)	**advarselstrekant** (f)	['aðˌvɑ:səls 'tʁɛˌkan't]

afslaan (ophouden te werken)	at gå i stå	[ʌ gɔˀ i 'stɔˀ]
uitvallen (het)	stå (t), stop (i)	['stɔˀ], ['stʌp]
zijn gebroken	at være ødelagt	[ʌ 'vɛːʌ 'øːðəˌlagt]

oververhitten (ww)	at blive overophedet	[ʌ 'bliːə 'ɒwʌ 'ʌbˌheˀðət]
verstopt raken (ww)	at blive tilstoppet	[ʌ 'bliːə tel'stʌpəð]
bevriezen (autodeur, enz.)	at fryse	[ʌ 'fʁyːsə]
barsten (leidingen, enz.)	at sprække, at briste	[ʌ 'spʁakə], [ʌ 'bʁɛstə]

druk (de)	tryk (i)	['tʁœk]
niveau (bijv. olieniveau)	niveau (i)	[ni'vo]
slap (de drijfriem is ~)	slap	['slap]

deuk (de)	bule (t)	['buːlə]
geklop (vreemde geluiden)	bankelyd (t)	['baŋkəˌlyð]
barst (de)	sprække (t)	['spʁakə]
kras (de)	ridse (t)	['ʁisə]

151. Auto's. Weg

weg (de)	vej (t)	['vɑjˀ]
snelweg (de)	hovedvej (t)	['hoːəðˌvɑjˀ]
autoweg (de)	motorvej (t)	['moːtʌˌvɑjˀ]
richting (de)	retning (t)	['ʁatneŋ]
afstand (de)	afstand (t)	['ɑwˌstanˀ]

brug (de)	bro (t)	['bʁoˀ]
parking (de)	parkeringsplads (t)	[pɑ'keˀɡeŋsˌplas]
plein (het)	torv (i)	['tɔˀw]
verkeersknooppunt (het)	motorvejskryds (i)	['moːtʌvɑjˌkʁys]
tunnel (de)	tunnel (t)	['tɔnˀəl]

benzinestation (het)	tankstation (t)	['taŋk staˈɕˀon]
parking (de)	parkeringsplads (t)	[pɑ'keˀɡeŋsˌplas]
benzinepomp (de)	benzinpumpe (t)	[bɛn'sinˌpompə]
garage (de)	bilværksted (i)	['bil 'væɡkˌstɛð]
tanken (ww)	at tanke op	[ʌ 'taŋkə ʌp]
brandstof (de)	brændstof (i)	['bʁanˌstʌf]
jerrycan (de)	dunk (t)	['dɔŋˀk]

asfalt (het)	asfalt (t)	['asˌfalˀt]
markering (de)	vejafmærkning (t)	['vɑj 'ɑwˌmæɡkneŋ]
trottoirband (de)	fortovskant (t)	['foːtowsˌkanˀt]
geleiderail (de)	autoværn (i)	['ɑwtoˌvæɡˀn]
greppel (de)	vejgrøft (t)	['vɑjˌgʁœft]
vluchtstrook (de)	vejkant (t)	['vɑjˌkanˀt]
lichtmast (de)	lygtepæl (t)	['løgtəˌpɛˀl]

besturen (een auto ~)	at køre	[ʌ 'køːʌ]
afslaan (naar rechts ~)	at svinge	[ʌ 'sveŋə]
U-bocht maken (ww)	at lave en U-vending	[ʌ 'læːvə en 'uˀˌvɛneŋ]
achteruit (de)	bakgear (i)	['bakˌgiɡˀ]
toeteren (ww)	at dytte	[ʌ 'dytə]

toeter (de)	**dyt** (i)	['dyt]
vastzitten (in modder)	**at køre fast**	[ʌ 'kø:ʌ 'fast]
spinnen (wielen gaan ~)	**at spinne, at spinde**	[ʌ 'spenə]
uitzetten (ww)	**at standse**	[ʌ 'stansə]
snelheid (de)	**hastighed** (f)	['hasti‚heð']
een snelheidsovertreding maken	**at overskride fartgrænsen**	[ʌ 'ɒwʌ‚skʁið'ə 'fɑt‚gʁansən]
bekeuren (ww)	**at give en bøde**	[ʌ 'giʔ en 'bø:ðə]
verkeerslicht (het)	**trafiklys** (i)	[tʁɑ'fik‚ly'ʔs]
rijbewijs (het)	**kørekort** (i)	['kø:ʌ‚kɒ:t]
overgang (de)	**overskæring** (f)	['ɒwʌ‚skɛʔɡ̊en]
kruispunt (het)	**kryds** (i, f)	['kʁys]
zebrapad (oversteekplaats)	**fodgængerovergang** (f)	['foðɡɛɳʌ 'ɒwʌ‚gɑŋʔ]
bocht (de)	**kurve** (f)	['kuɡ̊wə]
voetgangerszone (de)	**gågade** (f)	['gɔ:‚gæ:ðə]

MENSEN. GEBEURTENISSEN IN HET LEVEN

Gebeurtenissen in het leven

152. Vakanties. Evenement

feest (het)	fest (f)	['fɛst]
nationale feestdag (de)	nationaldag (f)	[naɕo'næˀlˌdæˀ]
feestdag (de)	festdag (f)	['fɛstˌdæˀ]
herdenken (ww)	at fejre	[ʌ 'fɑjʁʌ]
gebeurtenis (de)	begivenhed (f)	[be'giˀvənˌheðˀ]
evenement (het)	arrangement (i)	[aaŋɕəˈmaŋ]
banket (het)	banket (f)	[baŋ'kɛt]
receptie (de)	reception (f)	[ʁɛsəp'ɕoˀn]
feestmaal (het)	fest (f)	['fɛst]
verjaardag (de)	årsdag (f)	['ɒˀsˌdæˀ]
jubileum (het)	jubilæum (i)	[jubi'lɛːɔm]
vieren (ww)	at fejre	[ʌ 'fɑjʁʌ]
Nieuwjaar (het)	nytår (i)	['nytˌɒˀ]
Gelukkig Nieuwjaar!	Godt nytår!	['gʌt 'nytˌɒˀ]
Sinterklaas (de)	Julemanden	['juːləˌmanˀ]
Kerstfeest (het)	jul (f)	['juˀl]
Vrolijk kerstfeest!	Glædelig Jul!, God Jul!	['glɛːðəli 'juˀl], [goð 'juˀl]
kerstboom (de)	juletræ (i)	['juːləˌtʁɛˀ]
vuurwerk (het)	fyrværkeri (i)	[fyʁvæʁkʌ'ʁiˀ]
bruiloft (de)	bryllup (i)	['bʁœlʌp]
bruidegom (de)	brudgom (f)	['bʁuðˌgʌmˀ]
bruid (de)	brud (f)	['bʁuð]
uitnodigen (ww)	at indbyde, at invitere	[ʌ 'enˌbyˀðə], [ʌ envi'teˀʌ]
uitnodiging (de)	indbydelse (f)	[en'byˀðəlsə]
gast (de)	gæst (f)	['gɛst]
op bezoek gaan	at besøge	[ʌ be'søˀjə]
gasten verwelkomen	at hilse på gæsterne	[ʌ 'hilsə pɒ 'gɛstɐnə]
geschenk, cadeau (het)	gave (f)	['gæːvə]
geven (iets cadeau ~)	at give	[ʌ 'giˀ]
geschenken ontvangen	at få gaver	[ʌ 'fɔˀ 'gæːvə]
boeket (het)	buket (f)	[bu'kɛt]
felicitaties (mv.)	lykønskning (f)	['løkˌønˀsknɛŋ]
feliciteren (ww)	at gratulere	[ʌ gʁatu'leˀʌ]
wenskaart (de)	lykønskningskort (i)	['løkˌønˀsknɛŋs 'kɒːt]

een kaartje versturen	**at sende et postkort**	[ʌ 'sɛnə et 'pʌstˌkɒːt]
een kaartje ontvangen	**at få et postkort**	[ʌ 'fɔ' et 'pʌstˌkɒːt]
toast (de)	**skål** (f)	['skɔ'l]
aanbieden (een drankje ~)	**at byde på**	[ʌ 'byːðə pɔ']
champagne (de)	**champagne** (f)	[ɕɑm'panjə]
plezier hebben (ww)	**at more sig**	[ʌ 'moːʌ saj]
plezier (het)	**munterhed** (f)	['mɔntʌˌheð']
vreugde (de)	**glæde** (f)	['glɛːðə]
dans (de)	**dans** (f)	['dan's]
dansen (ww)	**at danse**	[ʌ 'dansə]
wals (de)	**vals** (f)	['val's]
tango (de)	**tango** (f)	['taŋgo]

153. Begrafenissen. Begrafenis

kerkhof (het)	**kirkegård** (f)	['kiɐ̯kəˌgɒ']
graf (het)	**grav** (f)	['gʁɑ'w]
kruis (het)	**kors** (i)	['kɒːs]
grafsteen (de)	**gravsten** (f)	['gʁɑwˌsteˀn]
omheining (de)	**hegn** (i)	['hɑjˀn]
kapel (de)	**kapel** (i)	[ka'pɛl']
dood (de)	**død** (f)	['døð']
sterven (ww)	**at dø**	[ʌ 'dø']
overledene (de)	**den afdøde**	[dən aw'døːðə]
rouw (de)	**sorg** (f)	['sɒ'w]
begraven (ww)	**at begrave**	[ʌ be'gʁɑ'və]
begrafenisonderneming (de)	**begravelseskontor** (i)	[be'gʁɑ'wəlsəs kɔn'to'ɐ̯]
begrafenis (de)	**begravelse** (f)	[be'gʁɑ'wəlsə]
krans (de)	**krans** (f)	['kʁɑn's]
doodskist (de)	**ligkiste** (f)	['liːˌkiːstə]
lijkwagen (de)	**rustvogn** (f)	['ʁɔstˌvɒwˀn]
lijkkleed (de)	**ligklæde** (i)	['liːˌklɛːðə]
begrafenisstoet (de)	**sørgetog** (i)	['sœɐ̯wəˌtɔ'w]
urn (de)	**urne** (f)	['uɐ̯nə]
crematorium (het)	**krematorium** (i)	[kʁɛma'to'ɐ̯iɔm]
overlijdensbericht (het)	**nekrolog** (f)	[nekʁo'lo']
huilen (wenen)	**at græde**	[ʌ 'gʁɑːðə]
snikken (huilen)	**at hulke**	[ʌ 'hulkə]

154. Oorlog. Soldaten

peloton (het)	**deling** (f)	['deːleŋ]
compagnie (de)	**kompagni** (i)	[kɔmpa'ni']

regiment (het)	**regiment** (i)	[ʁɛgi'mɛn'ʔt]
leger (armee)	**hær** (f)	['hɛ'ɐ̯]
divisie (de)	**division** (f)	[divi'ɕo'n]
sectie (de)	**trop** (f), **afdeling** (f)	['tʁʌp], ['aw̩de'ʔleŋ]
troep (de)	**hær** (f)	['hɛ'ɐ̯]
soldaat (militair)	**soldat** (f)	[sol'dæ'ʔt]
officier (de)	**officer** (f)	[ʌfi'se'ɐ̯]
soldaat (rang)	**menig** (f)	['me:ni]
sergeant (de)	**sergent** (f)	[sæɐ̯'ɕan'ʔt]
luitenant (de)	**løjtnant** (f)	['lʌjt̩nan'ʔt]
kapitein (de)	**kaptajn** (f)	[kɑp'taj'n]
majoor (de)	**major** (f)	[ma'jo'ɐ̯]
kolonel (de)	**oberst** (f)	['o'ʔbʌst]
generaal (de)	**general** (f)	[genə'ʁɑ'l]
matroos (de)	**sømand** (f)	['sø̩man']
kapitein (de)	**kaptajn** (f)	[kɑp'taj'n]
bootsman (de)	**bådsmand** (f)	['bɔðs̩man']
artillerist (de)	**artillerist** (f)	[ˌɑ:telʌ'ʁist]
valschermjager (de)	**faldskærmsjæger** (f)	['falˌskæɐ̯'ms̩jɛ:jʌ]
piloot (de)	**flyver** (f)	['fly:vʌ]
stuurman (de)	**styrmand** (f)	['styɐ̯man']
mecanicien (de)	**mekaniker** (f)	[me'kæ'ʔnikʌ]
sappeur (de)	**pioner** (f)	[pio'ne'ɐ̯]
parachutist (de)	**faldskærmsudspringer** (f)	['falˌskæɐ̯'ms 'uðˌspʁɛŋʌ]
verkenner (de)	**opklaringssoldat** (f)	['ʌpˌklɑ'ʔeŋs sol'dæ'ʔt]
scherpschutter (de)	**snigskytte** (f)	['sni:ˌskøtə]
patrouille (de)	**patrulje** (f)	[pa'tʁuljə]
patrouilleren (ww)	**at patruljere**	[ʌ patʁul'je'ʔʌ]
wacht (de)	**vagt** (f)	['vagt]
krijger (de)	**kriger** (f)	['kʁi'ʔʌ]
held (de)	**helt** (f)	['hɛl'ʔt]
heldin (de)	**heltinde** (f)	[hɛlt'enə]
patriot (de)	**patriot** (f)	[patʁi'o'ʔt]
verrader (de)	**forræder** (f)	[fʌ'ʁað'ʔʌ]
verraden (ww)	**at forråde**	[ʌ fʌ'ʁɔ'ʔðə]
deserteur (de)	**desertør** (f)	[desæɐ̯'tø'ɐ̯]
deserteren (ww)	**at desertere**	[ʌ desæɐ̯'te'ʔʌ]
huurling (de)	**lejesoldat** (f)	['lajə sol'dæ'ʔt]
rekruut (de)	**rekrut** (f)	[ʁɛ'kʁut]
vrijwilliger (de)	**frivillig** (f)	['fʁiˌvil'ʔi]
gedode (de)	**dræbt** (f)	['dʁabt]
gewonde (de)	**såret** (f)	['sɒ:ʌð]
krijgsgevangene (de)	**fange** (f)	['faŋə]

155. Oorlog. Militaire acties. Deel 1

oorlog (de)	krig (f)	['kʁiˀ]
oorlog voeren (ww)	at være i krig	[ʌ 'vɛːʌ i kʁiˀ]
burgeroorlog (de)	borgerkrig (f)	['bɒːwʌˌkʁiˀ]
achterbaks (bw)	troløst, forræderisk	['tʁoˌløˀs], [fʌ'ʁaðˀʌʁisk]
oorlogsverklaring (de)	krigserklæring (f)	[ˌkʁis æg̊'klɛˀg̊en]
verklaren (de oorlog ~)	at erklære	[ʌ æg̊'klɛˀʌ]
agressie (de)	aggression (f)	[agʁəˈɕoˀn]
aanvallen (binnenvallen)	at angribe	[ʌ 'anˌgʁiˀbə]
binnenvallen (ww)	at invadere	[ʌ enva'deˀʌ]
invaller (de)	angriber (f)	['anˌgʁiˀbʌ]
veroveraar (de)	erobrer (f)	[e'ʁoˀbʁʌ]
verdediging (de)	forsvar (i)	['fɒːˌsvɑˀ]
verdedigen (je land ~)	at forsvare	[ʌ fʌ'svɑˀɑ]
zich verdedigen (ww)	at forsvare sig	[ʌ fʌ'svɑˀɑ saj]
vijand (de)	fjende (f)	['fjɛnə]
tegenstander (de)	modstander (f)	['moðˌstanˀʌ]
vijandelijk (bn)	fjendtlig	['fjɛntli]
strategie (de)	strategi (f)	[stʁɑtə'giˀ]
tactiek (de)	taktik (f)	[tɑk'tik]
order (de)	ordre (f)	['ɒˀdʁʌ]
bevel (het)	ordre (f), kommando (i, f)	['ɒˀdʁʌ], [ko'mando]
bevelen (ww)	at beordre	[ʌ be'ɒˀdʁʌ]
opdracht (de)	mission (f)	[mi'ɕoˀn]
geheim (bn)	hemmelig	['hɛməli]
slag (de)	batalje (f)	[ba'taljə]
veldslag (de)	slag (i)	['slæˀj]
strijd (de)	kamp (f)	['kɑmˀp]
aanval (de)	angreb (i)	['anˌgʁɛˀb]
bestorming (de)	storm (f)	['stɒˀm]
bestormen (ww)	at storme	[ʌ 'stɒːmə]
bezetting (de)	belejring (f)	[be'lɑjˀʁeŋ]
aanval (de)	offensiv (f), angreb (i)	['ʌfənˌsiwˀ], ['anˌgʁɛˀb]
in het offensief te gaan	at angribe	[ʌ 'anˌgʁiˀbə]
terugtrekking (de)	retræte (f)	[ʁɛ'tʁɛːtə]
zich terugtrekken (ww)	at retirere	[ʌ ʁɛti'ʁɛˀʌ]
omsingeling (de)	omringning (f)	['ʌmˌʁɛŋneŋ]
omsingelen (ww)	at omringe	[ʌ 'ʌmˌʁɛŋˀə]
bombardement (het)	bombning (f)	['bɒmbneŋ]
een bom gooien	at droppe en bombe	[ʌ 'dʁʌpə en 'bombə]
bombarderen (ww)	at bombardere	[ʌ bɒmba'deˀʌ]
ontploffing (de)	eksplosion (f)	[ɛksplo'ɕoˀn]

schot (het)	**skud** (i)	['skuð]
een schot lossen	**at skyde**	[ʌ 'sky:ðə]
schieten (het)	**skydning** (f)	['skyðnen]
mikken op (ww)	**at sigte på ...**	[ʌ 'segtə pɔˀ ...]
aanleggen (een wapen ~)	**at rette ind**	[ʌ 'ʁatə enˀ]
treffen (doelwit ~)	**at træffe**	[ʌ 'tʁafə]
zinken (tot zinken brengen)	**at sænke**	[ʌ 'sɛŋkə]
kogelgat (het)	**hul** (i)	['hɔl]
zinken (gezonken zijn)	**at synke**	[ʌ 'søŋkə]
front (het)	**front** (f)	['fʁʌnˀt]
evacuatie (de)	**evakuering** (f)	[evaku'eˀʁen]
evacueren (ww)	**at evakuere**	[ʌ evaku'eˀʌ]
loopgraaf (de)	**skyttegrav** (f)	['skøtə ɡʁaˀw]
prikkeldraad (de)	**pigtråd** (f)	['pig tʁɔˀð]
verdedigingsobstakel (het)	**afspærring** (f)	['aw spæɡˀen]
wachttoren (de)	**vagttårn** (i)	['vagt tɔˀn]
hospitaal (het)	**militærsygehus** (i)	[mili'tɛɡ 'sy:ə huˀs]
verwonden (ww)	**at såre**	[ʌ 'sɒ:ɒ]
wond (de)	**sår** (i)	['sɒˀ]
gewonde (de)	**såret** (f)	['sɒːʌð]
gewond raken (ww)	**at blive såret**	[ʌ 'bli:ə 'sɒːʌð]
ernstig (~e wond)	**alvorlig**	[al'vɒˀli]

156. Wapens

wapens (mv.)	**våben** (i)	['vɔˀbən]
vuurwapens (mv.)	**skydevåben** (i)	['sky:ðə vɔˀbən]
koude wapens (mv.)	**blankvåben** (i)	['blaŋkə vɔˀbən]
chemische wapens (mv.)	**kemisk våben** (i)	['keˀmisk vɔˀbən]
kern-, nucleair (bn)	**kerne-, atom-**	['kæɡnə-], [a'tom-]
kernwapens (mv.)	**kernevåben** (i)	['kæɡnə vɔˀbən]
bom (de)	**bombe** (f)	['bɔmbə]
atoombom (de)	**atombombe** (f)	[a'toˀm bɔmbə]
pistool (het)	**pistol** (f)	[pi'stoˀl]
geweer (het)	**gevær** (i)	[ge'vɛˀɡ]
machinepistool (het)	**maskinpistol** (f)	[ma'ski:n pi'stoˀl]
machinegeweer (het)	**maskingevær** (i)	[ma'ski:n ge'vɛˀɡ]
loop (schietbuis)	**munding** (f)	['monen]
loop (bijv. geweer met kortere ~)	**løb** (i)	['løˀb]
kaliber (het)	**kaliber** (i. f)	[ka'liˀbʌ]
trekker (de)	**aftrækker** (f)	['aw tʁakʌ]
korrel (de)	**sigte** (i)	['segtə]
magazijn (het)	**magasin** (i)	[maga'siˀn]

geweerkolf (de)	kolbe (f)	['kʌlbə]
granaat (handgranaat)	håndgranat (f)	['hʌn gʁɑ'næˀt]
explosieven (mv.)	sprængstof (i)	['spʁaŋˌstʌf]

kogel (de)	kugle (f)	['ku:lə]
patroon (de)	patron (f)	[pa'tʁoˀn]
lading (de)	ladning (f)	['laðnen]
ammunitie (de)	ammunition (f)	[amuni'çoˀn]

bommenwerper (de)	bombefly (i)	['bɔmbəˌflyˀ]
straaljager (de)	jagerfly (i)	['jɛ:jəˌflyˀ]
helikopter (de)	helikopter (f)	[hɛli'kʌptʌ]

afweergeschut (het)	luftværnskanon (f)	['lɔftvæɐns ka'noˀn]
tank (de)	kampvogn (f)	['kɑmpˌvoˀwn]
kanon (tank met een ~ van 76 mm)	kanon (f)	[ka'noˀn]

artillerie (de)	artilleri (i)	[ˌɑ:telʌ'ʁiˀ]
kanon (het)	kanon (f)	[ka'noˀn]
aanleggen (een wapen ~)	at rette ind	[ʌ 'ʁatə enˀ]

projectiel (het)	projektil (i)	[pʁoɕɛk'tiˀl]
mortiergranaat (de)	mortergranat (f)	[mɒ'teɐ gʁɑ'næˀt]
mortier (de)	morter (f)	[mɒ'teˀɐ]
granaatscherf (de)	splint (f)	['splenˀt]

duikboot (de)	u-båd (f)	['uˀˌbɔð]
torpedo (de)	torpedo (f)	[tɒ'pe:do]
raket (de)	missil (i)	[mi'siˀl]

laden (geweer, kanon)	at lade	[ʌ 'læ:ðə]
schieten (ww)	at skyde	[ʌ 'sky:ðə]
richten op (mikken)	at sigte på ...	[ʌ 'segtə pɔˀ ...]
bajonet (de)	bajonet (f)	[bajo'nɛt]

degen (de)	kårde (f)	['kɒˀʌ]
sabel (de)	sabel (f)	['sæˀbəl]
speer (de)	spyd (i)	['spyð]
boog (de)	bue (f)	['bu:ə]
pijl (de)	pil (f)	['piˀl]
musket (de)	musket (f)	[mu'skɛt]
kruisboog (de)	armbrøst (f)	['ɑˀmˌbʁœst]

157. Oude mensen

primitief (bn)	fortids-	['fɒ:tiðs-]
voorhistorisch (bn)	forhistorisk	['fɒ:hi'stoˀɕisk]
eeuwenoude (~ beschaving)	oldtids-, antik	['ʌlˌtiðs-], [an'tik]

Steentijd (de)	Stenalderen	['ste:nˌalˀʌən]
Bronstijd (de)	Bronzealder (f)	['bʁʌŋsəˌalˀʌ]
IJstijd (de)	istid (f), glacialtid (f)	['isˌtiðˀ], [gla'ɕælˌtiðˀ]
stam (de)	stamme (f)	['stɑmə]

menseneter (de)	kannibal (f)	[kani'bæ'l]
jager (de)	jæger (f)	['jɛːjʌ]
jagen (ww)	at jage	[ʌ 'jæːjə]
mammoet (de)	mammut (f)	['mɑmut]

grot (de)	grotte (f)	['gʁʌtə]
vuur (het)	ild (f)	['il']
kampvuur (het)	bål (i)	['bɔ'l]
rotstekening (de)	helleristning (f)	['hɛlə‚ʁɛstnen]

werkinstrument (het)	redskab (i)	['ʁɛð‚skæ'b]
speer (de)	spyd (i)	['spyð]
stenen bijl (de)	stenøkse (f)	['steːn‚øksə]
oorlog voeren (ww)	at være i krig	[ʌ 'vɛːʌ i kʁi']
temmen (bijv. wolf ~)	at tæmme	[ʌ 'tɛmə]

idool (het)	idol (i)	[i'do'l]
aanbidden (ww)	at dyrke	[ʌ 'dyɐkə]
bijgeloof (het)	overtro (f)	['ɒwʌ‚tʁo']
ritueel (het)	ritus (f), rite (f)	['ʁitus], ['ʁitə]

evolutie (de)	evolution (f)	[evolu'ɕo'n]
ontwikkeling (de)	udvikling (f)	['uð‚veklen]
verdwijning (de)	forsvinden (f)	[fʌ'svenən]
zich aanpassen (ww)	at tilpasse sig	[ʌ 'tel‚pasə sɑj]

archeologie (de)	arkæologi (f)	[‚ɑːkɛolo'gi']
archeoloog (de)	arkæolog (f)	[‚ɑːkɛo'lo']
archeologisch (bn)	arkæologisk	[‚ɑːkɛo'lo'isk]

opgravingsplaats (de)	udgravningssted (i)	['uð‚gʁɑw'neŋs ‚stɛð]
opgravingen (mv.)	udgravninger (f pl)	['uð‚gʁɑw'neŋʌ]
vondst (de)	fund (i)	['fɔn']
fragment (het)	fragment (i)	[fʁɑg'mɛn't]

158. Middeleeuwen

volk (het)	folk (i)	['fʌl'k]
volkeren (mv.)	folk (i pl)	['fʌl'k]
stam (de)	stamme (f)	['stɑmə]
stammen (mv.)	stammer (f pl)	['stɑmʌ]

barbaren (mv.)	barbarer (pl)	[bɑ'bɑ'ʌ]
Galliërs (mv.)	gallere (pl)	['gɑlɒ'ʌ]
Goten (mv.)	gotere (pl)	['go'tɒ'ʌ]
Slaven (mv.)	slaver (pl)	['slæ'vʌ]
Vikings (mv.)	vikinger (pl)	['vikeŋʌ]

Romeinen (mv.)	romere (pl)	['ʁoːme'ʌ]
Romeins (bn)	romersk	['ʁo'mʌsk]

Byzantijnen (mv.)	byzantinere (pl)	[bysan'ti'neʌ]
Byzantium (het)	Byzans	[by'sans]
Byzantijns (bn)	byzantinsk	[bysan'ti'nsk]

keizer (bijv. Romeinse ~)	**kejser** (f)	['kɑjsʌ]
opperhoofd (het)	**høvding** (f)	['hœwdeŋ]
machtig (bn)	**mægtig, magtfuld**	['mɛgti], ['mɑgt̩fulˀ]
koning (de)	**konge** (f)	['kʌŋə]
heerser (de)	**hersker** (f)	['hæɐ̯skʌ]

ridder (de)	**ridder** (f)	['ʁiðˀʌ]
feodaal (de)	**feudalherre** (f)	[fœw'dæl̩hæˀʌ]
feodaal (bn)	**feudal**	[fœw'dæˀl]
vazal (de)	**vasal** (f)	[va'salˀ]

hertog (de)	**hertug** (f)	['hæɐ̯tu]
graaf (de)	**greve** (f)	['gʁɛːvə]
baron (de)	**baron** (f)	[bɑ'ʁoˀn]
bisschop (de)	**biskop** (f)	['biskʌp]

harnas (het)	**rustning** (f)	['ʁɔstneŋ]
schild (het)	**skjold** (i, f)	['skjʌlˀ]
zwaard (het)	**sværd** (i)	['svɛˀg̊]
vizier (het)	**visir** (i)	[vi'siˀg̊]
maliënkolder (de)	**ringbrynje** (f)	['ʁɛŋˌbʁynjə]

kruistocht (de)	**korstog** (i)	['kɔːsˌtɔˀw]
kruisvaarder (de)	**korsfarer** (f)	['kɔːsˌfɑːɑ]

gebied (bijv. bezette ~en)	**territorium** (i)	[tæg̊i'toˀg̊jɔm]
aanvallen (binnenvallen)	**at angribe**	[ʌ 'anˌgʁiˀbə]
veroveren (ww)	**at erobre**	[ʌ e'ʁoˀbʁʌ]
innemen (binnenvallen)	**at okkupere**	[ʌ oku'peˀʌ]

bezetting (de)	**belejring** (f)	[be'lajˀʁeŋ]
bezet (bn)	**belejret**	[be'lajˀʁʌð]
belegeren (ww)	**at belejre**	[ʌ be'lajˀʁʌ]

inquisitie (de)	**inkvisition** (f)	[enkvisi'ɕoˀn]
inquisiteur (de)	**inkvisitor** (f)	[enkvi'sitʌ]
foltering (de)	**tortur** (f)	[to'tug̊ˀ]
wreed (bn)	**brutal**	[bʁu'tæˀl]
ketter (de)	**kætter** (f)	['kɛtʌ]
ketterij (de)	**kætteri** (i)	[kɛtʌ'ʁiˀ]

zeevaart (de)	**søfart** (f)	['søˌfaˀt]
piraat (de)	**pirat, sørøver** (f)	[pi'ʁaˀt], ['søˌʁœːvʌ]
piraterij (de)	**sørøveri** (i)	['sø ʁœwʌ'ʁiˀ]
enteren (het)	**entring** (f)	['ɑŋtʁeŋ]
buit (de)	**bytte** (i), **fangst** (f)	['bytə], ['faŋˀst]
schatten (mv.)	**skatte** (f pl)	['skatə]

ontdekking (de)	**opdagelse** (f)	['ʌpˌdæˀjəlsə]
ontdekken (bijv. nieuw land)	**at opdage**	[ʌ 'ʌpˌdæˀjə]
expeditie (de)	**ekspedition** (f)	[ɛkspedi'ɕoˀn]

musketier (de)	**musketer** (f)	[muskə'teˀg̊]
kardinaal (de)	**kardinal** (f)	[kɑdi'næˀl]
heraldiek (de)	**heraldik** (f)	[heal'dik]
heraldisch (bn)	**heraldisk**	[he'ʁaldisk]

159. Leider. Baas. Autoriteiten

koning (de)	**konge** (f)	['kʌŋə]
koningin (de)	**dronning** (f)	['dʁʌnen]
koninklijk (bn)	**kongelig**	['kʌŋəli]
koninkrijk (het)	**kongerige** (i)	['kʌŋə,ʁi:ə]
prins (de)	**prins** (f)	['pʁɛnˀs]
prinses (de)	**prinsesse** (f)	[pʁɛn'sɛsə]
president (de)	**præsident** (f)	[pʁɛsi'dɛnˀt]
vicepresident (de)	**vicepræsident** (f)	['vi:sə pʁɛsi'dɛnˀt]
senator (de)	**senator** (f)	[se'næ:tʌ]
monarch (de)	**monark** (f)	[mo'nɑ:k]
heerser (de)	**hersker** (f)	['hæɡskʌ]
dictator (de)	**diktator** (f)	[dik'tæ:tʌ]
tiran (de)	**tyran** (f)	[ty'ʁanˀ]
magnaat (de)	**magnat** (f)	[mɑw'næˀt]
directeur (de)	**direktør** (f)	[diɡək'tøˀɡ]
chef (de)	**chef** (f)	['ɕɛˀf]
beheerder (de)	**forretningsfører** (f)	[fʌ'ʁatnenjs,fø:ʌ]
baas (de)	**boss** (f)	['bʌs]
eigenaar (de)	**ejer** (f)	['ɑjʌ]
leider (de)	**leder** (f)	['le:ðʌ]
hoofd (bijv. ~ van de delegatie)	**leder** (f)	['le:ðʌ]
autoriteiten (mv.)	**myndigheder** (f pl)	['møndi,heðˀʌ]
superieuren (mv.)	**overordnede** (pl)	['ɒwʌ,ɒˀdnəðə]
gouverneur (de)	**guvernør** (f)	[guvʌ'nøˀɡ]
consul (de)	**konsul** (f)	['kʌn,suˀl]
diplomaat (de)	**diplomat** (f)	[diplo'mæˀt]
burgemeester (de)	**borgmester** (f)	[bɒw'mɛstʌ]
sheriff (de)	**sherif** (f)	[ɕe'ʁif]
keizer (bijv. Romeinse ~)	**kejser** (f)	['kɑjsʌ]
tsaar (de)	**tsar** (f)	['sɑˀ]
farao (de)	**farao** (f)	['fɑ:ʁɑo]
kan (de)	**khan** (f)	['kæˀn]

160. De wet overtreden. Criminelen. Deel 1

bandiet (de)	**bandit** (f)	[ban'dit]
misdaad (de)	**forbrydelse** (f)	[fʌ'bʁyðˀəlsə]
misdadiger (de)	**forbryder** (f)	[fʌ'bʁyðˀʌ]
dief (de)	**tyv** (f)	['tywˀ]
stelen (ww)	**at stjæle**	[ʌ 'stjɛ:lə]
stelen, diefstal (de)	**tyveri** (i)	[tywʌ'ʁiˀ]
kidnappen (ww)	**at kidnappe**	[ʌ 'kid,napə]

kidnapping (de)	kidnapning (f)	['kid‚nɑpnen]
kidnapper (de)	kidnapper (f)	['kid‚nɑpʌ]

losgeld (het)	løsepenge (pl)	['lø:sə‚pɛŋə]
eisen losgeld (ww)	at kræve løsepenge	[ʌ 'kʁɛːvə 'lø:sə‚pɛŋə]

overvallen (ww)	at røve	[ʌ 'ʁœːvə]
overval (de)	røveri (i)	[ʁœwʌ'ʁiʔ]
overvaller (de)	røver (f)	['ʁœːvʌ]

afpersen (ww)	at afpresse	[ʌ 'ɑw‚pʁasə]
afperser (de)	afpresser (f)	['ɑw‚pʁasʌ]
afpersing (de)	afpresning (f)	['ɑw‚pʁasnen]

vermoorden (ww)	at myrde	[ʌ 'myɐ̯də]
moord (de)	mord (i)	['moˀɐ̯]
moordenaar (de)	morder (f)	['moɐ̯dʌ]

schot (het)	skud (i)	['skuð]
een schot lossen	at skyde	[ʌ 'sky:ðə]
neerschieten (ww)	at skyde ned	[ʌ 'sky:ðə 'neðˀ]
schieten (ww)	at skyde	[ʌ 'sky:ðə]
schieten (het)	skydning (f)	['skyðnen]

ongeluk (gevecht, enz.)	hændelse (f)	['hɛnəlsə]
gevecht (het)	slagsmål (i)	['slaws‚moˀl]
Help!	Hjælp!	['jɛlˀp]
slachtoffer (het)	offer (i)	['ʌfʌ]

beschadigen (ww)	at skade	[ʌ 'skæ:ðə]
schade (de)	skade (f)	['skæ:ðə]
lijk (het)	lig (i)	['liˀ]
zwaar (~ misdrijf)	alvorlig	[al'vɒˀli]

aanvallen (ww)	at anfalde	[ʌ 'ɒwʌ‚falˀə]
slaan (iemand ~)	at slå	[ʌ 'slɔˀ]
in elkaar slaan (toetakelen)	at tæske, at prygle	[ʌ 'tɛskə], [ʌ 'pʁy:lə]
ontnemen (beroven)	at berøve	[ʌ be'ʁœˀvə]
steken (met een mes)	at stikke ihjel	[ʌ 'stekə i'jɛl]
verminken (ww)	at lemlæste	[ʌ 'lɛm‚lɛstə]
verwonden (ww)	at såre	[ʌ 'sɒːɒ]

chantage (de)	afpresning (f)	['ɑw‚pʁasnen]
chanteren (ww)	at afpresse	[ʌ 'ɑw‚pʁasə]
chanteur (de)	afpresser (f)	['uw‚pʁasʌ]

afpersing (de)	afpresning (f)	['ɑw‚pʁasnen]
afperser (de)	afpresser (f)	['ɑw‚pʁasʌ]
gangster (de)	gangster (f)	['gæ:ŋstʌ]
maffia (de)	mafia (f)	['mɑfja]

kruimeldief (de)	lommetyv (f)	['lʌmə‚tywˀ]
inbreker (de)	indbrudstyv (f)	['enbʁuðs‚tywˀ]
smokkelen (het)	smugleri (i)	[‚smu:lʌ'ʁiˀ]
smokkelaar (de)	smugler (f)	['smu:lʌ]
namaak (de)	forfalskning (f)	[fʌ'falˀsknen]

| namaken (ww) | at forfalske | [ʌ fʌˈfalˈskə] |
| namaak-, vals (bn) | falsk | [ˈfalˈsk] |

161. De wet overtreden. Criminelen. Deel 2

verkrachting (de)	voldtægt (f)	[ˈvʌlˌtɛgt]
verkrachten (ww)	at voldtage	[ʌ ˈvʌlˌtæˀ]
verkrachter (de)	voldtægtsforbryder (f)	[ˈvʌlˌtɛgts fʌˈbʁyðˀʌ]
maniak (de)	maniker (f)	[ˈmanikʌ]

prostituee (de)	prostitueret (f)	[pʁostituˈeˀʌð]
prostitutie (de)	prostitution (f)	[pʁostituˈɕoˀn]
pooier (de)	alfons (f)	[alˈfʌŋs]

| drugsverslaafde (de) | narkoman (f) | [nɑkoˈmæˀn] |
| drugshandelaar (de) | narkohandler (f) | [ˈnɑːkoˌhanlʌ] |

opblazen (ww)	at sprænge	[ʌ ˈspʁaŋə]
explosie (de)	eksplosion (f)	[ɛksploˈɕoˀn]
in brand steken (ww)	at sætte ild	[ʌ ˈsɛtə ilˀ]
brandstichter (de)	brandstifter (f)	[ˈbʁanˌsteftʌ]

terrorisme (het)	terrorisme (f)	[tæɐ̯oˈʁisme]
terrorist (de)	terrorist (f)	[tæɐ̯oˈʁist]
gijzelaar (de)	gidsel (i)	[ˈgisəl]

bedriegen (ww)	at bedrage	[ʌ beˈdʁɑˀwə]
bedrog (het)	bedrag (i)	[beˈdʁɑˀw]
oplichter (de)	bedrager (f)	[beˈdʁɑˀwʌ]

omkopen (ww)	at bestikke	[ʌ beˈstekə]
omkoperij (de)	bestikkelse (f)	[beˈstekəlsə]
smeergeld (het)	bestikkelse (f)	[beˈstekəlsə]

vergif (het)	gift (f)	[ˈgift]
vergiftigen (ww)	at forgifte	[ʌ fʌˈgiftə]
vergif innemen (ww)	at forgifte sig selv	[ʌ fʌˈgiftə saj ˈsɛlˀv]

| zelfmoord (de) | selvmord (i) | [ˈsɛlˌmoˀɐ̯] |
| zelfmoordenaar (de) | selvmorder (f) | [ˈsɛlˌmoɐ̯dʌ] |

bedreigen (bijv. met een pistool)	at true	[ʌ ˈtʁuːə]
bedreiging (de)	trussel (f)	[ˈtʁusəl]
een aanslag plegen	at begå mordforsøg	[ʌ beˈgɔˀ ˈmoɐ̯fʌˌsøˀj]
aanslag (de)	mordforsøg (i)	[ˈmoɐ̯fʌˌsøˀj]

| stelen (een auto) | at stjæle | [ʌ ˈstjɛːlə] |
| kapen (een vliegtuig) | at kapre | [ʌ ˈkæːpʁʌ] |

wraak (de)	hævn (f)	[ˈhɛwˀn]
wreken (ww)	at hævne	[ʌ ˈhɛwnə]
martelen (gevangenen)	at torturere	[ʌ totuˈʁɛˀʌ]
foltering (de)	tortur (f)	[toˈtuɐ̯ˀ]

folteren (ww)	at plage	[ʌ 'plæːjə]
piraat (de)	pirat, sørøver (f)	[pi'ʁɑˀt], ['søˌʁœːvʌ]
straatschender (de)	bølle (f)	['bølə]
gewapend (bn)	bevæbnet	[be'vɛˀbnəð]
geweld (het)	vold (f)	['vʌlˀ]
onwettig (strafbaar)	illegal, ulovlig	['iləˌgæˀl], [u'lɒwˀli]

| spionage (de) | spionage (f) | [spio'næːɕə] |
| spioneren (ww) | at spionere | [ʌ spio'neˀʌ] |

162. Politie. Wet. Deel 1

| gerecht (het) | justits, retspleje (f) | [ju'stits], ['ʁadsˌplɑjə] |
| gerechtshof (het) | retssal (f) | ['ʁatˌsæˀl] |

rechter (de)	dommer (f)	['dʌmʌ]
jury (de)	nævninger (pl)	['nɛwneŋʌ]
juryrechtspraak (de)	nævningeting (i)	['nɛwneŋetenˀ]
berechten (ww)	at dømme	[ʌ 'dœmə]

advocaat (de)	advokat (f)	[aðvo'kæˀt]
beklaagde (de)	anklagede (f)	['anˌklæˀjəðə]
beklaagdenbank (de)	anklagebænk (f)	['anˌklæjəˌbɛŋˀk]

| beschuldiging (de) | anklage (f) | ['anˌklæˀjə] |
| beschuldigde (de) | den anklagede | [dən 'anˌklæˀjədə] |

vonnis (het)	dom (f)	['dʌmˀ]
veroordelen	at dømme	[ʌ 'dœmə]
(in een rechtszaak)		

schuldige (de)	skyldige (f)	['skyldiə]
straffen (ww)	at straffe	[ʌ 'stʁɑfə]
bestraffing (de)	straf (f), afstraffelse (f)	['stʁɑf], ['awˌstʁɑfəlsə]

boete (de)	bøde (f)	['bøːðə]
levenslange opsluiting (de)	livsvarigt fængsel (i)	['liwsˌvɑˀigt 'fɛŋˀsəl]
doodstraf (de)	dødsstraf (f)	['døðsˌstʁɑf]
elektrische stoel (de)	elektrisk stol (f)	[e'lɛktʁisk 'stoˀl]
schavot (het)	galge (f)	['galjə]

| executeren (ww) | at henrette | [ʌ 'hɛnˌʁatə] |
| executie (de) | henrettelse (f) | ['hɛnˌʁatəlsə] |

| gevangenis (de) | fængsel (i) | ['fɛŋˀsəl] |
| cel (de) | celle (f) | ['sɛlə] |

konvooi (het)	eskorte (f), konvoj (f)	[ɛs'kɒːtə], [kʌn'vʌjˀ]
gevangenisbewaker (de)	fangevogter (f)	['fɑŋəˌvʌgtʌ]
gedetineerde (de)	fange (f)	['fɑŋə]

handboeien (mv.)	håndjern (i pl)	['hʌnjæɡˀn]
handboeien omdoen	at sætte håndjern	[ʌ 'sɛtə 'hʌnjæɡˀn]
ontsnapping (de)	flugt (f)	['flɒgt]

ontsnappen (ww)	at flygte	[ʌ 'fløgtə]
verdwijnen (ww)	at forsvinde	[ʌ fʌ'svenʔə]
vrijlaten (uit de gevangenis)	at løslade	[ʌ 'løs,læːðə]
amnestie (de)	amnesti (i, f)	[amnə'sti']

politie (de)	politi (i)	[poli'ti']
politieagent (de)	politibetjent (f)	[poli'ti be'tjɛnʔt]
politiebureau (het)	politistation (f)	[poli'ti sta'ɕoʔn]
knuppel (de)	gummiknippel (f)	['gomi,knepəl]
megafoon (de)	megafon (f)	[mega'foʔn]

patrouilleerwagen (de)	patruljebil (f)	[pa'tʁuljə,biʔl]
sirene (de)	sirene (f)	[si'ʁɛːnə]
de sirene aansteken	at tænde for sirenen	[ʌ 'tɛnə fʌ si'ʁɛːnən]
geloei (het) van de sirene	sirene hyl (i)	[si'ʁɛːnə 'hyʔl]

plaats delict (de)	åsted, gerningssted (i)	['ɔʔ,stɛð], ['gæɡneŋs,stɛð]
getuige (de)	vidne (i)	['viðnə]
vrijheid (de)	frihed (f)	['fʁi,heðʔ]
handlanger (de)	medskyldig (f)	['mɛð,skyldi]
ontvluchten (ww)	at flygte	[ʌ 'fløgtə]
spoor (het)	spor (i)	['spoʔɐ̯]

163. Politie. Wet. Deel 2

opsporing (de)	eftersøgning (f)	['ɛftʌ,søjneŋ]
opsporen (ww)	at eftersøge ...	[ʌ 'ɛftʌ,søʔjə ...]
verdenking (de)	mistanke (f)	['mis,taŋkə]
verdacht (bn)	mistænkelig	[mis'tɛŋ'kəli]
aanhouden (stoppen)	at standse	[ʌ 'stansə]
tegenhouden (ww)	at anholde	[ʌ 'an,hʌlʔə]

strafzaak (de)	sag (f)	['sæʔj]
onderzoek (het)	efterforskning (f)	['ɛftʌ,foːskneŋ]
detective (de)	detektiv, opdager (f)	[detek'tiwʔ], ['ʌp,dæʔjʌ]
onderzoeksrechter (de)	efterforsker (f)	['ɛftʌ,foːskʌ]
versie (de)	version (f)	[væɐ̯ɕoʔn]

motief (het)	motiv (i)	[mo'tiwʔ]
verhoor (het)	forhør (i)	[fʌ'høʔɐ̯]
ondervragen (door de politie)	at forhøre	[ʌ fʌ'høʔʌ]
ondervragen (omstanders ~)	at afhøre	[ʌ 'aw,høʔʌ]
controle (de)	kontrol (f)	[kɔn'tʁʌlʔ]

razzia (de)	razzia (f)	['ʁadɕa]
huiszoeking (de)	ransagning (f)	['ʁan,sæjʔneŋ]
achtervolging (de)	jagt (f)	['jagt]
achtervolgen (ww)	at forfølge	[ʌ fʌ'følʔjə]
opsporen (ww)	at spore	[ʌ 'spoːʌ]

arrest (het)	arrestation (f)	[aasta'ɕoʔn]
arresteren (ww)	at arrestere	[ʌ aa'steʔʌ]
vangen, aanhouden (een dief, enz.)	at fange	[ʌ 'faŋə]

aanhouding (de)	pågribelse (f)	['pʌˌgʁiˀbəlsə]
document (het)	dokument (i)	[doku'mɛnˀt]
bewijs (het)	bevis (i)	[be'viˀs]
bewijzen (ww)	at bevise	[ʌ be'viˀsə]
voetspoor (het)	fodspor (i)	['foðˌspoˀg̊]
vingerafdrukken (mv.)	fingeraftryk (i pl)	['feŋˀʌˌɑwtʁɶk]
bewijs (het)	bevis (i)	[be'viˀs]

alibi (het)	alibi (i)	[ali'biˀ]
onschuldig (bn)	uskyldig	[u'skylˀdi]
onrecht (het)	uretfærdighed (f)	[uʁat'fæg̊ˀdiˌheðˀ]
onrechtvaardig (bn)	uretfærdig	[uʁat'fæg̊ˀdi]

crimineel (bn)	kriminel	[kʁimi'nɛlˀ]
confisqueren (in beslag nemen)	at konfiskere	[ʌ kʌnfi'skeˀʌ]
drug (de)	narkotikum (i)	[nɑ'koˀtikɔm]
wapen (het)	våben (i)	['vɔˀbən]
ontwapenen (ww)	at afvæbne	[ʌ 'ɑwˌvɛˀbnə]
bevelen (ww)	at befale	[ʌ be'fæˀlə]
verdwijnen (ww)	at forsvinde	[ʌ fʌ'svenˀə]

wet (de)	lov (f)	['lɔw]
wettelijk (bn)	lovlig	['lɔwli]
onwettelijk (bn)	ulovlig	[u'lɔwˀli]

| verantwoordelijkheid (de) | ansvar (i) | ['anˌsvɑˀ] |
| verantwoordelijk (bn) | ansvarlig | [an'svɑˀli] |

NATUUR

De Aarde. Deel 1

164. De kosmische ruimte

kosmos (de)	rummet, kosmos (i)	['ʁɔmet], ['kʌsmʌs]
kosmisch (bn)	rum-	['ʁɔm-]
kosmische ruimte (de)	ydre rum (i)	['yðʁʌ ʁɔmˀ]
wereld (de)	verden (f)	['væɐ̯dən]
heelal (het)	univers (i)	[uni'væɐ̯s]
sterrenstelsel (het)	galakse (f)	[ga'laksə]
ster (de)	stjerne (f)	['stjæɐ̯nə]
sterrenbeeld (het)	stjernebillede (i)	['stjæɐ̯nə‚beləðə]
planeet (de)	planet (f)	[pla'neˀt]
satelliet (de)	satellit (f)	[satə'lit]
meteoriet (de)	meteorit (f)	[meteo'ʁit]
komeet (de)	komet (f)	[ko'meˀt]
asteroïde (de)	asteroide (f)	[astəʁo'iːðə]
baan (de)	bane (f)	['bæːnə]
draaien (om de zon, enz.)	at rotere	[ʌ ʁo'teˀʌ]
atmosfeer (de)	atmosfære (f)	[atmo'sfɛːʌ]
Zon (de)	Solen	['soːlən]
zonnestelsel (het)	solsystem (i)	['soːl sy'steˀm]
zonsverduistering (de)	solformørkelse (f)	['soːl fʌ'mœɐ̯kəlsə]
Aarde (de)	Jorden	['joˀɐ̯ən]
Maan (de)	Månen	['mɔːnən]
Mars (de)	Mars	['maˀs]
Venus (de)	Venus	['veːnus]
Jupiter (de)	Jupiter	['jupitʌ]
Saturnus (de)	Saturn	['sæ‚tuɐ̯n]
Mercurius (de)	Merkur	[mæɐ̯'kuɐ̯ˀ]
Uranus (de)	Uranus	[u'ʁɑnus]
Neptunus (de)	Neptun	[nɛp'tuˀn]
Pluto (de)	Pluto	['pluto]
Melkweg (de)	Mælkevejen	['mɛlkə‚vajen]
Grote Beer (de)	Store Bjørn	['stoɐ̯ ‚bjœɐ̯ˀn]
Poolster (de)	Polarstjernen	[po'lɑ‚stjæɐ̯nən]
marsmannetje (het)	marsboer (f)	['maˀs‚boˀʌ]
buitenaards wezen (het)	ikkejordisk væsen (i)	[‚ekə'joɐ̯disk ‚vɛ'sən]

bovenaards (het)	rumvæsen (i)	['ʁɔmˌvɛˀsən]
vliegende schotel (de)	flyvende tallerken (f)	['fly:vənə taˈlæɡkən]
ruimtevaartuig (het)	rumskib (i)	['ʁɔmˌskiˀb]
ruimtestation (het)	rumstation (f)	['ʁɔm staˈɕoˀn]
start (de)	start (f)	['stɑˀt]
motor (de)	motor (f)	['moːtʌ]
straalpijp (de)	dyse (f)	['dysə]
brandstof (de)	brændsel (i)	['bʁanˀsəl]
cabine (de)	cockpit (i)	['kʌkˌpit]
antenne (de)	antenne (f)	[anˈtɛnə]
patrijspoort (de)	køøje (i)	['koˌʌjə]
zonnebatterij (de)	solbatteri (i)	['soːlbatʌˈʁiˀ]
ruimtepak (het)	rumdragt (f)	['ʁɔmˌdʁɑgt]
gewichtloosheid (de)	vægtløshed (f)	['vɛgtløːsˌheðˀ]
zuurstof (de)	ilt (f), oxygen (i)	['ilˀt], [ʌgsyˈgeˀn]
koppeling (de)	dokning (f)	['dʌknen]
koppeling maken	at dokke	[ʌ 'dʌkə]
observatorium (het)	observatorium (i)	[ʌbsæɡvaˈtoɡˀjɔm]
telescoop (de)	teleskop (i)	[teləˈskoˀp]
waarnemen (ww)	at observere	[ʌ ʌbsæɡˈveˀʌ]
exploreren (ww)	at udforske	[ʌ 'uðˌfɒːskə]

165. De Aarde

Aarde (de)	Jorden	['joˀɡən]
aardbol (de)	jordklode (f)	['joɡˌkloːðə]
planeet (de)	planet (f)	[plaˈneˀt]
atmosfeer (de)	atmosfære (f)	[atmoˈsfɛːʌ]
aardrijkskunde (de)	geografi (f)	[geogʁɑˈfiˀ]
natuur (de)	natur (f)	[naˈtuɡˀ]
wereldbol (de)	globus (f)	['gloːbus]
kaart (de)	kort (i)	['kɒːt]
atlas (de)	atlas (i)	['atlas]
Europa (het)	Europa	[œwˈʁoːpɑ]
Azië (het)	Asien	['æˀɕən]
Afrika (het)	Afrika	['ɑfʁika]
Australië (het)	Australien	[awˈstʁɑˀljən]
Amerika (het)	Amerika	[ɑˈmeʁika]
Noord-Amerika (het)	Nordamerika	['noɡ ɑˈmeʁika]
Zuid-Amerika (het)	Sydamerika	['syð ɑˈmeʁika]
Antarctica (het)	Antarktis	[anˈtɑˀktis]
Arctis (de)	Arktis	['ɑˀktis]

166. Windrichtingen

noorden (het)	nord (i)	['no'g]
naar het noorden	mod nord	[moð 'no'g]
in het noorden	i nord	[i 'no'g]
noordelijk (bn)	nordlig	['nogli]
zuiden (het)	syd (f)	['syð]
naar het zuiden	mod syd	[moð 'syð]
in het zuiden	i syd	[i 'syð]
zuidelijk (bn)	sydlig	['syðli]
westen (het)	vest (f)	['vɛst]
naar het westen	mod vest	[moð 'vɛst]
in het westen	i vest	[i 'vɛst]
westelijk (bn)	vestlig	['vɛstli]
oosten (het)	øst (f)	['øst]
naar het oosten	mod øst	[moð 'øst]
in het oosten	i øst	[i 'øst]
oostelijk (bn)	østlig	['østli]

167. Zee. Oceaan

zee (de)	hav (i)	['hɑw]
oceaan (de)	ocean (i)	[osə'æ'n]
golf (baai)	bugt (f)	['bɔgt]
straat (de)	stræde (i), sund (i)	['stʁɛːðə], ['sɔn']
grond (vaste grond)	land (i)	['lan']
continent (het)	fastland, kontinent (i)	['fast,lan'], [kʌnti'nɛn't]
eiland (het)	ø (f)	['ø']
schiereiland (het)	halvø (f)	['hal,ø']
archipel (de)	øhav, arkipelag (i)	['ø,hɑw], [ɑkipe'læ'j]
baai, bocht (de)	bugt (f)	['bɔgt]
haven (de)	havn (f)	['hɑw'n]
lagune (de)	lagune (f)	[la'guːnə]
kaap (de)	kap (i)	['kɑp]
atol (de)	atol (f)	[a'tʌl']
rif (het)	rev (i)	['ʁɛw]
koraal (het)	koral (f)	[ko'ʁal']
koraalrif (het)	koralrev (i)	[ko'ʁal,ʁɛw]
diep (bn)	dyb	['dy'b]
diepte (de)	dybde (f)	['dybdə]
diepzee (de)	afgrund (f), dyb (i)	['aw,gʁɔn'], ['dy'b]
trog (bijv. Marianentrog)	oceangrav (f)	[osə,æn 'gʁɑ'w]
stroming (de)	strøm (f)	['stʁœm']
omspoelen (ww)	at omgive	[ʌ 'ʌm,gi']
oever (de)	kyst (f)	['køst]

kust (de)	kyst (f)	['køst]
vloed (de)	flod (f)	['floˀð]
eb (de)	ebbe (i)	['ɛbə]
ondiepte (ondiep water)	sandbanke (f)	['sanˌbaŋkə]
bodem (de)	bund (f)	['bonˀ]

golf (hoge ~)	bølge (f)	['bøljə]
golfkam (de)	bølgekam (f)	['bøljəˌkamˀ]
schuim (het)	skum (i)	['skɔmˀ]

storm (de)	storm (f)	['stɒˀm]
orkaan (de)	orkan (f)	[ɒ'kæˀn]
tsunami (de)	tsunami (f)	[tsu'nɑːmi]
windstilte (de)	stille (i)	['stelə]
kalm (bijv. ~e zee)	stille	['stelə]

| pool (de) | pol (f) | ['poˀl] |
| polair (bn) | polar- | [po'lɑ-] |

breedtegraad (de)	bredde (f)	['bʁɛˀdə]
lengtegraad (de)	længde (f)	['lɛŋˀdə]
parallel (de)	breddegrad (f)	['bʁɛˀdəˌgʁɑˀð]
evenaar (de)	ækvator (f)	[ɛ'kvæːtʌ]

hemel (de)	himmel (f)	['heməl]
horizon (de)	horisont (f)	[hɒi'sʌnˀt]
lucht (de)	luft (f)	['lɔft]

vuurtoren (de)	fyr (i)	['fyɐˀ]
duiken (ww)	at dykke	[ʌ 'døkə]
zinken (ov. een boot)	at synke	[ʌ 'søŋkə]
schatten (mv.)	skatte (f pl)	['skatə]

168. Bergen

berg (de)	bjerg (i)	['bjæɐ̯ˀw]
bergketen (de)	bjergkæde (f)	['bjæɐ̯wˌkɛːðə]
gebergte (het)	bjergryg (f)	['bjæɐ̯wˌʁœg]

bergtop (de)	top (f), bjergtop (f)	['tʌp], ['bjæɐ̯wˌtʌp]
bergpiek (de)	tinde (f)	['tenə]
voet (ov. de berg)	fod (f)	['foˀð]
helling (de)	skråning (f)	['skʁɒˀnen]

vulkaan (de)	vulkan (f)	[vul'kæˀn]
actieve vulkaan (de)	aktiv vulkan (f)	['ɑkˌtiwˀ vul'kæˀn]
uitgedoofde vulkaan (de)	udslukt vulkan (f)	['uðˌslɔkt vul'kæˀn]

uitbarsting (de)	udbrud (i)	['uðˌbʁuð]
krater (de)	krater (i)	['kʁɑˀtʌ]
magma (het)	magma (i, f)	['mɑwma]
lava (de)	lava (f)	['læːva]
gloeiend (~e lava)	glødende	['gløːðənə]
kloof (canyon)	canyon (f)	['kanjʌn]

bergkloof (de)	kløft (f)	['kløft]
spleet (de)	revne (f)	['ʁawnə]
afgrond (de)	afgrund (f)	['ɑwˌgʁɔnʔ]

bergpas (de)	pas (i)	['pas]
plateau (het)	plateau (i)	[plaˈto]
klip (de)	klippe (f)	['klepə]
heuvel (de)	bakke (f)	['bɑkə]

gletsjer (de)	gletsjer (f)	['glɛtɕʌ]
waterval (de)	vandfald (i)	['vanˌfalʔ]
geiser (de)	gejser (f)	['gɑjʔsʌ]
meer (het)	sø (f)	['søʔ]

vlakte (de)	slette (f)	['slɛtə]
landschap (het)	landskab (i)	['lanˌskæʔb]
echo (de)	ekko (i)	['ɛko]

alpinist (de)	alpinist (f)	[alpiˈnist]
bergbeklimmer (de)	bjergbestiger (f)	['bjæɡwbeˈstiʔə]
trotseren (berg ~)	at erobre	[ʌ eˈʁoʔbʁʌ]
beklimming (de)	bestigning (f)	[beˈstiʔneŋ]

169. Rivieren

rivier (de)	flod (f)	['floʔð]
bron (~ van een rivier)	kilde (f)	['kilə]
rivierbedding (de)	flodseng (f)	['floðˌsɛŋʔ]
rivierbekken (het)	flodbassin (i)	['floð baˈsɛŋ]
uitmonden in ...	at munde ud ...	[ʌ 'monə uðʔ ...]

| zijrivier (de) | biflod (f) | ['biˌfloʔð] |
| oever (de) | bred (f) | ['bʁɛð] |

stroming (de)	strøm (f)	['stʁœmʔ]
stroomafwaarts (bw)	nedstrøms	['neðˌstʁœmʔs]
stroomopwaarts (bw)	opstrøms	['ʌpˌstʁœmʔs]

overstroming (de)	oversvømmelse (f)	['ɒwʌˌsvœmʔəlsə]
overstroming (de)	flom (f)	['flʌmʔ]
buiten zijn oevers treden	at flyde over	[ʌ 'flyːðə 'ɒwʔʌ]
overstromen (ww)	at oversvømme	[ʌ 'ɒwʌˌsvœmʔə]

| zandbank (de) | grund (f) | ['gʁɔnʔ] |
| stroomversnelling (de) | strømfald (i) | ['stʁœmˌfalʔ] |

dam (de)	dæmning (f)	['dɛmneŋ]
kanaal (het)	kanal (f)	[kaˈnæʔl]
spaarbekken (het)	reservoir (i)	[ʁɛsæɡvoˈɑː]
sluis (de)	sluse (f)	['sluːsə]

waterlichaam (het)	vandområde (i)	['van 'ʌmˌʁɔːðə]
moeras (het)	sump, mose (f)	['sɔmʔp], ['moːsə]
broek (het)	hængesæk (f)	['hɛŋəˌsɛk]

draaikolk (de)	**strømhvirvel** (f)	['stʁœmˌviɐ̯ˀwəl]
stroom (de)	**bæk** (f)	['bɛk]
drink- (abn)	**drikke-**	['dʁɛkə-]
zoet (~ water)	**ferske**	['fæɐ̯skə]

IJs (het)	**is** (f)	['iˀs]
bevriezen (rivier, enz.)	**at fryse til**	[ʌ 'fʁyːsə tel]

170. Bos

bos (het)	**skov** (f)	['skɒwˀ]
bos- (abn)	**skov-**	['skɒw-]

oerwoud (dicht bos)	**tæt skov** (f)	['tɛt ˌskɒwˀ]
bosje (klein bos)	**lund** (f)	['lonˀ]
open plek (de)	**lysning** (f)	['lysneŋ]

struikgewas (het)	**tæt krat** (i)	['tɛt 'kʁat]
struiken (mv.)	**buskads** (i)	[bu'skæˀs]

paadje (het)	**sti** (f)	['stiˀ]
ravijn (het)	**ravine** (f)	[ʁɑ'viːnə]

boom (de)	**træ** (i)	['tʁɛˀ]
blad (het)	**blad** (i)	['blað]
gebladerte (het)	**løv** (i)	['løˀw]

vallende bladeren (mv.)	**løvfald** (i)	['løwˌfalˀ]
vallen (ov. de bladeren)	**at falde**	[ʌ 'falə]
boomtop (de)	**trætop** (f)	['tʁɛˌtʌp]

tak (de)	**kvist** (f)	['kvest]
ent (de)	**gren** (f)	['gʁɛˀn]
knop (de)	**knop** (f)	['knɔp]
naald (de)	**nål** (f)	['nɔˀl]
dennenappel (de)	**kogle** (f)	['kɒwlə]

boom holte (de)	**træhul** (i)	['tʁɛˌhɔl]
nest (het)	**rede** (f)	['ʁɛːðə]
hol (het)	**hule** (f)	['huːlə]

stam (de)	**stamme** (f)	['stamə]
wortel (bijv. boom~s)	**rod** (f)	['ʁoˀð]
schors (de)	**bark** (f)	['bɑːk]
mos (het)	**mos** (i)	['mɔs]

ontwortelen (een boom)	**at rykke op med rode**	[ʌ 'ʁœkə ʌp mɛ 'ʁoːðə]
kappen (een boom ~)	**at fælde**	[ʌ 'fɛlə]
ontbossen (ww)	**at hugge ned**	[ʌ 'hɔgə 'neðˀ]
stronk (de)	**træstub** (f)	['tʁɛˌstub]

kampvuur (het)	**bål** (i)	['bɔˀl]
bosbrand (de)	**skovbrand** (f)	['skɒwˌbʁɑnˀ]
blussen (ww)	**at slukke**	[ʌ 'slɔkə]

boswachter (de)	skovløber (f)	['skɒwˌløːbʌ]
bescherming (de)	værn (i), beskyttelse (f)	['væɡ'n], [be'skøtəlsə]
beschermen (bijv. de natuur ~)	at beskytte	[ʌ be'skøtə]
stroper (de)	krybskytte (f)	['kʁybˌskøtə]
val (de)	saks (f), fælde (f)	['saks], ['fɛlə]

plukken (vruchten, enz.)	at plukke	[ʌ 'plɔkə]
verdwalen (de weg kwijt zijn)	at fare vild	[ʌ 'faːa 'vil']

171. Natuurlijke hulpbronnen

natuurlijke rijkdommen (mv.)	naturressourcer (f pl)	[na'tuɡ ʁɛ'suɡsʌ]
delfstoffen (mv.)	mineraler (i pl)	[minə'ʁɑ'lʌ]
lagen (mv.)	forekomster (f pl)	['fɔːɒˌkʌm'stʌ]
veld (bijv. olie~)	felt (i)	['fɛl't]

winnen (uit erts ~)	at udvinde	[ʌ 'uðˌven'ə]
winning (de)	udvinding (f)	['uðˌvenen]
erts (het)	malm (f)	['mal'm]
mijn (bijv. kolenmijn)	mine (f)	['miːnə]
mijnschacht (de)	mineskakt (f)	['minəˌskakt]
mijnwerker (de)	minearbejder (f)	['miːnə'aːˌbaj'dʌ]

gas (het)	gas (f)	['gas]
gasleiding (de)	gasledning (f)	['gasˌleðnen]
olie (aardolie)	olie (f)	['oljə]
olieleiding (de)	olieledning (f)	['oljəˌleðnen]
oliebron (de)	oliebrønd (f)	['oljəˌbʁœn']
boortoren (de)	boretårn (i)	['boːʌˌtɒ'n]
tanker (de)	tankskib (i)	['taŋkˌski'b]

zand (het)	sand (i)	['san']
kalksteen (de)	kalksten (f)	['kalkˌste'n]
grind (het)	grus (i)	['gʁu's]
veen (het)	tørv (f)	['tœɡ'w]
klei (de)	ler (i)	['le'ɡ]
steenkool (de)	kul (i)	['kɔl]

IJzer (het)	jern (i)	['jæɡ'n]
goud (het)	guld (i)	['gul]
zilver (het)	sølv (i)	['søl]
nikkel (het)	nikkel (i)	['nekəl]
koper (het)	kobber (i)	['kɒw'ʌ]

zink (het)	zink (i, f)	['seŋ'k]
mangaan (het)	mangan (i)	[maŋ'gæ'n]
kwik (het)	kviksølv (i)	['kvikˌsøl]
lood (het)	bly (i)	['bly']

mineraal (het)	mineral (i)	[minə'ʁɑ'l]
kristal (het)	krystal (i, f)	[kʁy'stal']
marmer (het)	marmor (i)	['ma'moɡ]
uraan (het)	uran (i, f)	[u'ʁɑ'n]

De Aarde. Deel 2

172. Weer

weer (het)	vejr (i)	['vɛʔɐ]
weersvoorspelling (de)	vejrudsigt (f)	['vɛɐ̯ˌuðsegt]
temperatuur (de)	temperatur (f)	[tɛmpʁɑ'tuɐ̯ʔ]
thermometer (de)	termometer (i)	[tæɐ̯mo'meʔtʌ]
barometer (de)	barometer (i)	[bɑo'meʔtʌ]
vochtig (bn)	fugtig	['fɔgti]
vochtigheid (de)	fugtighed (f)	['fɔgtiˌheðʔ]
hitte (de)	hede (f)	['heːðə]
heet (bn)	hed	['heðʔ]
het is heet	det er hedt	[de 'æɐ̯ 'heðʔ]
het is warm	det er varmt	[de 'æɐ̯ 'vɑʔmt]
warm (bn)	varm	['vɑʔm]
het is koud	det er koldt	[de 'æɐ̯ 'kʌlt]
koud (bn)	kold	['kʌlʔ]
zon (de)	sol (f)	['soʔl]
schijnen (de zon)	at skinne	[ʌ 'skenə]
zonnig (~e dag)	solrig	['soːlˌʁiʔ]
opgaan (ov. de zon)	at stå op	[ʌ stɔʔ 'ʌp]
ondergaan (ww)	at gå ned	[ʌ gɔʔ 'neðʔ]
wolk (de)	sky (f)	['skyʔ]
bewolkt (bn)	skyet	['skyːəð]
regenwolk (de)	regnsky (f)	['ʁajnˌskyʔ]
somber (bn)	mørk	['mœɐ̯k]
regen (de)	regn (f)	['ʁajʔn]
het regent	det regner	[de 'ʁajnʌ]
regenachtig (bn)	regnvejrs-	['ʁajnˌvɛɐ̯s-]
motregenen (ww)	at småregne	[ʌ 'smɒʁajnə]
plensbui (dc)	øsende regn (f)	['øːsənə ˌʁajʔn]
stortbui (de)	styrtregn (f)	['styɐ̯tˌʁajʔn]
hard (bn)	kraftig, heftig	['kʁafti], ['hɛfti]
plas (de)	vandpyt (f)	['vanˌpyt]
nat worden (ww)	at blive våd	[ʌ 'bliːə 'vɔʔð]
mist (de)	tåge (f)	['tɔːwə]
mistig (bn)	tåget	['tɔːwəð]
sneeuw (de)	sne (f)	['sneʔ]
het sneeuwt	det sner	[de 'sneʔʌ]

173. Zwaar weer. Natuurrampen

noodweer (storm)	**tordenvejr** (i)	['toɡdən‚vɛˀɡ]
bliksem (de)	**lyn** (i)	['lyˀn]
flitsen (ww)	**at glimte**	[ʌ 'glemtə]
donder (de)	**torden** (f)	['toɡdən]
donderen (ww)	**at tordne**	[ʌ 'toɡdnə]
het dondert	**det tordner**	[de 'toɡdnʌ]
hagel (de)	**hagl** (i)	['hɑwˀl]
het hagelt	**det hagler**	[de 'hɑwlɡ]
overstromen (ww)	**at oversvømme**	[ʌ 'ɒwʌˌsvœmˀə]
overstroming (de)	**oversvømmelse** (f)	['ɒwʌˌsvœmˀəlsə]
aardbeving (de)	**jordskælv** (i)	['joɡˌskɛlˀv]
aardschok (de)	**skælv** (i)	['skɛlˀv]
epicentrum (het)	**epicenter** (i)	[epi'sɛnˀtʌ]
uitbarsting (de)	**udbrud** (i)	['uðˌbʁuð]
lava (de)	**lava** (f)	['læːva]
wervelwind (de)	**skypumpe** (f)	['skyˌpɔmpə]
windhoos (de)	**tornado** (f)	[tɒ'næːdo]
tyfoon (de)	**tyfon** (f)	[ty'foˀn]
orkaan (de)	**orkan** (f)	[ɒ'kæˀn]
storm (de)	**storm** (f)	['stɒˀm]
tsunami (de)	**tsunami** (f)	[tsu'nɑːmi]
cycloon (de)	**cyklon** (f)	[sy'kloˀn]
onweer (het)	**uvejr** (i)	['uˌvɛˀɡ]
brand (de)	**brand** (f)	['bʁɑnˀ]
ramp (de)	**katastrofe** (f)	[kata'stʁoːfə]
meteoriet (de)	**meteorit** (f)	[meteo'ʁit]
lawine (de)	**lavine** (f)	[la'viːnə]
sneeuwverschuiving (de)	**sneskred** (i)	['sneˌskʁɛð]
sneeuwjacht (de)	**snefog** (i)	['sneˌfowˀ]
sneeuwstorm (de)	**snestorm** (f)	['sneˌstɒˀm]

Fauna

174. Zoogdieren. Roofdieren

roofdier (het)	**rovdyr** (i)	[ˈʁɒwˌdyɐ̯ˀ]
tijger (de)	**tiger** (f)	[ˈtiːʌ]
leeuw (de)	**løve** (f)	[ˈløːvə]
wolf (de)	**ulv** (f)	[ˈulˀv]
vos (de)	**ræv** (f)	[ˈʁɛˀw]
jaguar (de)	**jaguar** (f)	[jaguˈɑˀ]
luipaard (de)	**leopard** (f)	[leoˈpɑˀd]
jachtluipaard (de)	**gepard** (f)	[geˈpɑˀd]
panter (de)	**panter** (f)	[ˈpanˀtʌ]
poema (de)	**puma** (f)	[ˈpuːma]
sneeuwluipaard (de)	**sneleopard** (f)	[ˈsne leoˈpɑˀd]
lynx (de)	**los** (f)	[ˈlʌs]
coyote (de)	**coyote, prærieulv** (f)	[koˈjoːtə], [ˈpʁɛʁjəˌulˀv]
jakhals (de)	**sjakal** (f)	[ɕaˈkæˀl]
hyena (de)	**hyæne** (f)	[hyˈɛːnə]

175. Wilde dieren

dier (het)	**dyr** (i)	[ˈdyɐ̯ˀ]
beest (het)	**bæst** (i), **udyr** (i)	[ˈbɛˀst], [ˈuˌdyɐ̯ˀ]
eekhoorn (de)	**egern** (i)	[ˈeˀjʌn]
egel (de)	**pindsvin** (i)	[ˈpenˌsviˀn]
haas (de)	**hare** (f)	[ˈhaːɑ]
konijn (het)	**kanin** (f)	[kaˈniˀn]
das (de)	**grævling** (f)	[ˈgʁawleŋ]
wasbeer (de)	**vaskebjørn** (f)	[ˈvaskəˌbjœɐ̯ˀn]
hamster (de)	**hamster** (f)	[ˈhamˀstʌ]
marmot (de)	**murmeldyr** (i)	[ˈmuɐ̯ˀməlˌdyɐ̯ˀ]
mol (de)	**muldvarp** (f)	[ˈmulˌvɑːp]
muis (de)	**mus** (f)	[ˈmuˀs]
rat (de)	**rotte** (f)	[ˈʁʌtə]
vleermuis (de)	**flagermus** (f)	[ˈflɑwʌˌmuˀs]
hermelijn (de)	**hermelin** (f)	[hæɡ̊məˈliˀn]
sabeldier (het)	**zobel** (f)	[ˈsoˀbəl]
marter (de)	**mår** (f)	[ˈmɒˀ]
wezel (de)	**brud** (f)	[ˈbʁuð]
nerts (de)	**mink** (f)	[ˈmeŋˀk]

bever (de)	**bæver** (f)	['bɛˀvʌ]
otter (de)	**odder** (f)	['ʌðˀʌ]

paard (het)	**hest** (f)	['hɛst]
eland (de)	**elg** (f)	['ɛlˀj]
hert (het)	**hjort** (f)	['jɒːt]
kameel (de)	**kamel** (f)	[ka'meˀl]

bizon (de)	**bison** (f)	['bisʌn]
oeros (de)	**urokse** (f)	['uɡ̊ʌksə]
buffel (de)	**bøffel** (f)	['bøfəl]

zebra (de)	**zebra** (f)	['seˌbʁɑ]
antilope (de)	**antilope** (f)	[anti'loːpə]
ree (de)	**rådyr** (i), **rå** (f)	['ʁʌˌdyɡ̊ˀ], ['ʁɔˀ]
damhert (het)	**dådyr** (i)	['dʌˌdyɡ̊ˀ]
gems (de)	**gemse** (f)	['gɛmsə]
everzwijn (het)	**vildsvin** (i)	['vilˌsviˀn]

walvis (de)	**hval** (f)	['væˀl]
rob (de)	**sæl** (f)	['sɛˀl]
walrus (de)	**hvalros** (f)	['valˌʁʌs]
zeehond (de)	**pelssæl** (f)	['pɛlsˌsɛˀl]
dolfijn (de)	**delfin** (f)	[dɛl'fiˀn]

beer (de)	**bjørn** (f)	['bjœɡ̊ˀn]
IJsbeer (de)	**isbjørn** (f)	['isˌbjœɡ̊ˀn]
panda (de)	**panda** (f)	['panda]

aap (de)	**abe** (f)	['æːbə]
chimpansee (de)	**chimpanse** (f)	[ɕim'pansə]
orang-oetan (de)	**orangutang** (f)	[o'ʁaŋguˌtaŋˀ]
gorilla (de)	**gorilla** (f)	[go'ʁila]
makaak (de)	**makak** (f)	[mæ'kɑk]
gibbon (de)	**gibbon** (f)	['gibʌn]

olifant (de)	**elefant** (f)	[elə'fanˀt]
neushoorn (de)	**næsehorn** (i)	['nɛːsəˌhoɡ̊ˀn]
giraffe (de)	**giraf** (f)	[gi'ʁaf]
nijlpaard (het)	**flodhest** (f)	['floðˌhɛst]

kangoeroe (de)	**kænguru** (f)	[kɛŋguːʁu]
koala (de)	**koala** (f)	[ko'æːla]

mangoest (de)	**mangust** (f)	[maŋ'gust]
chinchilla (de)	**chinchilla** (f)	[tjen'tjila]
stinkdier (het)	**skunk** (f)	['skɔŋˀk]
stekelvarken (het)	**hulepindsvin** (i)	['huːlə 'penˌsviˀn]

176. Huisdieren

poes (de)	**kat** (f)	['kat]
kater (de)	**hankat** (f)	['hanˌkat]
hond (de)	**hund** (f)	['hunˀ]

paard (het)	hest (f)	['hɛst]
hengst (de)	hingst (f)	['heŋ'st]
merrie (de)	hoppe (f)	['hʌpə]

koe (de)	ko (f)	['ko']
stier (de)	tyr (f)	['tyɐ̯']
os (de)	okse (f)	['ʌksə]

schaap (het)	får (i)	['fɑ:]
ram (de)	vædder (f)	['vɛð'ʌ]
geit (de)	ged (f)	['geð']
bok (de)	gedebuk (f)	['ge:ðə̩bɔk]

| ezel (de) | æsel (i) | ['ɛ'səl] |
| muilezel (de) | muldyr (i) | ['mul̩dyɐ̯'] |

varken (het)	svin (i)	['svi'n]
biggetje (het)	gris (f)	['gʁi's]
konijn (het)	kanin (f)	[ka'ni'n]

| kip (de) | høne (f) | ['hœ:nə] |
| haan (de) | hane (f) | ['hæ:nə] |

eend (de)	and (f)	['an']
woerd (de)	andrik (f)	['an'dʁɛk]
gans (de)	gås (f)	['gɔ's]

| kalkoen haan (de) | kalkun hane (f) | [kal'ku'n 'hæ:nə] |
| kalkoen (de) | kalkun (f) | [kal'ku'n] |

huisdieren (mv.)	husdyr (i pl)	['hus̩dyɐ̯']
tam (bijv. hamster)	tam	['tɑm']
temmen (tam maken)	at tæmme	[ʌ 'tɛmə]
fokken (bijv. paarden ~)	at avle, at opdrætte	[ʌ 'awlə], [ʌ 'ʌp̩dʁatə]

boerderij (de)	farm (f)	['fɑ'm]
gevogelte (het)	fjerkræ (i)	['fjeɐ̯̩kʁɛ']
rundvee (het)	kvæg (i)	['kvɛ'j]
kudde (de)	hjord (f)	['jɔ'd]

paardenstal (de)	stald (f)	['stal']
zwijnenstal (de)	svinesti (f)	['svinə̩sti']
koeienstal (de)	kostald (f)	['ko̩stal']
konijnenhok (het)	kaninbur (i)	[ka'nin̩buɐ̯']
kippenhok (het)	hønsehus (i)	['hœnsə̩hu's]

177. Honden. Hondenrassen

hond (de)	hund (f)	['hun']
herdershond (de)	hyrdehund (f)	['hyɐ̯də̩hun']
Duitse herdershond (de)	schæferhund (f)	['ɕɛ'fʌ̩hun']
poedel (de)	puddel (f)	['puð'əl]
teckel (de)	gravhund (f)	['gʁɑw̩hun']
buldog (de)	buldog (f)	['bul̩dʌg]

boxer (de)	bokser (f)	['bʌksʌ]
mastiff (de)	mastiff (f)	[mas'tif]
rottweiler (de)	rottweiler (f)	['ʁʌtˌvɑjlʌ]
doberman (de)	dobermann (f)	['dʌbʌˌman]

basset (de)	basset (f)	['basɛt]
bobtail (de)	bobtail (f)	['bʌbtɛjl]
dalmatièr (de)	dalmatiner (f)	[dalma'ti'nʌ]
cockerspanièl (de)	cockerspaniel (f)	['kʌkʌˌspanjəl]

| newfoundlander (de) | newfoundlænder (f) | [nju'fawndˌlɛn'ʌ] |
| sint-bernard (de) | sanktbernhardshund (f) | [saŋt'bæɐ̯'nɑdsˌhun'] |

poolhond (de)	husky (f)	['hʌski]
chowchow (de)	chowchow (f)	[tjɑw'tjɑw]
spits (de)	spidshund (f)	['spesˌhun']
mopshond (de)	moppe (f), mops (f)	['mʌpə], ['mʌps]

178. Dierengeluiden

geblaf (het)	gøen (f)	['gø'ən]
blaffen (ww)	at gø	[ʌ 'gø']
miauwen (ww)	at mjave	[ʌ 'mjɑwə]
spinnen (katten)	at spinde	[ʌ 'spenə]

loeien (ov. een koe)	at brøle	[ʌ 'bʁœ:lə]
brullen (stier)	at brøle	[ʌ 'bʁœ:lə]
grommen (ov. de honden)	at knurre	[ʌ 'knoɐ̯ʌ]

gehuil (het)	hyl (i)	['hy'l]
huilen (wolf, enz.)	at hyle	[ʌ 'hy:lə]
janken (ov. een hond)	at klynke	[ʌ 'kløŋkə]

mekkeren (schapen)	at bræge	[ʌ 'bʁɛ:jə]
knorren (varkens)	at grynte	[ʌ 'gʁœntə]
gillen (bijv. varken)	at hvine	[ʌ 'vi:nə]

kwaken (kikvorsen)	at kvække	[ʌ 'kvɛkə]
zoemen (hommel, enz.)	at surre, at summe	[ʌ 'suɐ̯ʌ], [ʌ 'sɔmə]
tjirpen (sprinkhanen)	at synge	[ʌ 'søŋə]

179. Vogels

vogel (de)	fugl (f)	['fu'l]
duif (de)	due (f)	['du:ə]
mus (de)	spurv (f)	['spuɐ̯'w]
koolmees (de)	musvit (f)	[mu'svit]
ekster (de)	skade (f)	['skæ:ðə]

raaf (de)	ravn (f)	['ʁɑw'n]
kraai (de)	krage (f)	['kʁɑ:wə]
kauw (de)	kaie (f)	['kɑjə]

roek (de)	råge (f)	['ʁɔ:wə]
eend (de)	and (f)	['anˀ]
gans (de)	gås (f)	['gɔˀs]
fazant (de)	fasan (f)	[fa'sæˀn]
arend (de)	ørn (f)	['œɐ̯ˀn]
havik (de)	høg (f)	['høˀj]
valk (de)	falk (f)	['falˀk]
gier (de)	grib (f)	['gʁi:b]
condor (de)	kondor (f)	[kʌn'doˀɐ̯]
zwaan (de)	svane (f)	['svæ:nə]
kraanvogel (de)	trane (f)	['tʁɑ:nə]
ooievaar (de)	stork (f)	['stɔ:k]
papegaai (de)	papegøje (f)	[papə'gʌjə]
kolibrie (de)	kolibri (f)	[koli'bʁiˀ]
pauw (de)	påfugl (f)	['pʌˌfuˀl]
struisvogel (de)	struds (f)	['stʁus]
reiger (de)	hejre (f)	['hɑjʁʌ]
flamingo (de)	flamingo (f)	[fla'meŋgo]
pelikaan (de)	pelikan (f)	[peli'kæˀn]
nachtegaal (de)	nattergal (f)	['natʌˌgæˀl]
zwaluw (de)	svale (f)	['svæ:lə]
lijster (de)	drossel, sjagger (f)	['dʁʌsəl], ['ɕagʌ]
zanglijster (de)	sangdrossel (f)	['saŋˌdʁʌsəl]
merel (de)	solsort (f)	['so:lˌsoɐ̯t]
gierzwaluw (de)	mursejler (f)	['muɐ̯ˌsajlʌ]
leeuwerik (de)	lærke (f)	['læɐ̯kə]
kwartel (de)	vagtel (f)	['vagtəl]
specht (de)	spætte (f)	['spɛtə]
koekoek (de)	gøg (f)	['gøˀj]
uil (de)	ugle (f)	['u:lə]
oehoe (de)	hornugle (f)	['hoɐ̯nˌu:lə]
auerhoen (het)	tjur (f)	['tjuɐ̯ˀ]
korhoen (het)	urfugl (f)	['uɐ̯ˌfuˀl]
patrijs (de)	agerhøne (f)	['æˀjʌˌhœ:nə]
spreeuw (de)	stær (f)	['stɛˀɐ̯]
kanarie (de)	kanariefugl (f)	[ka'naˀjəˌfuˀl]
hazelhoen (het)	hjerpe, jærpe (f)	['jæɐ̯pə]
vink (de)	bogfinke (f)	['bɔwˌfeŋkə]
goudvink (de)	dompap (f)	['dɔmˌpap]
meeuw (de)	måge (f)	['mɔ:wə]
albatros (de)	albatros (f)	['albaˌtʁʌs]
pinguïn (de)	pingvin (f)	[peŋ'viˀn]

180. Vogels. Zingen en geluiden

fluiten, zingen (ww)	at synge	[ʌ 'søŋə]
schreeuwen (dieren, vogels)	at skrige	[ʌ 'skʁiːə]
kraaien (ov. een haan)	at gale	[ʌ 'gæːlə]
kukeleku	kykeliky	[kykli'kyː]
klokken (hen)	at kagle	[ʌ 'kawlə]
krassen (kraai)	at krage	[ʌ 'kʁɑːwə]
kwaken (eend)	at rappe	[ʌ 'ʁapə]
piepen (kuiken)	at pippe	[ʌ 'pipə]
tjilpen (bijv. een mus)	at kvidre	[ʌ 'kviðʁʌ]

181. Vis. Zeedieren

brasem (de)	brasen (f)	['bʁaʔsən]
karper (de)	karpe (f)	['kaːpə]
baars (de)	aborre (f)	['a,bɒːɒ]
meerval (de)	malle (f)	['malə]
snoek (de)	gedde (f)	['geðə]
zalm (de)	laks (f)	['laks]
steur (de)	stør (f)	['støʔɐ̯]
haring (de)	sild (f)	['silʔ]
atlantische zalm (de)	atlantisk laks (f)	[at'lanʔtisk 'laks]
makreel (de)	makrel (f)	[mɑ'kʁalʔ]
platvis (de)	rødspætte (f)	['ʁœð,spɛtə]
snoekbaars (de)	sandart (f)	['san,aʔt]
kabeljauw (de)	torsk (f)	['tɒːsk]
tonijn (de)	tunfisk (f)	['tuːn,fesk]
forel (de)	ørred (f)	['œɐ̯ʌð]
paling (de)	ål (f)	['ɔʔl]
sidderrog (de)	elektrisk rokke (f)	[e'lɛktʁisk 'ʁʌkə]
murene (de)	muræne (f)	[mu'ʁɛːnə]
piranha (de)	piraya (f)	[pi'ʁaja]
haai (de)	haj (f)	['hajʔ]
dolfijn (de)	delfin (f)	[dɛl'fiʔn]
walvis (de)	hval (f)	['væʔl]
krab (de)	krabbe (f)	['kʁabə]
kwal (de)	gople, meduse (f)	['gʌplə], [me'duːsə]
octopus (de)	blæksprutte (f)	['blɛk,spʁutə]
zeester (de)	søstjerne (f)	['sø,stjæɐ̯nə]
zee-egel (de)	søpindsvin (i)	['sø 'pen,sviʔn]
zeepaardje (het)	søhest (f)	['sø,hɛst]
oester (de)	østers (f)	['østʌs]
garnaal (de)	reje (f)	['ʁajə]

kreeft (de)   hummer (f)   ['hɔm'ʌ]
langoest (de)   languster (f)   [laŋ'gustʌ]

182. Amfibieën. Reptielen

slang (de)   slange (f)   ['slaŋə]
giftig (slang)   giftig   ['gifti]

adder (de)   hugorm (f)   ['hɔg,oɐ'm]
cobra (de)   kobra (f)   ['ko:bʁa]
python (de)   pyton (f)   ['pytʌn]
boa (de)   boa (f)   ['bo:a]

ringslang (de)   snog (f)   ['sno']
ratelslang (de)   klapperslange (f)   ['klapʌ,slaŋə]
anaconda (de)   anakonda (f)   [ana'kʌnda]

hagedis (de)   firben (i)   ['fiɐ'be'n]
leguaan (de)   leguan (f)   [legu'æ'n]
varaan (de)   varan (f)   [vɑ'ʁa'n]
salamander (de)   salamander (f)   [sala'man'dʌ]
kameleon (de)   kamæleon (f)   [kamələ'o'n]
schorpioen (de)   skorpion (f)   [skɔpi'o'n]

schildpad (de)   skildpadde (f)   ['skel,paðə]
kikker (de)   frø (f)   ['fʁœ']
pad (de)   tudse (f)   ['tusə]
krokodil (de)   krokodille (f)   [kʁokə'dilə]

183. Insecten

insect (het)   insekt (i)   [en'sɛkt]
vlinder (de)   sommerfugl (f)   ['sʌmʌ,fu'l]
mier (de)   myre (f)   ['my:ʌ]
vlieg (de)   flue (f)   ['flu:ə]
mug (de)   stikmyg (f)   ['stek,myg]
kever (de)   bille (f)   ['bilə]

wesp (de)   hveps (f)   ['vɛps]
bij (de)   bi (f)   ['bi']
hommel (de)   humlebi (f)   ['humlə,bi']
horzel (de)   bremse (f)   ['bʁamsə]

spin (de)   edderkop (f)   ['ɛð'ʌ,kʌp]
spinnenweb (het)   edderkoppespind (i)   ['ɛð'ʌkʌpə,sben']

libel (de)   guldsmed (f)   ['gul,smeð]
sprinkhaan (de)   græshoppe (f)   ['gʁas,hʌpə]
nachtvlinder (de)   natsværmer (f)   ['nat,svæɐ'mʌ]

kakkerlak (de)   kakerlak (f)   [kakʌ'lak]
mijt (de)   flåt, mide (f)   ['flɔ't], ['mi:ðə]

| vlo (de) | loppe (f) | ['lʌpə] |
| kriebelmug (de) | kvægmyg (f) | ['kvɛjˌmyg] |

treksprinkhaan (de)	vandregræshoppe (f)	['vandʁʌ 'gʁasˌhʌpə]
slak (de)	snegl (f)	['snɑjˀl]
krekel (de)	fårekylling (f)	['fɔːɒˌkyleŋ]
glimworm (de)	ildflue (f)	['ilflu:ə]
lieveheersbeestje (het)	mariehøne (f)	[mɑ'ʁiˀəˌhœ:nə]
meikever (de)	oldenborre (f)	['ʌlənˌbɒ:ɒ]

bloedzuiger (de)	igle (f)	['i:lə]
rups (de)	sommerfuglelarve (f)	['sʌmʌˌfu:lə 'lɑ:və]
aardworm (de)	regnorm (f)	['ʁajnˌoɐ̯ˀm]
larve (de)	larve (f)	['lɑ:və]

184. Dieren. Lichaamsdelen

snavel (de)	næb (i)	['nɛˀb]
vleugels (mv.)	vinger (f pl)	['veŋʌ]
poot (ov. een vogel)	fod (f)	['foˀð]
verenkleed (het)	fjerdragt (f)	['fjeɐ̯ˌdʁagt]
veer (de)	fjer (f)	['fjeˀɐ̯]
kuifje (het)	fjertop (f), kam (f)	['fjeɐ̯ˌtʌp], [kamˀ]

kieuwen (mv.)	gæller (f pl)	['gɛlʌ]
kuit, dril (de)	rogn (f)	['ʁɒwˀn]
larve (de)	larve (f)	['lɑ:və]
vin (de)	finne (f)	['fenə]
schubben (mv.)	skæl (i)	['skɛlˀ]

slagtand (de)	hugtand (f)	['hɔgˌtanˀ]
poot (bijv. ~ van een kat)	pote (f)	['po:tə]
muil (de)	mule (f), snude (f)	['mu:lə], ['snu:ðə]
bek (mond van dieren)	gab (i)	['gæˀb]
staart (de)	hale (f)	['hæ:lə]
snorharen (mv.)	knurhår (i)	['knoɐ̯ˌhɒˀ]

| hoef (de) | klov (f), hov (f) | ['klɒwˀ], ['hɒw] |
| hoorn (de) | horn (i) | ['hoɐ̯ˀn] |

schild (schildpad, enz.)	rygskjold (i)	['ʁœgˌskjʌlˀ]
schelp (de)	skal (f)	['skalˀ]
eierschaal (de)	æggeskal (f)	['ɛgəˌskalˀ]

| vacht (de) | pelse (f) | ['pɛlsə] |
| huid (de) | skind (i) | ['skenˀ] |

185. Dieren. Leefomgevingen

leefgebied (het)	habitat (i)	[habi'tæˀt]
migratie (de)	migration (f)	[migʁɑ'ɕoˀn]
berg (de)	bjerg (i)	['bjæɐ̯ˀw]

rif (het)	**rev** (i)	['ʁɛw]
klip (de)	**klippe** (f)	['klepə]
bos (het)	**skov** (f)	['skɒwˀ]
jungle (de)	**jungle** (f)	['djɔŋlə]
savanne (de)	**savanne** (f)	[sa'vanə]
toendra (de)	**tundra** (f)	['tɔndʁɑ]
steppe (de)	**steppe** (f)	['stɛpə]
woestijn (de)	**ørken** (f)	['œɐ̯kən]
oase (de)	**oase** (f)	[o'æːsə]
zee (de)	**hav** (i)	['hɑw]
meer (het)	**sø** (f)	['søˀ]
oceaan (de)	**ocean** (i)	[osə'æˀn]
moeras (het)	**sump** (f)	['sɔmˀp]
zoetwater- (abn)	**ferskvands-**	['fæɐ̯skˌvans-]
vijver (de)	**dam** (f)	['dɑmˀ]
rivier (de)	**flod** (f)	['floˀð]
berenhol (het)	**hule** (f)	['huːlə]
nest (het)	**rede** (f)	['ʁɛːðə]
boom holte (de)	**træhul** (i)	['tʁɛˌhɔl]
hol (het)	**hule** (f)	['huːlə]
mierenhoop (de)	**myretue** (f)	['myːʌˌtuːə]

Flora

186. Bomen

boom (de)	**træ** (i)	['tʁɛ']
loof- (abn)	**løv-**	['løw-]
dennen- (abn)	**nåle-**	['nɔlə-]
groenblijvend (bn)	**stedsegrønt, eviggrønt**	['stɛðsə,gʁœn't], ['e:vi,gʁœn't]

appelboom (de)	**æbletræ** (i)	['ɛ'blə,tʁɛ']
perenboom (de)	**pæretræ** (i)	['pɛʌ,tʁɛ']
zoete kers (de)	**moreltræ** (i)	[mo'ʁal,tʁɛ']
zure kers (de)	**kirsebærtræ** (i)	['kiɐ̯səbæɐ̯,tʁɛ']
pruimelaar (de)	**blommetræ** (i)	['blʌmə,tʁɛ']

berk (de)	**birk** (f)	['biɐ̯k]
eik (de)	**eg** (f)	['e'j]
linde (de)	**lind** (f)	['len']
esp (de)	**asp** (f)	['asp]
esdoorn (de)	**løn** (f), **ahorn** (f)	['lœn'], ['a,hoɐ̯'n]

spar (de)	**gran** (f)	['gʁan]
den (de)	**fyr** (f)	['fyɐ̯']
lariks (de)	**lærk** (f)	['læɐ̯k]
zilverspar (de)	**ædelgran** (f)	['ɛ'ðəl,gʁan]
ceder (de)	**ceder** (f)	['se:ðʌ]

populier (de)	**poppel** (f)	['pʌpəl]
lijsterbes (de)	**røn** (f)	['ʁœn']
wilg (de)	**pil** (f)	['pi'l]
els (de)	**el** (f)	['ɛl]
beuk (de)	**bøg** (f)	['bø'j]
iep (de)	**elm** (f)	['ɛl'm]
es (de)	**ask** (f)	['ask]
kastanje (de)	**kastanie** (i)	[ka'stanjə]

magnolia (de)	**magnolie** (f)	[maw'no'ljə]
palm (de)	**palme** (f)	['palmə]
cipres (de)	**cypres** (f)	[sy'pʁas]
mangrove (de)	**mangrove** (f)	[maŋ'gʁo:və]
baobab (apenbroodboom)	**baobabtræ** (i)	[bao'bab,tʁɛ']
eucalyptus (de)	**eukalyptus** (f)	[œwka'lyptus]
mammoetboom (de)	**sequoia** (f), **rødtræ** (i)	[sek'wojə], ['ʁœð,tʁɛ']

187. Heesters

struik (de)	**busk** (f)	['busk]
heester (de)	**buskads** (i)	[bu'skæ's]

wijnstok (de)	**vinranke** (f)	['vi:n‚ʁɑŋkə]
wijngaard (de)	**vingård** (f)	['vi:n‚gɒˀ]
frambozenstruik (de)	**hindbærbusk** (f)	['henbæɐ̯‚busk]
zwarte bes (de)	**solbærbusk** (f)	['so:lbæɐ̯‚busk]
rode bessenstruik (de)	**ribsbusk** (f)	['ʁɛbs‚busk]
kruisbessenstruik (de)	**stikkelsbær** (i)	['stekəls‚bæɐ̯]
acacia (de)	**akacie** (f)	[a'kæˀɕə]
zuurbes (de)	**berberis** (f)	['bæɐ̯ˀbʌʁis]
jasmijn (de)	**jasmin** (f)	[ɕas'miˀn]
jeneverbes (de)	**ene** (f)	['e:nə]
rozenstruik (de)	**rosenbusk** (f)	['ʁo:sən‚busk]
hondsroos (de)	**Hunde-Rose** (f)	['hunə-'ʁo:sə]

188. Champignons

paddenstoel (de)	**svamp** (f)	['svɑmˀp]
eetbare paddenstoel (de)	**spiselig svamp** (f)	['spi:səli 'svɑmˀp]
giftige paddenstoel (de)	**giftig svamp** (f)	['gifti svɑmˀp]
hoed (de)	**hat** (f)	['hat]
steel (de)	**stok** (f)	['stʌk]
gewoon eekhoorntjesbrood (het)	**karljohan-rørhat** (f)	[‚kɑ:ljo'han 'ʁœˀɐ̯hat]
rosse populierenboleet (de)	**skælstokket rørhat** (f)	['skɛl‚stʌkəð 'ʁœˀɐ̯hat]
berkenboleet (de)	**galde rørhat** (f)	['galə ‚ʁœˀɐ̯hat]
cantharel (de)	**kantarel** (f)	[kantɑ'ʁalˀ]
russula (de)	**skørhat** (f)	['skøɐ̯‚hat]
morille (de)	**morkel** (f)	['mɒ:kəl]
vliegenzwam (de)	**fluesvamp** (f)	['flu:ə‚svɑmˀp]
groene knolzwam (de)	**grøn fluesvamp** (f)	['gʁœn 'flu:ə‚svɑmˀp]

189. Vruchten. Bessen

vrucht (de)	**frugt** (f)	['fʁɔgt]
vruchten (mv.)	**frugter** (f pl)	['fʁɔgtʌ]
appel (de)	**æble** (i)	['ɛˀblə]
peer (de)	**pære** (f)	['pɛˀʌ]
pruim (de)	**blomme** (f)	['blʌmə]
aardbei (de)	**jordbær** (i)	['joɐ̯‚bæɐ̯]
zure kers (de)	**kirsebær** (i)	['kiɐ̯sə‚bæɐ̯]
zoete kers (de)	**morel** (f)	[mo'ʁalˀ]
druif (de)	**drue** (f)	['dʁu:ə]
framboos (de)	**hindbær** (i)	['hen‚bæɐ̯]
zwarte bes (de)	**solbær** (i)	['so:l‚bæɐ̯]
rode bes (de)	**ribs** (i, f)	['ʁɛbs]
kruisbes (de)	**stikkelsbær** (i)	['stekəls‚bæɐ̯]

veenbes (de)	tranebær (i)	['tʁɑːnəˌbæɡ]
sinaasappel (de)	appelsin (f)	[ɑpəl'siˀn]
mandarijn (de)	mandarin (f)	[mandɑ'ʁiˀn]
ananas (de)	ananas (f)	['ananas]
banaan (de)	banan (f)	[ba'næˀn]
dadel (de)	daddel (f)	['daðˀəl]
citroen (de)	citron (f)	[si'tʁoˀn]
abrikoos (de)	abrikos (f)	[abʁi'koˀs]
perzik (de)	fersken (f)	['fæɡskən]
kiwi (de)	kiwi (f)	['kiːvi]
grapefruit (de)	grapefrugt (f)	['gʁɛjpˌfʁɔgt]
bes (de)	bær (i)	['bæɡ]
bessen (mv.)	bær (i pl)	['bæɡ]
vossenbes (de)	tyttebær (i)	['tytəˌbæɡ]
bosaardbei (de)	skovjordbær (i)	['skɒw ˈjoɡˌbæɡ]
bosbes (de)	blåbær (i)	['blɔˀˌbæɡ]

190. Bloemen. Planten

bloem (de)	blomst (f)	['blʌmˀst]
boeket (het)	buket (f)	[bu'kɛt]
roos (de)	rose (f)	['ʁoːsə]
tulp (de)	tulipan (f)	[tuli'pæˀn]
anjer (de)	nellike (f)	['nelˀekə]
gladiool (de)	gladiolus (f)	[gladi'oːlus]
korenbloem (de)	kornblomst (f)	['koɡnˌblʌmˀst]
klokje (het)	blåklokke (f)	['blʌˌklʌkə]
paardenbloem (de)	mælkebøtte, løvetand (f)	['mɛlkəˌbøtə], ['løːvəˌtanˀ]
kamille (de)	kamille (f)	[ka'milə]
aloè (de)	aloe (f)	['æˀloˌeˀ]
cactus (de)	kaktus (f)	['kɑktus]
ficus (de)	ficus, stuebirk (f)	['fikus], ['stuːəˌbiɡk]
lelie (de)	lilje (f)	['liljə]
geranium (de)	geranie (f)	[ge'ʁɑˀnjə]
hyacint (de)	hyacint (f)	[hya'senˀt]
mimosa (de)	mimose (f)	[mi'moːsə]
narcis (de)	narcis (f)	[nɑ'siːs]
Oostindische kers (de)	blomsterkarse (f)	['blʌmˀstʌˌkɑːsə]
orchidee (de)	orkide, orkidé (f)	[ɒki'deˀ]
pioenroos (de)	pæon (f)	[pɛ'oˀn]
viooltje (het)	viol (f)	[vi'oˀl]
driekleurig viooltje (het)	stedmoderblomst (f)	['stɛmoɡ ˌblʌmˀst]
vergeet-mij-nietje (het)	forglemmigej (f)	[fʌ'glɛmˀmaˌajˀ]
madeliefje (het)	tusindfryd (f)	['tusənˌfʁyð]
papaver (de)	valmue (f)	['valˌmuːə]

hennep (de)	hamp (f)	['hɑmˀp]
munt (de)	mynte (f)	['møntə]

lelietje-van-dalen (het)	liljekonval (f)	['liljə kɔn'valˀ]
sneeuwklokje (het)	vintergæk (f)	['ventʌˌgɛk]

brandnetel (de)	nælde (f)	['nɛlə]
veldzuring (de)	syre (f)	['sy:ʌ]
waterlelie (de)	åkande, nøkkerose (f)	['ɔˀkanə], ['nøkəˌʁo:sə]
varen (de)	bregne (f)	['bʁajnə]
korstmos (het)	lav (f)	['lɑw]

oranjerie (de)	drivhus (i)	['dʁiwˌhuˀs]
gazon (het)	græsplæne (f)	['gʁasˌplɛ:nə]
bloemperk (het)	blomsterbed (i)	['blʌmˀstʌˌbəð]

plant (de)	plante (f)	['plantə]
gras (het)	græs (i)	['gʁas]
graspriet (de)	græsstrå (i)	['gʁasˌstʁɔˀ]

blad (het)	blad (i)	['blɑð]
bloemblad (het)	kronblad (i)	['krɔnˌblɑð]
stengel (de)	stilk (f)	['stelˀk]
knol (de)	rodknold (f)	['ʁɔðˌknʌlˀ]

scheut (de)	spire (f)	['spi:ʌ]
doorn (de)	torn (f)	['tɒɡˀn]

bloeien (ww)	at blomstre	[ʌ 'blʌmstʁʌ]
verwelken (ww)	at visne	[ʌ 'vesnə]
geur (de)	lugt (f)	['lɔgt]
snijden (bijv. bloemen ~)	at skære af	[ʌ 'skɛ:ʌ 'æˀ]
plukken (bloemen ~)	at plukke	[ʌ 'plɔkə]

191. Granen, graankorrels

graan (het)	korn (i)	['koɡˀn]
graangewassen (mv.)	kornsorter (f pl)	['koɡnˌsɒ:tʌ]
aar (de)	aks (i)	['ɑks]

tarwe (de)	hvede (f)	['ve:ðə]
rogge (de)	rug (f)	['ʁuˀ]
haver (de)	havre (f)	['hɑwʁʌ]
gierst (de)	hirse (f)	['hiɡsə]
gerst (de)	byg (f)	['byg]
maïs (de)	majs (f)	['mɑjˀs]
rijst (de)	ris (f)	['ʁiˀs]
boekweit (de)	boghvede (f)	['bɒwˌve:ðə]

erwt (de)	ært (f)	['æɡˀt]
boon (de)	bønne (f)	['bœnə]
soja (de)	soja (f)	['sʌja]
linze (de)	linse (f)	['lensə]
bonen (mv.)	bønner (f pl)	['bœnʌ]

REGIONALE AARDRIJKSKUNDE

Landen. Nationaliteiten

192. Politiek. Overheid. Deel 1

politiek (de)	politik (f)	[poli'tik]
politiek (bn)	politisk	[po'litisk]
politicus (de)	politiker (f)	[po'litikʌ]
staat (land)	stat (f)	['stæˀt]
burger (de)	statsborger (f)	['stæˀts,bɒːwʌ]
staatsburgerschap (het)	statsborgerskab (i)	['stæˀts,bɒːwʌ,skæˀb]
nationaal wapen (het)	rigsvåben (i)	['ʁis,vɔˀbən]
volkslied (het)	nationalsang (f)	[naɕo'næl,saŋˀ]
regering (de)	regering (f)	[ʁɛ'geˀ ɡ̊eŋ]
staatshoofd (het)	statschef (f)	['stæts,ɕɛˀf]
parlement (het)	parlament (i)	[pɑla'mɛnˀt]
partij (de)	parti (i)	[pɑ'tiˀ]
kapitalisme (het)	kapitalisme (f)	[kapita'lismə]
kapitalistisch (bn)	kapitalistisk	[kapita'listisk]
socialisme (het)	socialisme (f)	[soɕa'lismə]
socialistisch (bn)	socialistisk	[soɕa'listisk]
communisme (het)	kommunisme (f)	[komu'nismə]
communistisch (bn)	kommunistisk	[komu'nistisk]
communist (de)	kommunist (f)	[komu'nist]
democratie (de)	demokrati (i)	[demokʁa'tiˀ]
democraat (de)	demokrat (f)	[demo'kʁaˀt]
democratisch (bn)	demokratisk	[demo'kʁaˀtisk]
democratische partij (de)	demokratisk parti (i)	[demo'kʁaˀtisk pɑ'tiˀ]
liberaal (de)	liberalist (f)	[libəʁa'list]
liberaal (bn)	liberal	[libə'ʁaˀl]
conservator (de)	konservator (f)	[kʌnsæɡ̊'væːtʌ]
conservatief (bn)	konservativ	[kɔn'sæɡvaˌtiwˀ]
republiek (de)	republik (f)	[ʁɛpu'blik]
republikein (de)	republikaner (f)	[ʁɛpubli'kæˀnʌ]
Republikeinse Partij (de)	republikansk parti (i)	[ʁɛpubli'kæˀnsk pɑ'tiˀ]
verkiezing (de)	valg (i)	['valˀj]
kiezen (ww)	at vælge	[ʌ 'vɛljə]
kiezer (de)	vælger (f)	['vɛljʌ]

verkiezingscampagne (de)	valgkampagne (f)	['valj kɑm'panjə]
stemming (de)	afstemning (f)	['aw‚stɛm'nen]
stemmen (ww)	at stemme	[ʌ 'stɛmə]
stemrecht (het)	stemmeret (f)	['stɛmə‚ʁat]
kandidaat (de)	kandidat (f)	[kandi'dæʔt]
zich kandideren	at kandidere	[ʌ kandi'deʔʌ]
campagne (de)	kampagne (f)	[kɑm'panjə]
oppositie- (abn)	oppositions-	[oposi'ɕons-]
oppositie (de)	opposition (f)	[oposi'ɕoʔn]
bezoek (het)	besøg (i)	[be'søʔj]
officieel bezoek (het)	officielt besøg (i)	[ʌfi'ɕɛlʔ be'søʔj]
internationaal (bn)	international	['entʌnaɕo‚næʔl]
onderhandelingen (mv.)	forhandlinger (f pl)	[fʌ'hanʔleŋʌ]
onderhandelen (ww)	at forhandle	[ʌ fʌ'hanʔlə]

193. Politiek. Overheid. Deel 2

maatschappij (de)	samfund (i)	['sɑm‚fɔnʔ]
grondwet (de)	konstitution (f)	[kʌnstitu'ɕoʔn]
macht (politieke ~)	magt (f)	['mɑgt]
corruptie (de)	korruption (f)	[kɒɒp'ɕoʔn]
wet (de)	lov (f)	['lɒw]
wettelijk (bn)	lovlig	['lɒwli]
rechtvaardigheid (de)	retfærdighed (f)	[ʁat'fæɡ'di‚heðʔ]
rechtvaardig (bn)	retfærdig	[ʁat'fæɡ'di]
comité (het)	komite, komité (f)	[komi'teʔ]
wetsvoorstel (het)	lovforslag (i)	['lɒw 'fo:‚slæʔj]
begroting (de)	budget (i)	[by'ɕɛt]
beleid (het)	politik (f)	[poli'tik]
hervorming (de)	reform (f)	[ʁɛ'foʔm]
radicaal (bn)	radikal	[ʁadi'kæʔl]
macht (vermogen)	kraft (f)	['kʁɑft]
machtig (bn)	mægtig, magtfuld	['mɛgti], ['mɑgt‚fulʔ]
aanhanger (de)	tilhænger (f)	['tel‚hɛŋʔʌ]
invloed (de)	indflydelse (f)	['en‚flyð'elsə]
regime (het)	regime (i)	[ʁɛ'ɕi:mə]
conflict (het)	konflikt (f)	[kʌn'flikt]
samenzwering (de)	sammensværgelse (f)	['samən‚svæɡʔwelsə]
provocatie (de)	provokation (f)	[pʁovoka'ɕoʔn]
omverwerpen (ww)	at styrte	[ʌ 'styɡtə]
omverwerping (de)	omstyrtelse (f)	['aw‚sɛtəlsə]
revolutie (de)	revolution (f)	[ʁɛvolu'ɕoʔn]
staatsgreep (de)	statskup (i)	['stæʔts‚kup]
militaire coup (de)	militærkup (i)	[mili'tɛɡ‚kup]

crisis (de)	krise (f)	['kʁiʔsə]
economische recessie (de)	økonomisk nedgang (f)	[øko'noʔmisk 'neð,gaŋʔ]
betoger (de)	demonstrant (f)	[demɔn'stʁanʔt]
betoging (de)	demonstration (f)	[demɔnstʁa'ɕoʔn]
krijgswet (de)	krigstilstand (f)	['kʁis 'tel,stanʔ]
militaire basis (de)	militærbase (f)	[mili'tɛɡ,bæːsə]
stabiliteit (de)	stabilitet (f)	[stabili'teʔt]
stabiel (bn)	stabil	[sta'biʔl]
uitbuiting (de)	udbytning (f)	['uð,bytneŋ]
uitbuiten (ww)	at udbytte	[ʌ 'uð,bytə]
racisme (het)	racisme (f)	[ʁa'sismə]
racist (de)	racist (f)	[ʁa'sist]
fascisme (het)	fascisme (f)	[fa'sismə]
fascist (de)	fascist (f)	[fa'sist]

194. Landen. Diversen

vreemdeling (de)	udlænding (f)	['uð,lɛnʔeŋ]
buitenlands (bn)	udenlandsk	['uðən,lanʔsk]
in het buitenland (bw)	i udlandet	[i 'uð,lanʔəð]
emigrant (de)	emigrant (f)	[emi'gʁanʔt]
emigratie (de)	emigration (f)	[emigʁa'ɕoʔn]
emigreren (ww)	at emigrere	[ʌ emi'gʁɛʔʌ]
Westen (het)	Vesten	['vɛstən]
Oosten (het)	Østen	['østən]
Verre Oosten (het)	Fjernøsten	['fjæɡn,østən]
beschaving (de)	civilisation (f)	[sivilisa'ɕoʔn]
mensheid (de)	menneskehed (f)	['mɛnəskə,heðʔ]
wereld (de)	verden (f)	['væɡdən]
vrede (de)	fred (f)	['fʁɛð]
wereld- (abn)	verdens-	['væɡdəns-]
vaderland (het)	fædreland (i)	['fɛðʁʌ,lanʔ]
volk (het)	folk (i)	['fʌlʔk]
bevolking (de)	befolkning (f)	[be'fʌlʔkneŋ]
mensen (mv.)	folk (i)	['fʌlʔk]
natie (de)	nation (f)	[na'ɕoʔn]
generatie (de)	generation (f)	[genəʁa'ɕoʔn]
gebied (bijv. bezette ~en)	territorium (i)	[tæɡi'toɡʔjɔm]
regio, streek (de)	region (f)	[ʁɛgi'oʔn]
deelstaat (de)	delstat (f)	['del,stæʔt]
traditie (de)	tradition (f)	[tʁadi'ɕoʔn]
gewoonte (de)	skik, sædvane (f)	['skik], ['sɛð,væːnə]
ecologie (de)	økologi (f)	[økolo'giʔ]
Indiaan (de)	indianer (f)	[endi'æʔnʌ]
zigeuner (de)	sigøjner (f)	[si'gʌjʔnʌ]

| zigeunerin (de) | sigøjner (f) | [si'gʌjˀnʌ] |
| zigeuner- (abn) | sigøjner- | [si'gʌjnʌ-] |

rijk (het)	imperium, rige (i)	[em'peˀɡiɔm], ['ʁiːə]
kolonie (de)	koloni (f)	[kolo'niˀ]
slavernij (de)	slaveri (i)	[slæwʌ'ʁiˀ]
invasie (de)	invasion (f)	[enva'ɕoˀn]
hongersnood (de)	hungersnød (f)	['hɔŋʌsˌnøˀð]

195. Grote religieuze groepen. Bekentenissen

| religie (de) | religion (f) | [ʁɛli'gjoˀn] |
| religieus (bn) | religiøs | [ʁɛli'gjøˀs] |

geloof (het)	tro (f)	['tʁoˀ]
geloven (ww)	at tro	[ʌ 'tʁoˀ]
gelovige (de)	troende (f)	['tʁoːənə]

| atheïsme (het) | ateisme (f) | [ate'ismə] |
| atheïst (de) | ateist (f) | [ate'ist] |

christendom (het)	kristendom (f)	['kʁɛstənˌdʌmˀ]
christen (de)	kristen (f)	['kʁɛstən]
christelijk (bn)	kristen	['kʁɛstən]

katholicisme (het)	katolicisme (f)	[katoli'sismə]
katholiek (de)	katolik (f)	[kato'lik]
katholiek (bn)	katolsk	[ka'toˀlsk]

protestantisme (het)	protestantisme (f)	[pʁotəstan'tismə]
Protestante Kerk (de)	den protestantiske kirke (f)	[dən pʁotə'stanˀtiskə 'kiɡkə]
protestant (de)	protestant (f)	[pʁotə'stanˀt]

orthodoxie (de)	ortodoksi (f)	[ɒtodʌk'siˀ]
Orthodoxe Kerk (de)	den ortodokse kirke (f)	[dən ɒto'dʌksə 'kiɡkə]
orthodox	ortodoks (f)	[ɒto'dʌks]

presbyterianisme (het)	presbyterianisme (f)	[pʁɛsbytæɡiæ'nismə]
Presbyteriaanse Kerk (de)	den presbyterianske kirke	[dən pʁɛsbytæɡi'æˀnskə 'kiɡkə]
presbyteriaan (de)	presbyterianer (f)	[pʁɛsbytæɡi'æˀnʌ]

| lutheranisme (het) | lutheranisme (f) | [lutəʁu'nIsmə] |
| lutheraan (de) | lutheraner (f) | [lutə'ʁaˀnʌ] |

baptisme (het)	baptisme (f)	[bɑp'tismə]
baptist (de)	baptist (f)	[bɑp'tist]
Anglicaanse Kerk (de)	den anglikanske kirke	[dən aŋle'kæːnskə 'kiɡkə]
anglicaan (de)	anglikaner (f)	[aŋgli'kæˀnʌ]
mormonisme (het)	mormonisme (f)	[mɒmo'nismə]
mormoon (de)	mormon (f)	[mɒ'moˀn]
Jodendom (het)	jødedom (f)	['jøːðəˌdʌmˀ]
jood (aanhanger van het Jodendom)	jøde (f)	['jøːðə]

| boeddhisme (het) | buddhisme (f) | [bu'dismə] |
| boeddhist (de) | buddhist (f) | [bu'dist] |

| hindoeïsme (het) | hinduisme (f) | [hendu'ismə] |
| hindoe (de) | hindu (f) | ['hendu] |

islam (de)	islam (f)	[is'lɑːm], ['islɑm]
islamiet (de)	muslim (f)	[mu'sliˀm]
islamitisch (bn)	muslimsk	[mu'sliˀmsk]

sjiisme (het)	shiisme (f)	[ɕi'ismə]
sjiiet (de)	shiit (f)	[ɕi'it]
soennisme (het)	sunnisme (f)	[su'nismə]
soenniet (de)	sunnit (f)	[su'nit]

196. Religies. Priesters

| priester (de) | præst (f) | ['pʁast] |
| paus (de) | Paven | ['pæːvən] |

monnik (de)	munk (f)	['mɔŋˀk]
non (de)	nonne (f)	['nʌnə]
pastoor (de)	pastor (f)	['pastʌ]

abt (de)	abbed (f)	['ɑbeð]
vicaris (de)	sognepræst (f)	['sɒwnə,pʁast]
bisschop (de)	biskop (f)	['biskʌp]
kardinaal (de)	kardinal (f)	[kɑdi'næˀl]

predikant (de)	prædikant (f)	[pʁedi'kanˀt]
preek (de)	prædiken (f)	['pʁɛðəkən]
kerkgangers (mv.)	sognebørn (pl)	['sɒwnə,bœɡˀn]

| gelovige (de) | troende (f) | ['tʁoːənə] |
| atheïst (de) | ateist (f) | [ate'ist] |

197. Geloof. Christendom. Islam

| Adam | Adam | ['æˀdɑm] |
| Eva | Eva | ['eːva] |

God (de)	Gud	['guð]
Heer (de)	Herren	['hæːɡˀn]
Almachtige (de)	Den Almægtige	[dən al'mɛgtiə]

zonde (de)	synd (f)	['sønˀ]
zondigen (ww)	at synde	[ʌ 'sønə]
zondaar (de)	synder (f)	['sønʌ]
zondares (de)	synder (f)	['sønʌ]

| hel (de) | helvede (i) | ['hɛlvəðə] |
| paradijs (het) | paradis (i) | ['pɑːɑˌdiˀs] |

Jezus	**Jesus**	['je:sus]
Jezus Christus	**Jesus Kristus**	['je:sus 'kʁɛstus]
Heilige Geest (de)	**Den Hellige Ånd**	[dən 'hɛˌliˀə ˌʌnˀ]
Verlosser (de)	**Frelseren**	['fʁalsʌˀn]
Maagd Maria (de)	**Jomfru Maria**	['jʌmfʁu maˌʁi:a]
duivel (de)	**Djævelen**	['djɛ:velən]
duivels (bn)	**djævelsk**	['djɛ:vəl-]
Satan	**Satan**	['sæ:tan]
satanisch (bn)	**satanisk**	[sa'tæˀnisk]
engel (de)	**engel** (f)	['ɛŋəl]
beschermengel (de)	**skytsengel** (f)	['skøtsˌɛŋəl]
engelachtig (bn)	**engle-**	['ɛŋlə-]
apostel (de)	**apostel** (f)	[a'pʌstəl]
aartsengel (de)	**ærkeengel** (f)	['æʁkəˀŋəl]
antichrist (de)	**Antikrist**	['antiˌkʁɛst]
Kerk (de)	**kirke** (f)	['kiʁkə]
bijbel (de)	**Bibelen, bibel** (f)	['bi:bəln], ['bi:bəl]
bijbels (bn)	**bibelsk**	['biˀbəlsk]
Oude Testament (het)	**Det Gamle Testamente**	[de 'gamlə tɛsta'mɛntə]
Nieuwe Testament (het)	**Det Nye Testamente**	[de 'ny:ə tɛsta'mɛntə]
evangelie (het)	**evangelium** (i)	[evaŋ'geˀljɔm]
Heilige Schrift (de)	**Den Hellige Skrift**	[dən 'hɛˌliˀə 'skʁɛft]
Hemel, Hemelrijk (de)	**Himlen, Himmerige**	['hemlən], ['hemʌˌʁi:ə]
gebod (het)	**bud** (i)	['buð]
profeet (de)	**profet** (f)	[pʁo'feˀt]
profetie (de)	**profeti** (f)	[pʁofə'tiˀ]
Allah	**Allah**	['ala]
Mohammed	**Muhamed**	['muhɑˌmɛð]
Koran (de)	**Koranen**	[ko'ʁanən]
moskee (de)	**moske** (f)	[mo'skeˀ]
moellah (de)	**mullah** (f)	['mula]
gebed (het)	**bøn** (f)	['bœnˀ]
bidden (ww)	**at bede**	[ʌ 'be'ðə]
pelgrimstocht (de)	**pilgrimsrejse** (f)	['pilˌgʁɛmsˌʁajsə]
pelgrim (de)	**pilgrim** (f)	['pilˌgʁɛmˀ]
Mekka	**Mekka**	['mɛka]
kerk (de)	**kirke** (f)	['kiʁkə]
tempel (de)	**tempel** (i)	['tɛmˀpəl]
kathedraal (de)	**katedral** (f)	[katə'dʁɑˀl]
gotisch (bn)	**gotisk**	['goˀtisk]
synagoge (de)	**synagoge** (f)	[syna'go:ə]
moskee (de)	**moske** (f)	[mo'skeˀ]
kapel (de)	**kapel** (i)	[ka'pɛlˀ]
abdij (de)	**abbedi** (i)	[abə'diˀ]

nonnenklooster (het)	**kloster** (i)	['klʌstʌ]
mannenklooster (het)	**kloster** (i)	['klʌstʌ]
klok (de)	**klokke** (f)	['klʌkə]
klokkentoren (de)	**klokketårn** (i)	['klʌkəˌtɒˀn]
luiden (klokken)	**at ringe**	[ʌ 'ʁɛŋə]
kruis (het)	**kors** (i)	['kɒːs]
koepel (de)	**kuppel** (f)	['kupəl]
icoon (de)	**ikon** (i, f)	[i'koˀn]
ziel (de)	**sjæl** (f)	['ɕɛˀl]
lot, noodlot (het)	**skæbne** (f)	['skɛ:bnə]
kwaad (het)	**ondskab** (f)	['ɔnˌskæˀb]
goed (het)	**godhed** (f)	['goðˌheðˀ]
vampier (de)	**vampyr** (f)	[vɑm'pyɐ̯ˀ]
heks (de)	**heks** (f)	['hɛks]
demoon (de)	**dæmon** (f)	[dɛ'moˀn]
geest (de)	**ånd** (f)	['ʌnˀ]
verzoeningsleer (de)	**forløsning** (f)	[fʌ'løˀsneŋ]
vrijkopen (ww)	**at sone**	[ʌ 'so:nə]
mis (de)	**gudstjeneste** (f)	['guðsˌtjɛ:nəstə]
de mis opdragen	**at holde gudstjeneste**	[ʌ 'hʌlə 'guðsˌtjɛ:nəstə]
biecht (de)	**skrifte** (i)	['skʁɛftə]
biechten (ww)	**at skrifte**	[ʌ 'skʁɛftə]
heilige (de)	**helgen** (f)	['hɛljən]
heilig (bn)	**hellig**	['hɛli]
wijwater (het)	**vievand** (i)	['vi:əˌvanˀ]
ritueel (het)	**ritual** (i)	[ʁitu'æˀl]
ritueel (bn)	**rituel**	[ʁitu'ɛlˀ]
offerande (de)	**ofring** (f)	['ʌfʁʌɛŋ]
bijgeloof (het)	**overtro** (f)	['ɒwʌˌtʁoˀ]
bijgelovig (bn)	**overtroisk**	['ɒwʌˌtʁoˀisk]
hiernamaals (het)	**efterliv** (i)	['ɛftʌˌliwˀ]
eeuwige leven (het)	**det evige liv**	[de 'e:viə liwˀ]

DIVERSEN

198. Diverse nuttige woorden

achtergrond (de)	**baggrund** (f)	['bɑw̩gʁɔnˀ]
balans (de)	**balance** (f)	[ba'lɑŋsə]
basis (de)	**basis** (f)	['bæːsis]
begin (het)	**begyndelse** (f)	[be'gønˀəlsə]
beurt (wie is aan de ~?)	**tur** (f)	['tuʁˀ]
categorie (de)	**kategori** (f)	[katəgo'ʁiˀ]
comfortabel (~ bed, enz.)	**bekvem**	[be'kvɛmˀ]
compensatie (de)	**kompensation** (f)	[kʌmpɛnsa'ɕoˀn]
deel (gedeelte)	**del** (f)	['deˀl]
deeltje (het)	**partikel** (f)	[pɑ'tikəl]
ding (object, voorwerp)	**ting** (f)	['tenˀ]
dringend (bn, urgent)	**haster**	['hastə]
dringend (bw, met spoed)	**omgående**	['ʌm̩gɔˀənə]
effect (het)	**effekt** (f)	[e'fɛkt]
eigenschap (kwaliteit)	**egenskab** (f)	['ejən̩skæˀb]
einde (het)	**slut** (f)	['slut]
element (het)	**element** (i)	[elə'mɛnˀt]
feit (het)	**faktum** (i)	['fɑktɔm]
fout (de)	**fejl** (f)	['fɑjˀl]
geheim (het)	**hemmelighed** (f)	['hɛməli̩heðˀ]
graad (mate)	**grad** (f)	['gʁɑˀð]
groei (ontwikkeling)	**vækst** (f)	['vɛkst]
hindernis (de)	**forhindring** (f)	[fʌ'henˀdʁɛŋ]
hinderpaal (de)	**hindring** (f)	['hendʁɛŋ]
hulp (de)	**hjælp** (f)	['jɛlˀp]
ideaal (het)	**ideal** (i)	[ide'æˀl]
inspanning (de)	**anstrengelse** (f)	['an̩stʁaŋˀəlsə]
keuze (een grote ~)	**valg** (i)	['valˀj]
labyrint (het)	**labyrint** (f)	[laby'ʁɛnˀt]
manier (de)	**måde** (f)	['mɔːðə]
moment (het)	**øjeblik** (i)	['ʌjə̩blek]
nut (bruikbaarheid)	**nytte** (f)	['nøtə]
onderscheid (het)	**forskel** (f)	['fɔːskɛl]
ontwikkeling (de)	**udvikling** (f)	['uð̩veklen̩]
oplossing (de)	**løsning** (f)	['løːsnen̩]
origineel (het)	**original** (f)	[ɒigi'næˀl]
pauze (de)	**pause** (f)	['pɑwsə]
positie (de)	**position** (f)	[posi'ɕoˀn]
principe (het)	**princip** (i)	[pʁin'sip]

probleem (het)	**problem** (i)	[pʁoˈbleˀm]
proces (het)	**proces** (f)	[pʁoˈsɛs]
reactie (de)	**reaktion** (f)	[ʁɛakˈɕoˀn]
reden (om ~ van)	**årsag** (f)	[ˈɒːˌsæˀj]
risico (het)	**risiko** (f)	[ˈʁisiko]
samenvallen (het)	**sammenfald** (i)	[ˈsamənˌfalˀ]
serie (de)	**serie** (f)	[ˈseɡˀjə]
situatie (de)	**situation** (f)	[sitwaˈɕoˀn]
soort (bijv. ~ sport)	**slags** (i, f)	[ˈslɑgs]
standaard (bn)	**standard-**	[ˈstanˌdɑd-]
standaard (de)	**standard** (f)	[ˈstanˌdɑˀd]
stijl (de)	**stil** (f)	[ˈstiˀl]
stop (korte onderbreking)	**ophold** (i)	[ˈʌpˌhʌlˀ]
systeem (het)	**system** (i)	[syˈsteˀm]
tabel (bijv. ~ van Mendelejev)	**tabel** (f)	[taˈbɛlˀ]
tempo (langzaam ~)	**tempo** (i)	[ˈtɛmpo]
term (medische ~en)	**term** (f)	[ˈtæɡˀm]
type (soort)	**type** (f)	[ˈtyːpə]
variant (de)	**variant** (f)	[vaiˈanˀt]
veelvuldig (bn)	**hyppig**	[ˈhypi]
vergelijking (de)	**sammenligning** (f)	[ˈsamənˌliːneŋ]
voorbeeld (het goede ~)	**eksempel** (i)	[ɛkˈsɛmˀpəl]
voortgang (de)	**fremskridt** (i)	[ˈfʁamˌskʁit]
voorwerp (ding)	**objekt** (i)	[ˈʌbjɛkt]
vorm (uiterlijke ~)	**form** (f)	[ˈfɔˀm]
waarheid (de)	**sandhed** (f)	[ˈsanˌheðˀ]
zone (de)	**zone** (f)	[ˈsoːnə]

www.ingramcontent.com/pod-product-compliance
Lightning Source LLC
LaVergne TN
LVHW051308080426
835509LV00020B/3169